DROIT ROMAIN

DES ARGENTARII

DROIT FRANÇAIS

DE

L'OUVERTURE DE CRÉDIT

THÈSE POUR LE DOCTORAT

PAR

Armand BACH

Mention honorable de droit romain, Concours annuel de 1887

PARIS

LIBRAIRIE NOUVELLE DE DROIT ET DE JURISPRUDENCE

ARTHUR ROUSSEAU, ÉDITEUR

14, rue Soufflot et rue Toullier, 13

1892

THÈSE

POUR

LE DOCTORAT

DROIT ROMAIN

DES ARGENTARII

DROIT FRANÇAIS

DE

L'OUVERTURE DE CRÉDIT

THÈSE POUR LE DOCTORAT

L'ACTE PUBLIC SUR LES MATIÈRES CI-DESSUS
Sera soutenu le jeudi 19 mai 1892 à 2 heures 1/2.

PAR

Armand BACH

Mention honorable de droit romain, Concours annuel de 1887

Président : M. LYON-CAEN, *professeur.*

Suffragants { MM. LÉON MICHEL, *professeur.*
MASSIGLI, *agrégé.*
GIRARD, —

PARIS
LIBRAIRIE NOUVELLE DE DROIT ET DE JURISPRUDENCE
ARTHUR ROUSSEAU, ÉDITEUR
14, rue Soufflot et rue Toullier, 13
1892

—

DES ARGENTARII

INTRODUCTION

A l'origine, les citoyens romains, comme les sei-
gneurs féodaux de notre ancienne France, ne s'adon-
naient pas au commerce. La guerre et la conquête
faisaient seules l'objet de leurs pensées. Ils avaient
bien l'amour du lucre, mais ils préféraient l'obtenir
par les armes plutôt que par la pratique des affaires;
aussi, laissaient-ils exercer les professions commerciales par les affranchis et, principalement, par les
étrangers.

Cet état de choses en impliquait un autre. A l'origine de Rome, il n'y avait pas de monnaie natio-
nale, ou du moins, la monnaie dont on se servait
comme moyen d'échange, se pesait mais ne se comp-
tait pas, de sorte que les paiements, les ventes au
comptant, donnaient lieu à de grandes difficultés
d'exécution.

Ce furent les banquiers, Grecs pour la plupart,

qui les aplanirent en introduisant sur le marché romain leur propre monnaie. A la livre d'airain de Servius Tullius, ils substituèrent la drachme qui, plus tard, fut remplacée par le solidus. Bien que cette origine que nous assignons à la banque romaine ne soit pas constatée par des textes précis, on peut cependant l'induire de l'histoire de l'époque. Tarquin l'Ancien n'était-il pas d'origine grecque ; de plus, ne dit-on pas que les Décemvirs se sont inspirés des lois grecques pour créer les lois romaines ; enfin, n'employait-on pas pour dénommer les premiers banquiers de Rome des termes grecs comme : *trapezitæ, græci cermatistæ, collybistæ, danistæ,* etc.

Ce qui est certain, c'est que les banquiers étaient installés à Rome sous le nom d'*argentarii,* lors de la conquête du Samnium, vers l'an 342 avant J.-C. (1). Ils s'occupaient de l'échange des monnaies, ou bien se faisaient les intermédiaires entre les acheteurs et les vendeurs, renseignant les uns sur la somme à payer, les autres sur celle à recevoir, ou bien encore servaient d'interprètes lorsque les parties contractantes étaient de nationalité différente. A ces diverses occupations, ils en ajoutaient une autre. Ils étaient marchands de bijoux, orfèvres, trafiquants d'objets précieux, *argenti structores,* la-

____

1. Tite-Live, IX, 40.

pidarii. Cette dernière profession, fort lucrative d'ailleurs, ne fut abandonnée par eux que vers le troisième siècle avant notre ère, quand les mines de Carthagène commencèrent à alimenter le Trésor et lorsque Scipion apporta environ 15,000 livres d'argent d'Espagne et plus de 100,000 de Carthage (1). Ils se livrèrent alors exclusivement à la banque et au change, n'ayant plus le temps nécessaire pour étendre leurs opérations en dehors de ces deux branches de la finance qui prirent, à cette époque, des développements considérables.

Voyons maintenant en quel endroit de Rome se tenaient les *argentarii*. Ils étaient installés là où tous les gens d'affaires avaient l'habitude de se réunir, c'est-à-dire au Forum, sur le marché même des transactions romaines. A l'origine, ils n'y avaient pas d'établissements ; ils traitaient en plein air, au milieu de la foule. Mais comme cette situation devint gênante, ils occupèrent d'abord quelques-unes des boutiques situées sur l'un des côtés longs du Forum, puis ensuite quelques-unes de celles qui se trouvaient sur le côté opposé. Les premières étaient appelées *tabernæ veteres*, les secondes, *tabernæ novæ*. Les industries les plus diverses étaient exercées dans les boutiques adjacentes. On raconte que c'est

1. Tite-Live, XXVIII. 38 et XXX, 45.

sur l'étal d'un boucher, aux boutiques neuves, que le père de Virginie prit le couteau avec lequel il frappa sa fille.

Ces boutiques avaient été construites, d'après le récit de Denys d'Halicarnasse, par Tarquin l'Ancien. Elles appartenaient à l'Etat qui les louait par l'intermédiaire des censeurs.

Mais, le commerce de banque prenant peu à peu de l'extension, les banquiers finirent par occuper toutes les boutiques. C'est à partir de ce moment qu'elles furent appelées *argentariæ*. Tite-Live nous dit que Papirius Cursor, après sa victoire contre les Samnites, fit apposer sur la devanture de chacune d'elles des boucliers dorés pris à l'ennemi. « *Ejus triumpho longe maximam speciem captiva arma præbuent, tantum magnificentiæ visum in iis, ut aurata scuta dominis argentariarum ad forum ornandum dividerentur* (1) ».

Les *argentariæ* étaient, comme on dirait aujourd'hui, les maisons de commerce des banquiers. Ils faisaient là la plus grande partie de leurs affaires mais non pas toutes. Ils se réunissaient aussi dans un endroit qu'on appelait les deux Janus. Ils se rencontraient là comme jadis les marchands au Pont-au-Change de Paris, comme aujourd'hui nos commerçants à la Bourse, c'était la Bourse romaine.

1. Tite-Live, IX, 40.

Les deux Janus étaient deux petits arcs carrés qui ressemblaient beaucoup, quant à la forme, au monument de la place de l'Etoile à Paris. Ils s'élevaient au bord de la voie sacrée devant l'emplacement où fut construite la basilique Æmilia : L'intervalle qui les séparait s'appelait *medius janus*. C'est dans ce milieu et aussi sous les janus que se tenait la bourse romaine. Là, les *argentarii* étaient assis sur des bancs et les financiers circulaient autour d'eux comme aujourd'hui les spéculateurs circulent autour de la corbeille des agents de change. Ce sont là les *boni homines et dilcis qui ambulant* que nous signale Plaute ou bien les *viri optimi ad medium janum sedentes*, dont nous parle Cicéron (1).

Mais les deux Janus n'abritaient pas la foule qui s'y rendait contre la chaleur ou la pluie, on eut alors l'idée de construire des monuments spécialement destinés à son usage. Ces monuments furent les basiliques.

On appelait ainsi des édifices situés près du Forum dont ils étaient la prolongation. Ils avaient beaucoup de ressemblance, tant à l'intérieur qu'à l'exrieur, avec la Bourse actuelle de Paris. Ils en différaient seulement par la majesté de leur aspect et la richesse de leur construction. Colonnes, statues,

1. Ciceron, *off.* II, 15.

peinture, sculpture, portes et toiture de bronze, toutes les beautés de l'art antique s'y trouvaient réunies. Ce luxe inouï impliquait évidemment des dépenses considérables. Nous trouvons dans les lettres de Cicéron à Atticus que le terrain seul affecté à la construction de la basilique Julia coûta 60 millions de sesterces (12 millions de francs). Ces dépenses exagérées étaient faites, non pas par l'Etat, mais par des personnages opulents qui voulaient gagner, de cette manière, les faveurs du peuple ou rendre leur nom illustre. C'est ce qui explique qu'elles ont atteint un chiffre aussi élevé.

Nous ne savons pas exactement pourquoi on donna le nom de basilique à ces monuments. Les uns pensent que c'est en souvenir des édifices du même genre qui existaient en Grèce. Les autres prétendent qu'on leur a donné le nom d'un portique public d'Athènes, où l'Archonte-roi rendait la justice. D'autres enfin, à l'opinion desquels nous nous rallions, disent que le mot de basilique a été choisi parce que le monument était destiné à recevoir le peuple roi. Cette opinion est bien conforme à l'orgueil patriotique des Romains.

Dans nos capitales modernes, il n'y a jamais qu'une seule bourse. A Rome, il y en eut plusieurs construites à peu près à la même époque. La première fut édifiée par Caton l'Ancien au nord du Fo-

rum, l'an 184 avant J.-C. Mais elle fut détruite par
un incendie qu'occasionna les funérailles de Clo-
dius. A côté de cette dernière fut élevée, en l'an 179,
la basilique Fulvia ou Æmilia. Sempronius, le père
des Gracques, fit construire, en l'an 171, la basilique
Sempronia au sud-ouest du Forum. Puis dix-sept ans
plus tard, en l'an 154, fut bâtie la basilique Opi-
mia, au nord du Forum, comme les deux premières.
César en commença une qui ne fut achevée que sous
Auguste et à laquelle on donna le nom de basilique Julia : on trouve encore aujourd'hui, à Rome,
des restes de celle-ci. Enfin, Trajan et d'autres empereurs eurent aussi leurs basiliques. On en voyait
également dans certaines villes de province, notamment à Pompéi.

Nous avons dit que les basiliques étaient destinées à servir de lieu de réunion aux gens qui s'occupaient d'affaires lorsque l'intempérie des saisons les
empêchait de se tenir aux deux Janus. C'est là un
point certain qui, d'ailleurs, nous est communiqué
par Vitruve (1). « Les basiliques, dit-il, qui sont dans
les places publiques doivent être construites dans
l'endroit le plus chaud, afin que pendant l'hiver, les
commerçants puissent y trouver un abri contre les
rigueurs de la saison ». Il nous faut maintenant re-

1. Vitruve. *Dictionnaire des antiquités grecques et romaines.*
V. Basilica.

chercher de quelles catégories de personnes étaient composés ces gens d'affaires, ces commerçants.

Notons, tout d'abord, que les basiliques étaient le rendez-vous des oisifs qui venaient s'y promener, des mondains que les plaisirs attiraient. On y trouvait des fils de famille en quête d'argent, des curieux cherchant à se mettre au courant des nouvelles du jour. Remarquons, en outre, que les tribunaux y tenaient leurs audiences, lorsque le mauvais temps ne leur permettait pas de siéger au Forum.

Mais ce n'était pas là l'objet essentiel des basiliques. Elles étaient faites pour le commerce et principalement pour le commerce d'argent. Plaute, dans son *Curculio*, nous présente trois groupes de financiers qui se tenaient tant sur le Forum que dans les basiliques. Ces trois groupes faisaient les mêmes spéculations, mais ils différaient par l'importance de leur commerce et par l'honorabilité de leur situation.

Le comique nous présente, dans le premier groupe, des gens pratiquant l'usure, et, par conséquent, peu estimables. Ce sont là les banquiers marrons que l'on rencontre parfois dans nos bourses modernes.

Le poëte nous fait ensuite passer devant les *boni homines*, c'est-à-dire les banquiers sérieux qui, par leur expérience des affaires et leur parfaite honorabilité ont su gagner la confiance du public. Ils traitent les grandes affaires et sont constamment en relation avec les représentants des sociétés de Publicains.

Enfin, nous voyons, dans un troisième groupe, les *fœneratores*, c'est-à-dire les prêteurs à intérêt qui ne sont pas aussi estimés que les précédents, mais dont, pourtant, on ne dit aucun mal.

Si maintenant, nous nous demandons de quelle considération les *argentarii* jouissaient à Rome, la réponse est facile. Les traits de la comédie et de la satyre n'atteignaient évidemment que la première des catégories dont nous venons de parler. Lorsque Plaute nous dit que les banquiers débiteurs s'enfuyaient comme les lièvres qu'on lâchait dans le cirque,

« *Ubi quid credideris extemplo a foro.*
« *Fugiunt, quam ex porta ludis cum emissus, lepus,*

ou qu'ils s'arrangeaient toujours de façon à ce que les comptes de leurs clients ne fussent pas créditeurs,

« *Ut disputata est ratio cum argentaris.*
« *Etiam plus ipsius ultro debet argentario,*

(*Aulularia* act. III, sc. VI).

il ne vise pas les *boni homines* dont il fait l'éloge dans son *Curculio.* D'ailleurs, les médecins sont-ils tels que Molière nous les dépeint dans son « *Ma-*

lade imaginaire »? Il est vrai qu'Antoine reprochait à Octave de compter parmi ses ancêtres deux *argentarii*. Mais à côté de cette assertion, n'avons-nous pas le témoignage de Cicéron qui leur décerne l'épithète d'*optimini*. « *De quærenda et collocanda pecunia, commodius a quibusdam optimis viris ad Janum medium sedentibus, quam ab ullis philosophis ulla in scola disputatur* (1) ». En outre, comment auraient-ils pu avoir la confiance des particuliers et de l'Etat ainsi que celle des Publicains qui venaient les consulter et se renseigner, devant leurs *tabernæ*, sur la hausse ou la baisse de leurs actions, s'ils n'avaient pas été respectés et estimés à Rome. Enfin, sous les empereurs, ne leur donnait-on pas les noms de *clarissimi perfectissimi, honestissimi?*

Précisons, avant d'entrer dans le détail de notre travail, le sens du mot *argentarius*. Les textes littéraires et juridiques désignent les banquiers et, d'une manière générale tous les manieurs d'argent, par les noms les plus divers ; *trapezitæ, danistæ, collytistæ, graci cermatistæ, fabri, argenti, structores, fœneratores mensarii, mensularii, nummularii, argentarii.* Sont-ce là autant de mots synonymes indiquant les mêmes individus ?

Nous pensons que tous ces mots servaient, en principe, à désigner les banquiers. Seulement, ils

1. *Pro Cæcina*, IV,72.

n'ont pas tous été employés simultanément à la même époque. Ainsi, quand le mot *argentarius* était en vigueur, les mots *trapezitæ, græci cermatistæ, danistæ, collybistæ* qui rappellent l'orgine grecque des banquiers romains étaient tombés en désuétude. De même, les mots : *fabri, argenti structores* subirent le même sort dès que les banquiers n'exercèrent plus la profession de marchands de bijoux ou d'orfèvres.

De plus, il nous paraît vraisemblable que les *argentarii* faisant des opérations de natures différentes, on leur donnait souvent le nom correspondant à l'une de ces opérations. C'est ainsi qu'on les appelait *fœneratores* parce qu'ils faisaient des avances de fonds.

Nous ferons cependant une restriction en ce qui concerne les mots *mensarii, mensularii* et *nummularii.* Tout d'abord, les *mensarii* n'étaient pas des banquiers mais des magistrats nommés au cas de crise financière et dont les pouvoirs expiraient avec les circonstances qui les avaient fait naître. Ils parurent pour la première fois au nombre de cinq sous le consulat Publicola et de M. Rutilius et furent chargés de remédier à la triste situation des débiteurs plébéens. On les vit une seconde fois au moment de la seconde guerre punique investis du pouvoir de receuillir les souscriptions publiques qui devaient être utilisées dans le but de repousser Annibal victorieux. Tite Live raconte que les sénateurs allaient

leur porter leurs meubles et même les bijoux de
leurs femmes. Il dit aussi que le Sénat fut imité
par tous les chevaliers de la plèbe « *tanto certamine
injecto, ut prima inter primos nomina sua vellent in ta-
bulis publicis esse* » (1). Le mot *mensarii* n'a donc aucune analogie avec ceux à côté desquels il figure.

Quant aux mots *mensularius* et *nummularius*, Sau-
maise et Alciat ont soutenu qu'ils étaient synonymes
d'*argentarius*. D'après ces auteurs, *mensularius* dé-
signe le comptoir (*mensa* ou *mensula*) entouré de
grillage derrière lequel les banquiers se tenaient
assis et *nummularius* le fait de compter des deniers.
Mais cette interprétation ne saurait être admise étant
donnée la teneur de la loi 6 p. 2 Dig. 2-13 qui s'exprime ainsi : « *Nummularius quaque non esse miquum
cogi rationes edere Pomponius scribit quia et hi nummularii, sicut argentarii rationes conficiunt.* » Il ressort
clairement de ce texte que les *nummularii* n'étaient
pas les mêmes personnes que les *argentarii* puisqu'il
a fallu un texte pour les soumettre, comme ces derniers, à l'obligation de rendre leurs comptes.

D'après Faber, le *nummularius* était le changeur,
le détaillant de monnaie (*erogans*) et l'*argentarius* le
banquier véritable. D'après d'autres le *nummularius*
était le serviteur, le commis du banquier. Cette opinion n'est pas plus fondée que la première car le

1. Tite-Live, L, 26 c. 36 ; 23 c. 21 ; 24 c. 18.

change et la banque ne constituaient pas à Rome des professions distinctes comme aujourd'hui. Tout banquier était par cela même changeur. En outre, si le *nummularius* n'était que le commis de *l'argentarius*, comment expliquer que, d'après le texte précité, il fût tenu de l'*editio rationum*, les livres de *l'argentarius* n'auraient-ils pas dû suffire ?

Nous préférons penser avec Cujas qu'on entendait par *argentarii* la corporation des banquiers, c'est-à-dire les banquiers officiels agréés par l'autorité. La loi 10, Dig. 2-13, autorise cette manière de voir. Quant au *nummularii* ou au *mensularii*, ils travaillaient à côté des *argentarii* faisant le même commerce qu'eux, mais n'ayant pas comme eux une organisation corporative. On peut dire qu'ils étaient aux *argentarii* ce qu'aujourd'hui les coulissiers sont aux agents de change.

Sous Justinien aucune différence ne sépare plus les *argentarii* des *nummularii* ou des *mensularii*.

Ce rapide aperçu historique terminé, étudions la banque romaine et voyons comment elle fonctionnait. Nous diviserons notre sujet en trois chapitres. Dans le premier nous parlerons de l'organisation de la banque à Rome. Puis après avoir dans le second examiné les principales opérations des *argentarii*, nous verrons dans un troisième chapitre quelles étaient leurs obligations.

CHAPITRE PREMIER

ORGANISATION DE LA BANQUE ROMAINE

Ce chapitre fera l'objet des deux questions suivantes : quelles conditions étaient requises pour exercer la banque? 2° qu'elles étaient les règles spéciales aux sociétés d'*argentarii* ?

PREMIÈRE QUESTION

Qui pouvait être argentarius

Il n'était pas nécessaire d'être citoyen romain pour exercer la banque. Les étrangers, les fils de famille, les affranchis et même les esclaves, pouvaient tenir une *argentaria*. Nous avons vu, en effet, que les étrangers, principalement les grecs, introduisirent sur le marché romain les premières opérations de banque. Quant aux esclaves, ils étaient toujours les préposés de leurs maîtres, et en ce qui concerne les affranchis ou les fils de famille ils remplaçaient le plus souvent d'opulents personnages dont ils étaient les mandataires. Les droits des tiers étaient *garantis* par l'action *institoria* (Loi 1 et 5, p. 3, et loi 11, p. 5, D. XIV, 3) qu'ils pouvaient intenter soit contre le maître soit contre le mandant. Ils avaient aussi la facilité d'agir contre ces derniers par les actions *quod jussu, tributoria,* de *peculio* ou *de in rem verso.*

La femme seule ne pouvait pas exercer cette profession. Un texte de *Callistrate* (Loi 12, D. 2-13) nous dit : » *Feminæ remotæ videntur ab officio argentarii; cum ea opera virilis est* » La raison de cette incapacité réside dans une idée de convenance et d'usage analogue à celle qui faisait exclure les femmes des fonctions politiques et judiciaires. On peut dire aussi que les mots « *ea opera virilis est* » rappellent le *propter infirmitatem sexus* » qui nous est indiqué par Gaïus et Ulpien (1). D'ailleurs les dispositions de la loi *Voconia* et celles du Sénatus-consulte Velléien étaient bien en harmonie avec l'incapacité dont la femme était frappée, puisque, d'après ces lois, elle ne pouvait s'obliger ni *per constitum* ni *per receptum.*

On a pourtant prétendu que des inscriptions funéraires nous révélaient l'existence de femmes *argentariæ.* Nous pensons que cette dénomination n'impliquait pas l'exercice de la fonction par les femmes. Elle leur était donnée, *honoris causa,* pour leur faire partager le titre de leurs maris.

1. *Gaïus,* I. 144. Ulpien, R II. p. I.

Une fois en possession de son office, l'*argentarius* pouvait le transmettre par vente, cela résulte d'un texte d'Ulpien ainsi conçu « *qui tabernas argentarias vel cœteras, quæ in solo publico sunt vendit, non solum sed jus vendit ; cum istæ tabernæ publicæ sunt, quarum usus ad privatos pertinet,* » (Loi 32, D. 18. 1). La vente de ces *tabernæ* n'impliquait pas l'intervention de l'Etat comme cela a lieu dans notre législation moderne lorsqu'il s'agit de la vente d'une charge. Ce qui le prouve, ce sont d'abord les mots : *qui vendit,* qui ne font aucune allusion au censeur investi du droit de louer les *tabernæ* au nom de l'Etat. Ce sont ensuite les mots : *vel cœteras* qui nous indiquent que les *tabernæ argentariæ* étaient soumises au même régime que les autres boutiques dont le peuple romain était propriétaire.

Les offices des *argentarii* pouvaient aussi se transmettre par *fideicommis*. Papinien nous le dit dans le texte suivant : « *Mensæ negotium ex causa fideicommissi cum indemnitate heredum per cautionem susceptum emptioni simile videtur et ideo non erit querendum an plus in ære alieno sit quam in quæstu* » Il admet même outre la vente du fond, celle de l'actif et du passif, (Loi 77, p. 16. D. 31. 2).

Il nous reste à rechercher pour terminer notre première question, si la profession *d'argentarius* était une fonction publique. A certains points de vue elle avait, selon nous, ce caractère car les banquiers avaient des registres publics qui, nous le verrons, pouvaient être invoqués par toute personne et qui faisaient foi en justice. En second lieu, ils étaient chargés de fixer le cours du change. Enfin ils étaient soumis à la surveillance du *præfectus urbi*. Mais il ne faudrait pas conclure de là qu'ils fussent des fonctionnaires désignés par l'État. Tout d'abord, en effet les esclaves pouvaient exercer la banque, mais non pas une fonction publique. En outre, il eût été inutile de frapper les femmes d'incapacité à cet égard puisqu'elles étaient exclues des emplois publics. Du reste si la profession d'*argentarius* avait revêtu le caractère d'une fonction publique, Callistrate n'eût pas manqué de donner cette raison à l'appui de son assertion au lieu de nous dire : *ea opera virilis est.*

Les argentarii étaient donc de simples négociants (*negotiatores*) soumis à une réglementation spéciale à raison de la nature de leur marchandise. Leur qualité de commerçant les avait fait exclure des offices même provinciaux (L. 12 p. 3. Cod. 12, 58) on ne voulait pas que tout ce qui touche aux honneurs et à l'armée fût mis en contact avec des marchands. Mais Justinien dérogea à cette règle rigoureuse en faveur des argentarii : il leur permit d'acquérir des charges qui n'entraînaient pas un service armé (L. unic. cod. 12, 35). A cette matière se rattache une sorte de présomption contraire aux intérêts des banquiers. Lorqu'un *argentarius* dépositaire ou emprunteur avait acheté une charge à l'un de ses proches, il était présumé l'avoir acquise avec l'argent déposé ou emprunté. Pour que ce parent pût rester propriétaire de la charge, il fallait qu'il prouvât qu'elle n'avait été achetée ni avec les fonds déposés ni avec les fonds empruntés. Ce genre de preuve étant souvent difficile à faire, les banquiers réclamèrent soit la suppression de la présomption, soit le droit de l'invoquer à leur profit lorsqu'un de leurs clients achèterait une charge à l'un de ses parents. Justinien fit droit à leurs réclamations et dans la Novelle 136, ch. II ; il créa à leur profit contre leurs clients une présomption analogue à celle qui existait contre eux. Notons pour terminer sur ce point que le bénéfice de cette Novelle 136 ne put être invoqué que par le collège des *argentarii* et non par ceux qui faisaient le commerce d'argent sans appartenir à la corporation.

DEUXIÈME QUESTION

Des sociétés d'Argentarii

Les sociétés de banque romaines n'ont jamais pu atteindre le développement de nos grandes institutions de crédit. Cela tient tout d'abord à ce que l'État n'avait pas songé à se faire banquier ni à créer des banques privilégiées. Il en était ainsi, également, parce que les sociétés romaines n'ayant pas la personnalité civile, comme nos sociétés commerciales, elles n'avaient pas les moyens de s'étendre jusqu'aux sociétés de capitaux.

Les associations de Publicains, qui elles constituaient des personnes morales, auraient pu, à la vérité, faire la banque. Et c'est en effet, ce qu'elles firent dans certaines circonstances, notamment lorsqu'elles avancèrent aux malheureux Grecs d'Asie l'impôt de cinq années prélevé par Sylla. Mais, en principe, les opérations de banque n'entraient pas dans les attributions des sociétés de Publicains. Elles traitaient plutôt avec l'Etat pour prendre à ferme les impôts ou les revenus des terres publiques ou bien pour transporter les vivres et les fournitures militaires.

Malgré l'impossibilité légale dans laquelle elles se trouvaient de faire fonctionner des opérations étendues, les sociétés de banquiers n'en furent pas moins fréquentes à Rome. Mais il ne faut pas les confondre avec les corporations *d'argentarii* ni avec l'état d'indivision qui résultait de la mort d'un banquier laissant plusieurs héritiers.

La constitution de ces sociétés n'impliquait pas

l'accomplissement de formes solennelles, elles se formaient *solo consensu* et n'étaient soumises à aucune formalité de publicité comme le sont aujourd'hui nos sociétés de commerce. Elles étaient le plus souvent classées dans le nombre de celles qui avaient pour objet une série d'opérations du même genre, c'est-à-dire dans les sociétés *alicujus negociationis* « *Quod quisque tamen socius non ex argentaria causa quesiit id ad communionem non pertinere* » dit la loi 52 p 5. D. 17. 2.

Nous n'avons pas à étendre longuement nos explications sur les sociétés de banquiers qui étaient soumises, en principe, à la loi du droit commun. Nous parlerons seulement des règles générales appliquées aux associés dans leurs rapports avec les tiers.

Lorsque tous les associés intervenaient au contrat aucune difficulté ne s'élevait ; ils étaient tous débiteurs ou tous créanciers suivant qu'ils s'obligeaient envers les tiers ou qu'au contraire les tiers s'obligeaient envers eux. Mais il n'en était pas de même quand un des associés contractait seul avec une ou plusieurs personnes. Dans ce cas, se pose la question de savoir si la créance ou la dette de l'associé devenait par cela même la créance ou la dette de ses co-associés. Il semble que non, car le contrat de société n'impliquait pas l'existence de la corréalité entre coassociés, et il s'ensuit que l'associé contractant aurait dû être seul débiteur quand il s'était obligé et seul créancier lorsqu'au contraire un tiers s'était obligé envers lui. Loi 82 D. 17. 2.

Nous croyons cependant que quand il s'agissait d'une société de banquiers, la loi romaine dérogeait à ce principe rigoureux et peu équitable. C'est notamment l'opinion de M. de Savigny (1) qui s'exprime ainsi : « Le droit coutumier fit admettre comme règle que tout membre de la société serait obligé de répondre seul à l'action pour la totalité de la dette ». On a invoqué, à l'appui de cette opinion, un texte de Cicéron (2) qui, selon nous, n'est pas concluant. Cicéron dit en effet : « *Id quod argentario tuleris expensum a sosio ejus repetere possis.* » Ce passage ne nous indique nullement que le contrat de société étendait à tous les coassociés la créance ou la dette de l'un d'eux, car il vise le contrat *litteris.* C'est à raison de ce contrat que le créancier pouvait actionner pour le tout l'un quelconque des coassociés de *l'argentarius* contractant. Nous pensons que la dérogation au droit commun se trouve plutôt contenue dans ces mots de la loi 27 De Pactio 2. 14 « *Tantum enim constitutum ut solidum alter petere possit.* »

1. Savigny, trad. Jozon L 1 p. 17 page 171.
2. Ciceron ad Heren. II. 13.

Cette solution est, au surplus, éminemment rationnelle. Le tiers qui se met en rapport avec l'un des associés n'entend pas en effet, contracter spécialement avec lui, mais avec la banque. C'est à la banque qu'il fait crédit s'il est créancier, c'est envers la banque qu'il s'oblige s'il est débiteur. si telle n'avait pas été la solution admise par la pratique, les sociétés de banque n'eussent pas joui du crédit et de la considération dont elles étaient entourées.

Mais il ne résultait pas de cette dérogation aux règles du contrat de société que les associés fussent des *correi*. Car la corréalité implique que le tiers qui traite avec l'un des *correi* connait les autres. Ici au contraire, le client qui contracte avec l'un des *argentarii socii* peut actionner les coassociés de celui-ci sans avoir su au préalable, qu'ils étaient obligés envers lui. C'est donc plutôt une solidarité légale qui unissait les *argentarii socii*. Ils étaient ainsi l'objet d'une faveur qui augmentait leur crédit et qui était justifiée par les immenses services qu'ils rendaient.

Si la corréalité n'était pas de l'essence du contrat de société, elle pouvait cependant exister entre *argentarii socii* et même non *socii* par suite d'une stipulation ou d'une *expensilatio* commune qui la créait. Les textes disent à ce sujet : « *Quorum nomina simul facta sunt* » (Loi 34 D. 4. 8) *Quorum nomina simul facta sunt* (Loi 3 pr. D. 2. 14.) Dans ce cas il n'y avait rien de changé au point de vue pratique, dans la situation des *argentarii soci* vis-à-vis des tiers. La solidarité légale produisait les mêmes effets que la corréalité. La distinction était purement théorique.

Dans les deux hypothèses *l'argentarius socius* qui avait reçu le montant intégral de la créance était tenu d'en verser une partie entre les mains de ses co-associés et celui qui avait payé toute la dette avait un recours contre chacun d'eux. Ces règlements de compte s'opéraient à l'aide des actions *pro socio, communi dividundo ou mandati.*

Il résulte de ce que nous venons de dire que quand la créance ou la dette commune des *argentarii socii* prenait fin par le fait d'un seul, au moyen des modes d'extinction des obligations opérant *ipso jure*, l'obligation ou le droit des autres s'éteignait également. Ainsi, la dette était-elle payée intégralement par un des *argentarii socii*, le créancier n'avait plus d'action contre les associés de celui-ci : De même, un des *argentarii socii* faisait-il *acceptilatio* avec le débiteur, celui-ci était libéré à l'égard des autres.

Toutefois, une difficulté s'élève relativement à la novation. Les interprètes du droit romain ne sont pas d'accord sur le point de savoir si la novation faite par un des *argentarii socii* est opposable aux autres. La controverse vient de deux textes contradictoires l'un de Paul (Loi 27 pr. D. 2. 14) l'autre de Venuleius (Loi 31 p. 1. D. 46. 2).

Paul s'exprime ainsi : *Si unus ex argentariis sociis cum debitore pactus sit ; an etiam alteri noceat exceptio ? Neratius atilicinus, Proculus, nec si in rem pactus sit, alteri nocere : tantum enim constitutum, ut solidum alter petere possit. Idem Labeo ; nam nec novare alium posse, quamvis ei recte solvatur. Sic enim et his, qui in nostra potestate sunt recte solvi, quod crediderint, licet novare non possint ; quod est verum. Idemque in duobus reis stipulandi dicendum est »*.

Voici maintenant le texte de Venuleius : « *Si duo rei stipulandi sint, an alter jus novandi habeat, quæritur ; et quid juris unusquisque sibi adquisierit? fere autem convenit, et uni recte solvi, et unum judicium petentem totam rem in litem deducere, item unius acceptilatione perimè utriusque obligationem ; ex quibus colligitur, unumquemque perinde sibi adquisisse, ac si solus stipulatus esset; excepto eo, quod etiam facto ejus, cum quo commune jus stipulantis est, amittere debitorem potest. Secundum quæ si unus ab aliquo stipuletur; novatione quoque liberare eum ab altero poterit, cum id specialiter agit ; eo magis eum eam stipulationem similem esse solutioni existimemus; alioquin quid dicemus si unus delegaverit creditori suo communem debitorem, isque ab eo stipulatus fuerit? aut mulier fundum jusserit doti promittere viro, vel nuptura ipsi, doti eum promiserit? nam debitor ab utroque liberabitur* ».

Que décider en présence de ces deux textes. Peut-on les concilier ? Nous croyons que la conciliation n'est pas possible et que Paul avait sur ce point une opinion toute personnelle. Aussi, ne parlerons-nous pas des solutions qui ont été proposées pour mettre les deux jurisconsultes d'accord. Paul dit que le pacte de *non petendo* même *in rem*, fait par l'un des deux *argentarii sócii* ou par l'un des deux *correi stipulandi* n'est pas opposable à l'autre et il ajoute qu'il en est de même de la novation. Venuleius, dont la doctrine est contraire, nous avertit que le raisonnement qu'il tient n'est pas celui de tout le monde. Il accuse l'existence d'une controverse à propos de laquelle il donne son avis en disant qu'un des créanciers *correi* éteint le droit de tous par une novation, comme il l'éteindrait par la réception du paiement, l'*acceptilatio* ou une demande en justice. Peut-être cette divergence d'opinions vient-elle de ce que les deux jurisconsultes n'appartenaient pas à la même école. Quoi qu'il en soit, il est évident que la solution de Venuleius est la seule admissible. Outre qu'elle est mentionnée au titre : de *novationibus*, elle est encore plus conforme que celle de Paul aux principes généraux du Droit romain.

CHAPITRE II

OPÉRATIONS DES ARGENTARII

I. — Contrôle et change des monnaies.

A l'origine de Rome, la monnaie n'était pas marquée. Elle consistait en des lingots de cuivre mêlé à quelque peu d'étain. Lorsqu'il s'agissait d'effectuer un paiement ou de réaliser un prêt, il fallait donc vérifier la substance de ces lingots et en déterminer le poids, c'était l'*argentarius* qui procédait à cette opération et qui jouait le rôle de *libripens*.

Plus tard, ces lingots furent remplacés par de la monnaie marquée d'abord par les particuliers, ensuite par l'Etat. Nous ne savons pas au juste à quelle époque la monnaie frappée et officielle fut mise en circulation à Rome. La tradition romaine en fait remonter l'apparition à Servius Tullius. Mais nous ne trouvons de documents sur ce point qu'à partir de la loi Alternia Tarpeia, c'est-à-dire vers l'an 454 avant J.-C. Encore, n'y a-t-il à cette date ni monnaie d'argent, ni monnaie d'or. La première ne fut employée qu'en l'an 268, la seconde sous César seulement.

Toujours est-il que quand la monnaie frappée eût succédé à la monnaie pesée, le rôle des *argentarii* se modifia. Pour se rendre compte de leurs nouvelles attributions, il faut noter qu'une grande quantité de monnaies étrangères avaient envahi le marché romain à la suite des conquêtes. Des relations fréquentes existaient entre les peuples soumis et le public de Rome et il résultait de là que, souvent, les affaires ne pouvaient se régler autrement qu'en monnaies étrangères, mais que celles-ci, n'ayant pas cours forcé, étaient difficilement acceptées par les *negociatores* romains.

Les *argentarii* vinrent alors au secours des uns et des autres. Ils se firent les appréciateurs des monnaies étrangères dont ils comparaient la valeur à celle de la monnaie romaine. Ce rôle leur fit donner le nom de *probatores*, parce qu'ils renseignaient les particuliers sur la valeur intrinsèque de moyens d'échange inconnus de ceux-ci. Plaute nous raconte dans son *Querulus* (1) avec quel soin ils procédaient à l'examen de ces pièces :

> *Et si nihil tam simile selidus solido*
> *Tamen etiam distantia quæritur in auro*

1. Plaute, *Querulus*, 251.

Vultus, retas et celor, nobilitas, litteratura,
Patria, gravitas, atque ad scriptulos
Quæritur in auro plus quam in homine.

De cette opération au change, il n'y avait qu'un pas, les *argentarii* le franchirent. Au lieu de se borner à estimer les monnaies étrangères, ils les échangèrent contre de la monnaie romaine pour leur propre compte, moyennant un salaire qu'on appelait *collybus*, ce qui veut dire change. Ils firent aussi l'opération inverse qui pouvait rendre de grands services au public romain.

Les Romains ne connurent pas la monnaie fiduciaire, c'est-à-dire, la circulation d'objets ayant peu de valeur par eux-mêmes, mais représentant une somme déterminée, comme nos billets de banque par exemple.

Elle était cependant en usage dans certains pays d'Orient, sous la forme de pièces de plomb, de terre cuite ou d'étain. Il paraît aussi que les Egyptiens avaient pris le verre comme monnaie fiduciaire et que cet usage se continua sous les Byzantins et sous les Arabes (1).

Les Romains ne procédaient pas de la même manière, bien qu'on ait soutenu qu'ils ont eu une monnaie fiduciaire de bois. Ils préféraient mettre en

1. Lenormand, *La monnaie dans l'antiquité*, t. I, p. 114 et suiv.

circulation de la monnaie fourrée. Mommsen (1) nous dit qu'ils frappaient des pièces composées d'un métal de peu de valeur, cuivre, fer, plomb ou étain et recouvertes d'une mince feuille d'argent ou plus rarement d'or. C'était là, évidemment, un procédé anti-économique et frauduleux.

Mais cette opération n'en fut pas moins adoptée par le Sénat qui ordonna, à plusieurs reprises, de mêler ces pièces fourrées à la monnaie véritable. C'est ce qui eut lieu notamment, après la bataille de Trasimène, pendant la guerre contre Annibal.

Les résultats de cette mesure furent désastreux pour le crédit. Aussi, en l'an 84, le préteur Marius Gratidianus mit fin à cet état de choses en retirant de la circulation ces pièces faussées. Ici encore, nous voyons les *argentarii* jouer un rôle important. Ils furent chargés de cette opération. L'histoire (2) nous raconte avec quelle joie le public accueillit cette bienfaisante réforme. On éleva, dans les carrefours, au préteur qui avait pris l'initiative de cette mesure, des statues auxquelles on rendit des honneurs presque divins en brûlant, devant elles, des cierges et de l'encens.

Malheureusement, cette nouvelle situation ne dura pas longtemps. Sylla fit, en effet, remettre en vi-

1. Mommsen, *Hist. de la monnaie*, p. 106 et suiv.
2. Pline, *Hist. nat.*, XXXIII, 0, 132.

gueur le système des pièces fourrées, après avoir fait renverser les statues et fait périr le préteur dans les souffrances les plus atroces.

Mais les actes des gouvernements les plus forts ou les plus tyranniques ne sauraient modifier longtemps les lois économiques. Une résistance fut organisée au nom du bon sens et de l'honnêteté et à la tête de cette résistance nous trouvons les *argentarii.*

II. — Mutuum.

Le prêt à intérêt était très répandu à Rome, mais l'usure l'était encore davantage. C'était là une conséquence de la passion effrénée de l'argent et du jeu. Malgré les sévérités de la loi contre les usuriers, qui plaçait ces derniers au dessous du voleur, les riches patriciens ne craignaient pas, cependant, de prêter à des taux exorbitants en dépit des plaintes et des révoltes réitérées de la plèbe. Et même, les hommes qui jouissaient du plus grand renom d'austérité se livraient, sans scrupule, à ce commerce peu honorable. C'est qu'à côté des vertus sublimes qui caractérisaient les anciens Romains, vertus de dévouement passionné à la patrie et de courage héroïque qui devaient leur faire conquérir l'univers, se plaçaient le dédain des misères d'autrui et l'amour déréglé du lucre.

C'est pour cela que nous voyons Brutus avancer des fonds à Chypre au taux de 48 pour 100, le grave Caton poursuivant sans merci des débiteurs obérés ; Pompée exploiter les villes de la Grèce et de l'Asie auxquelles il avait avancé cent millions de sesterces ; enfin, le stoïcien Sénèque se livrant aux mêmes excès bien qu'il écrive : « *Quid fœnus et calendarium, et usura, nisi humanœ cupiditatis extra naturam quœsita verba ? Quid sunt istœ tabulœ, quid computationes, et venale tempus et sanguinolentœ centesimœ ? Volontaria mala ex constitutione nostra prudentia… inanis avaritiœ somnia.* »

Les *argentarii* ne furent pas des usuriers. C'est le plus bel éloge qu'on puisse leur adresser, étant données les mœurs de leur temps. Même à l'époque où l'intérêt n'était pas limité à Rome, leurs avances n'étaient jamais faites qu'à des taux relativement peu élevés, excepté, cependant, quand il s'agissait d'un *nauticum fœnus* à cause des risques qu'ils couraient.

Souvent l'*argentarius* qui consentait à faire une avance de fonds exigeait de son débiteur en échange de l'argent prêté une reconnaissance écrite de la dette (*cautio, instrumentum, chirographum*). Cette reconnaissance pouvait aussi être obtenue au moyen d'une stipulation. Mais les banquiers ne recouraient pas souvent à cette forme de contrat. Pourquoi donc l'*argentarius* demandait-il à son client une reconnaissance écrite de la dette ? Il y avait là une mesure de précaution. Cet écrit dispensait, en effet, le banquier de faire la preuve de l'existence de sa créance tandis que par l'action *ex mutuo*, qui lui était donnée en l'absence d'un écrit, la preuve de la numération des deniers était mise à sa charge.

L'emprunteur n'avait rien à craindre lorsqu'il recevait le montant du prêt en échange de l'écrit qu'il signait. Mais il avait à redouter la mauvaise foi du banquier quand celui-ci réclamait la reconnaissance un certain temps avant la numération des deniers, ce qui avait lieu, notamment, en cas d'ouverture de crédit. Muni, en effet, de l'écrit revêtu de la signature de l'emprunteur, le banquier était en droit de l'actionner en restitution d'une somme qu'en réalité il ne lui avait peut-être pas remise. L'emprunteur n'avait aucun moyen pour se défendre puisque la reconnaissance dispensait le banquier de prouver l'existence de sa créance. Cette situation devint la source de fraude que le préteur, organe de l'équité, fit cesser en accordant au client soit une exception de dol (Gaïus, C. IV, p. 116 et 119) soit une exception spéciale rédigée *in factum* et appelée *non numeratæ pecuniæ* (L. 29, pr. D. 17, 1).

L'exception de dol ne présentant aucun caractère

particulier, nous ne nous en occuperons pas. Nous étudierons seulement ce qui est relatif à l'exception *non numeratæ pecuniæ*. Cette exception avait pour effet de détruire la force probante de l'écrit. Elle procurait au client le moyen de prouver, selon le droit commun de l'époque classique, que la réalisation du prêt n'avait pas eu lieu. Toutefois, même à l'époque classique, l'exception *non numeratæ pecuniæ* constituait une dérogation grave au droit commun en ce sens qu'elle était plutôt un moyen de défense qu'une véritable exception, car le client qui l'invoquait ne se prévalait pas soit d'un acompte versé, soit d'une créance compensant avec celle du banquier, ce qui eût impliqué que la numération des écus avait été effectuée et que par suite, le contrat s'était formé ; il prétendait, au contraire que les écus ne lui avaient pas été comptés, que le contrat n'existait pas, partant que l'écrit qui le constatait n'avait pas de valeur. Le droit opposé par le client était donc plutôt un moyen de défense qu'une exception. Pourquoi donc l'appelait-on exception ? Il est probable qu'on lui donnait ce nom parce qu'à l'exemple des exceptions véritables, il devait être invoqué devant le magistrat et inséré dans la formule.

Cette dérogation au droit commun qui ne se présentait qu'en cas de reconnaissance écrite de la dette fut bientôt suivie d'une autre qu'introduisirent dans la législation les empereurs du troisième siècle. Les fraudes étaient devenues si nombreuses qu'on fut obligé de déplacer le fardeau de la preuve. Les empereurs décidèrent, en conséquence, par dérogation à la règle, « *reus in excipiendo fit actor* » que la charge d'établir le fait matériel de la numération incomberait au banquier demandeur.

Cet état de choses dura jusqu'à Justinien qui dans le Ch. VI de sa Novelle 136, refusa aux clients par considération pour les banquiers, le bénéfice de l'exception *non numeratæ pecuniæ* telle qu'elle existait depuis le troisième siècle. Désormais, ce ne fut plus l'*argentarius* qui dût faire la preuve du prêt mais l'emprunteur qui dut prouver que le prêt n'avait pas eu lieu. Celui-ci put cependant déférer le serment sur les causes du prêt au prêteur ou bien à ses héritiers pendant le délai ordinaire de l'exception *non numeratæ pecuniæ*, c'est-à-dire pendant deux ans.

Bien que le *mutuum* fût un contrat à titre gratuit, il ne s'ensuivait pas pour cela que le banquier fût dans l'impossibilité de se faire payer des intérêts en échange des services qu'il rendait à ses clients. La loi, en effet ne proscrivait pas l'obligation de payer des intérêts. Mais comment en convenir? Ils ne couraient pas de plein droit. De plus, un simple pacte ne suffisait pas pour les faire courir car le *mutuum* étant un contrat de droit strict, la simple convention ne pouvait pas avoir pour effet d'ajouter quelque chose à l'obligation de l'emprunteur. Quant à la stipulation à laquelle on recourait ordinairement pour rendre un prêt productif d'intérêts, elle n'était pas dans les habitudes de la banque. Aussi, arrivait-il qu'en fait, les banquiers prêtaient sans constater par écrit qu'il leur était dû des intérêts. Cette manière de procéder devint une cause de fraude pour les clients de mauvaise foi. Ceux-ci, en effet, n'étant pas liés en vertu du droit, refusaient de payer les intérêts convenus, et les banquiers ne pouvaient pas les y contraindre puisque la nature du contrat les empêchait d'exiger plus qu'ils n'avaient donné. Il en était toutefois autrement en cas de *nauticum fœnus*, car dans ce contrat les intérêts couraient de plein droit. De plus les banquiers pouvaient, au moment de la réalisation du prêt, ajouter les intérêts au capital et comprendre le tout dans l'inscription qu'ils portaient sur leurs registres. Mais c'était là un procédé que le client de mauvaise foi pouvait dévoiler pour se soustraire au paiement des intérêts dont il était débiteur.

Aussi la corporation des *argentarii* s'adressa-t-elle à Justinien qui, en raison des services qu'elle rendait au commerce, fit droit à ses réclamations en décidant que les intérêts courraient de plein droit, au profit des banquiers à partir de la réalisation du prêt (Nov. 136, C. IV).

Recherchons maintenant quel était le taux de ces intérêts et si les parties pouvaient le fixer librement. A l'origine la législation romaine ne l'avait pas limité. Mais comme les exigences des patriciens, qui seuls possédaient les capitaux, avaient suscité les plaintes de la plèbe, les Décemvirs fixèrent un taux maximum que les prêteurs ne purent pas dépasser. Nous ne nous occuperons pas des fluctuations que subit ce taux maximum depuis la loi des 12 Tables jusqu'à Justinien. Nous dirons seulement que sous ce prince, les prêteurs commerçants, au nombre desquels figuraient les banquiers, ne pouvaient pas exiger un intérêt supérieur à 8 pour cent, à la différence des prêteurs non commerçants qui n'avaient pas le droit de stipuler plus de 6 pour cent d'intérêt et des personnes illustres dont les prétentions ne devaient pas s'élever au-dessus de 4 pour cent (Loi 26, Code 4, 32).

Cette distinction du droit romain a été adoptée par notre jurisprudence. Aujourd'hui, pour déterminer si l'on est en matière civile ou commerciale, c'est-à-dire pour savoir si l'intérêt conventionnel peut ou non dépasser le taux légal, la jurisprudence s'attache, comme l'a fait Justinien, à la profession du créancier.

Mais si, avant Justinien, le banquier ne pouvait pas contraindre son client à lui payer des intérêts simplement convenus, n'avait-il pas au moins le droit d'exiger de lui des intérêts de retard lorsqu'il ne remboursait pas au terme fixé. Aujourd'hui l'art. 1153 C. civ., fait courir les intérêts moratoires au profit du créancier à partir de la demande en justice. En droit romain, il n'en était pas de même. La *litis contestatio* n'avait pas pour effet de faire courir les intérêts moratoires. Le texte qu'on a invoqué pour soutenir l'opinion contraire « *Lite contestata usuræ currunt* » (Loi 35, D. 22, 1), ne signifie pas que les intérêts moratoires couraient à partir de la *litis contestatio*, il veut dire que quand une dette était productive d'intérêts, la *litis contestatio*, malgré son effet novatoire, n'en arrêtait pas le cours. Les poursuites exercées par le banquier n'avaient donc pas pour effet de faire courir les intérêts moratoires. Cela tenait à ce que le *mutuum* étant un contrat de droit strict, l'emprunteur ne pouvait pas être condamné à restituer plus qu'il n'avait reçu. S'il en était ainsi lorsque le banquier actionnait son client, à plus forte raison la solution était-elle la même quand il s'était borné à le mettre en demeure.

Justinien ne se contenta pas de faire courir de plein droit les intérêts au profit des banquiers, il leur accorda aussi un privilège sur les biens acquis avec les deniers prêtés, à la condition toutefois qu'ils se fussent réservé ce privilège dans un acte constatant le prêt. Il décida en outre que ce privilège existerait à leur profit même à défaut d'écrit lorsqu'ils auraient procuré à leurs emprunteurs des objets pour les vendre et en conserver le prix à titre de prêt (Nov. 136, ch. III,). Il alla même jusqu'à sous-entendre en leur faveur un droit d'hypothèque sur les biens de leurs débiteurs (Edit 7 et 3).

Mais avant Justinien, rien n'empêchait l'*argentarius* de se faire donner en échange du montant du prêt des garanties telles qu'un cautionnement, un gage ou une hypothèque. Dans ces trois cas, la législation romaine ne contenait rien de spécial aux *argentarii*. Nous dirons cependant quelques mots de l'hypothèque parce qu'elle présentait un caractère spécial quand elle était constituée au profit d'un *argentarius* pour sûreté d'un crédit qu'il consentait à ouvrir. Comme, en droit romain, la publicité des hypothèques n'existait pas, il n'y avait rien qui ressemblât à ce que nous appelons aujourd'hui l'inscription hypothécaire. Aussi, tandis que chez nous, l'hypothèque prend rang à partir de la date de l'inscription, c'est du moins la solution admise par la jurisprudence et la majorité des auteurs, elle prenait rang en droit romain à partir de la date de la constitution d'hypothèque et non pas à partir de celle de la réalisation du prêt. Il en était ainsi, non pas par suite d'une conséquence attachée à la rétroactivité de la condition mais parce que l'*argentarius* n'était plus libre de ne pas devenir créancier (Loi I, *pr. qui potior*; Loi II, p. I, *qui potior*).

III. Permutatio.

Les banquiers romains ont connu et pratiqué le contrat de change, c'est-à-dire le contrat par lequel une personne promet à une autre de lui faire toucher une certaine somme dans un autre lieu que celui du contrat. Les lettres de Cicéron à Atticus nous le prouvent de la manière la plus évidente. Cicéron a l'intention d'envoyer son fils faire ses études en Grèce, mais il veut lui éviter l'embarras d'emporter avec lui de la monnaie. Il écrit alors à son ami Atticus pour savoir si, en versant une somme à Rome chez un *argentarius*, il ne pourrait pas en toucher le montant à Athènes. « *Id quæro quod illi opus erit Athenis permutatione possit an ipsi ferendum est* (1). » Atticus répond que la *permutatio* est possible et Cicéron écrit de nouveau pour qu'elle se produise : « *De Cicerone ut scribis, ita faciam, ipsi permittam de tempore; nummorum quantum opus erit, ut permutetur*

1. *Ad. attic.*, Liv. XII, n. 24.
2. *Ad. attic.*, Liv. XII, n. 27.

tu videbis (2). » Cicéron achète ensuite chez un *argentarius* un titre de créance payable à Athènes et le remet à son fils qui ira toucher chez le débiteur.

Ce titre de créance servant à l'exécution du contrat de change ne peut-il pas être considéré comme une lettre de change dans laquelle on n'a pas inséré la clause à ordre ? En d'autres termes, ce passage des lettres de Cicéron à Atticus ne nous montre-t-il pas que les Romains ont connu la lettre de change ? Nous le pensons. Seulement, ils ne l'ont pas connu, suivant nous, avec ce qu'elle a de plus original et de plus fécond, c'est-à-dire avec la clause à ordre.

En effet, dans notre législation moderne, le tiré ne connaît pas le porteur, il est débiteur de l'inconnu parce qu'il s'est obligé à payer à celui qui se présentera. A Rome, au contraire, le cédant donnait mandat au débiteur de se libérer entre les mains du porteur du titre qui lui était désigné. Le formalisme du droit romain était contraire à une cession aussi rapide et aussi brève que celle qui s'opère chez nous. Aussi, en remettant le titre de créance à Cicéron, *l'argentarius* a, en même temps, donné mandat au débiteur ou à l'esclave préposé à la direction de sa succursale, de payer entre les mains du fils de Cicéron. Ce mandat est une conséquence de l'absence de la clause à ordre. Le droit romain n'admettait pas qu'un créancier pût céder sa créance sans prévenir le débiteur.

Mais il n'était pas toujours facile de trouver des titres de créance payables dans une autre ville que celle du contrat. Il est probable que si l'on en avait pu trouver à volonté, les prêteurs à la grosse aventure, n'auraient pas manqué de s'en servir au lieu d'envoyer un esclave au port d'arrivée pour recevoir le montant du prêt, plus les intérêts convenus (Liv. 4. p. 1, XXII, 2.

Les banquiers romains ne connaissaient pas seulement la lettre de change, le chèque était aussi en vigueur chez eux. Mais, ainsi que nous l'avons dit à propos de la lettre de change, la clause à ordre n'y était pas contenue. Nous verrons que les *argentarii* recevaient en dépôt les fonds de leurs clients soit pour les faire fructifier, soit pour les tenir simplement en garde.

Étant donnée cette situation, il arrivait que les clients les chargeaient d'effectuer des paiements pour leur compte (*scriptura per mensam ou de mensa solvere*), ou bien d'opérer des prêts sur un mandat appelé *prescriptis*. Ce mandat n'équivaut pas, évidemment, à notre chèque à ordre, puisque le banquier ne s'obligeait qu'envers des personnes dénommées, mais il correspond, assurément, à notre chèque souscrit au profit d'une personne déterminée (Loi du 14 juin 1865, art. 1ᵉʳ).

Toutefois, on hésita longtemps avant d'adopter ce

procédé. Au temps de Sénèque, il n'était pas encore employé. Le déposant qui voulait acquitter une dette devait amener son créancier devant le comptoir de *l'argentarius* dépositaire qui payait devant témoins pour le compte du déposant.

Il pouvait se faire que *l'argentarius* n'exécutât pas son obligation. Dans ce cas, la loi romaine mettait des actions au service des clients. Si au lieu de procurer une somme dans un lieu autre que celui du contrat, *l'argentarius* la payait à Rome, le client avait contre lui l'action de *eo quod certo loco* qui l'indemnisait du préjudice causé (1). Le client avait aussi le droit d'intenter l'action *mandati directa* dans le cas où le banquier n'exécutait pas les ordres qu'il lui avait donnés.

Disons, pour terminer sur ce point, quelques mots du compte courant. Les banquiers romains le connaissaient. Nous verrons, en effet, qu'ils étaient obligés de tenir des livres et d'opérer la compensation, c'est-à-dire de balancer le compte et de n'exiger que le solde s'il était en leur faveur. Mais nous ne savons pas exactement si le compte courant était mis en œuvre sur une vaste échelle, s'il était pratiqué avec le correspondant d'une autre place. Un texte de Paul, la loi 5, p. 4, Dig. 19-1 semble nous dire qu'il avait

1. Gaïus. Loi 3, XIII. 4. Dig.

cette étendue. Le jurisconsulte suppose que deux correspondants, dont l'un est à Rome et l'autre à Carthage, s'obligent, le premier à faire le recouvrement des créances du second à Rome, le second à toucher celles du premier à Carthage. « *Si pacti sumus ut tu a meo debitore Carthaginem exigas ego a tuo Romæ* ». Nous croyons trouver là le compte courant pratiqué avec le correspondant d'une autre place, bien qu'en la forme il y ait un contrat innommé, un *facio ut facias.*

IV. Receptum.

Le *receptum* ou *receptitium* est l'origine du pacte de constitut. Il formait, à l'époque classique, un contrat spécial aux *argentarii* qui l'employaient dans leurs rapports avec leurs clients. Tombé en désuétude au temps de Justinien, ce prince le confondit avec le constitut qu'il élargit en y transportant quelques-unes des règles du *receptum* ; de sorte que, sous Justinien, ce contrat cesse d'être propre à la classe des banquiers.

Nous avons peu de renseignements sur le *receptum*. Le Digeste n'en parle pas ; car, au moment de la compilation, la fusion du constitut et du *receptum* était déjà consommée. Les seuls textes que nous ayons sur cette institution sont : une constitution de Justinien (Loi 2 C. de const.

sont formels en ce qui concerne le constitut. Ils disent, en effet, que ce pacte fait pour deux cents alors que la dette primitive est de cent, n'oblige le constituant que pour cette dernière somme « *Siquis centum aureos debeas, ducentos constituat in centum tantummodo tenetur; quia ea pecunia debita est* » dit la loi 11 p. 1 du titre de *pecunia constituta*. Il est probable qu'une solution identique était admise pour le *receptum*; que si l'obligation de *l'argentarius* dépassait le montant de celle du client, elle était réduite et non pas anéantie comme celle du fidéjusseur lorsqu'il s'obligeait à payer une somme supérieure au montant de la dette qu'il garantissait.

Mais si le *receptum* et le constitut étaient celui-ci un pacte, celui-là un contrat accessoire, ils ne l'étaient pas tous les deux au même titre. En premier lieu, le pacte de constitut jouait le plus souvent le rôle d'un cautionnement; au contraire le *receptum* était moins une garantie qu'un moyen employé pour faciliter les paiements. *L'argentarius* était plutôt le caissier que le garant de son client. En second lieu, le constitut devait nécessairement suivre l'obligation principale, il ne pouvait être fait qu'à l'occasion d'une dette préexistante; le *receptum*, au contraire, n'impliquait ni n'excluait l'existence d'une dette antérieure. *L'argentarius* pouvait s'obliger avant ou après la naissance de la dette de son client. Par ce côté, le *receptum* ressemble à la fidéjussion « *qui prece-dere obligationem aut sequi potest* » disent les Institutes (p. 3. Liv. III tit. 20). C'est là le sens que nous donnons au passage de la constitution : « *Secundum antiquam receptitiam actionem res exigebatur etiam siquid non fuerat debitum* ». Le banquier était donc tenu d'une obligation accessoire et cette obligation pouvait naitre avant ou après l'obligation principale du client.

Si pourtant le constitut dérive du *receptum*, comment expliquer qu'il ne pouvait être fait qu'à l'occasion d'une dette préexistante? C'est que pour une dette future, on pouvait éviter les formalités compliquées de la fidéjussion en recourant au *mandatum pecuniæ credendæ*, tandis que quand la dette était déjà née, on était obligé d'employer les formes solennelles de la fidéjussion. C'est cette lacune que le préteur voulut corriger au moyen du pacte de constitut. Il prit du *receptum* ce qui était nécessaire pour qu'à l'avenir on pût se dispenser, même pour les dettes existantes, des formalités de la fidéjussion.

Les interprètes du droit romain ne sont pas non plus d'accord sur le point de savoir quel était l'objet du *receptum*. Nous savons que celui du constitut devant être identique à celui de la dette antérieure, portait au début de l'époque classique, sur des quantités, c'est-à-dire, sur des choses qu'on a l'ha-

bitude de compter, de mesurer ou de peser (Loi 1re
p. 5 *De pec. const*). Mais, en ce qui concerne l'objet
du *receptum*, les textes ne nous renseignent pas. On
pourrait croire que l'abandon du principe que nous
venons d'indiquer a été provoqué par le désir de
rapprocher le constitut du *receptum* et qu'en conséquence, celui-ci pouvait porter sur des quantités
aussi bien que sur des meubles ou des immeubles.
Mais Ulpien semble nous dire que le changement
d'objet du constitut est dû à l'influence de la décision
prise à l'égard de la dation en paiement qui finit par
être considérée comme un paiement (Loi 1re p. 5 *De
pec. const.*). Cette conjecture n'est donc pas fondée.
Nous pensons néanmoins que si le *receptum* pouvait
avoir pour objet des choses qu'on stipule valablement,
en fait, il ne s'appliquait guère qu'à l'argent monnayé
et peut-être aux métaux précieux en lingots. Cette opinion est en harmonie avec la nature des fonctions des
argentarii. Du reste Justinien, ne les appelle-t-il pas
argenti distractores. (Loi 2 p. 2. Cod. *De const. pec.*).

Voyons maintenant quelle était l'utilité de ce contrat. Il servait à faciliter les paiements. Les clients, au
lieu de payer eux-mêmes leurs créanciers, chargeaient
l'*argentarius* de payer pour eux. Le banquier qui consentait à s'obliger payait soit avec les fonds déposés par
le client soit avec ceux qu'il avait encaissés pour son
compte. Mais comme l'obligation née du *receptum*

n'impliquait pas l'existence d'une provision, il arrivait souvent que le banquier payait à découvert, soit à son client, soit à des tiers désignés. Le contrat contenait alors une ouverture de crédit.

L'obligation résultant du *receptum* était sanctionnée par une action civile et perpétuelle qui se prescrivit par 30 ans à partir de Théodose. Cette action dite *receptitia* donnait-elle aux tiers le droit de poursuivre successivement *l'argentarius* et le client ? Avant de résoudre cette question, il importe d'examiner si le *receptum* n'avait pas pour effet d'éteindre l'obligation principale. Quand l'obligation accessoire était un pacte de constitut, l'obligation principale pouvait, selon nous, se trouver éteinte. Mais pour qu'il en fût ainsi, il fallait qu'il s'agit d'un *constitum proprii debiti* et, encore, dans ce cas, la dette antérieure s'éteignait seulement *exceptionis ope* (Loi 25 pr. *De pec. const.*) Si, au contraire, le pacte était un *constitutum alieni debiti*, l'extinction de la dette primitive ne se concevait pas, puisque dans cette hypothèse, le constitut jouait le rôle de cautionnement. Bien qu'en notre matière, le *receptum* ne soit pas, en principe, une sûreté personnelle, nous pensons qu'une distinction semblable à la précédente s'impose. *L'argentarius* faisait-il le *receptum* à l'occasion de sa propre dette, celle-ci pouvait être éteinte par voie d'exception. Mais si l'engagement du banquier visait la dette d'un client, l'obligation de celui-ci ne s'éteignait ni *ipso jure* ni *exceptionis ope*, par la raison qu'un créancier n'abdique pas sa créance par cela seul qu'il consent à être payé par le mandataire de son débiteur. L'idée d'une novation par changement de débiteur fait absolument défaut ici. Seulement, rien n'empêchait le client de faire avec son créancier un pacte de *non petendo*. La dette du client subsistait donc malgré l'existence du *receptum*, et le tiers envers lequel *l'argentarius* s'était obligé se trouvait avoir deux débiteurs.

Revenons maintenant à la question que nous avons indiquée plus haut et qui consiste à savoir si le tiers muni de l'action *receptitia* pouvait exercer successivement ses poursuites contre *l'argentarius* et contre le client. La solution de cette question est basée sur une règle spéciale au droit romain, d'après laquelle il était impossible d'intenter deux fois de suite la même action en justice lorsque la première instance avait été poursuivie jusqu'à la *litis contestatio*. Si donc, en matière de fidéjussion, le créancier avait actionné le débiteur principal, il ne pouvait pas, la formule une fois délivrée, se retourner contre le fidéjusseur. Il en était ainsi parce que le fidéjusseur s'obligeait à payer *idem* ce qui impliquait l'existence d'une action identique à celle qui avait été intentée contre le débiteur principal. Mais la solution était toute différente lorsqu'il s'agissait d'un pacte de constitut ou d'un *mandatum pecuniæ credendæ*. En effet, quand le créancier mandataire, après avoir poursuivi infructueusement le débiteur principal, se retournait ensuite contre son mandant, il n'intentait pas contre lui l'action de sa créance mais l'action *mandati contraria*, de sorte que la règle que nous avons citée n'était pas violée (Loi 13 *de fidej., et mand.*, 46. 1). Il en était de même en cas de pacte de constitut. Lorsque le constituant était poursuivi, il était tenu de l'action de *constituta pecunia* et non pas de l'action sanctionnant l'obligation du débiteur principal. (Loi 10 p. 3. *De const. pec.*). Comment la question était-elle résolue lorsqu'un *argentarius* s'était obligé dans la forme du *receptum*? Elle l'était, selon nous, dans le sens que nous venons d'indiquer pour le constitut et le *mandatum pecuniæ credendæ*. L'*argentarius* n'était pas lié en vertu du même contrat que son client. Par conséquent, si le créancier, après avoir poursuivi l'*argentarius*, voulait agir ensuite contre le client, il en avait le droit, car la *litis contestatio* n'avait pas libéré le débiteur principal. Pour que celui-ci fût à l'abri de l'action du créancier, il fallait que l'*argentarius* eût acquitté la dette.

Le créancier avait non-seulement le droit de poursuivre successivement chacun des deux débiteurs, il pouvait encore ne pas observer d'ordre et commen-

cer par s'adresser, à son choix, soit au débiteur principal soit à *l'argentarius*. Cette règle rigoureuse, qui
s'appliquait à l'époque classique à tous les débiteurs
accessoires quels qu'ils fussent, disparut seulement
sous Justinien, lorsque ce prince créa, dans sa Novelle IV, au profit des cautions, le bénéfice de discussion. Ce bénéfice pouvait donc, dans le dernier
état du droit, être invoqué par les débiteurs par pacte
de constitut, et comme, à cette époque, la fusion du
receptum et du constitut était consommée, on pourrait croire que les *argentarii* étaient autorisés à se
prévaloir de l'innovation de Justinien. On se trompe-
rait étrangement; car dans les derniers mots de
sa Novelle, Justinien refuse expressément aux
argentarii le bénéfice de discussion, (ch. III p. 1). La
raison de cette restriction consiste en ce que *l'argentarius* intervenait moins pour garantir un paiement
que pour le rendre plus commode.

Cette décision suscita de vives réclamations de la
part des banquiers. Ils se plaignirent de n'avoir pas
le droit de profiter d'un avantage dont on se servait
contre eux. On pouvait, en effet, leur opposer le bénéfice de discussion alors qu'eux-mêmes n'avaient pas
le droit de l'invoquer. Justinien accueillit leurs
plaintes, mais sans revenir sur la décision qu'il avait
prise à leur égard dans la Novelle IV. Il les autorisa
seulement à exiger des fidéjusseurs qu'ils recevaient,

une renonciation écrite au bénéfice de discussion. Ce ne fut là qu'une demi-satisfaction, car, il fallait un écrit pour qu'on ne leur opposât pas le bénéfice, tandis que, même avec un écrit, ils ne pouvaient pas s'en prévaloir. (Nov. 136. pr. et p. 1).

Si les *argentarii* n'avaient pas le bénéfice de discussion, ils ne pouvaient pas davantage opposer le bénéfice de division. Le rescrit d'Adrien ne s'appliquait qu'aux cautions ; or les banquiers tenus de l'action *receptitia* n'étaient pas, nous l'avons vu, considérés comme des garants.

Lorsque le créancier s'adressait au débiteur principal, tout était terminé. Mais s'il s'en prenait d'abord à *l'argentarius*, celui-ci avait contre le débiteur principal un recours qu'il importe de déterminer. *L'argentarius* qui avait exécuté l'obligation née du *receptum* avait contre son client une action de mandat ou de gestion d'affaires. Il pouvait aussi recourir contre lui au moyen de *l'expensilatio*. Mais le plus souvent le banquier qui s'obligeait dans les formes du *receptum* était investi d'un mandat à cet effet, de sorte que l'action récursoire intentée contre le client était ordinairement l'action *mandati centraria*. Outre ces divers moyens, *l'argentarius* avait encore le bénéfice de cession d'actions qui était accordé, en général, à tous les débiteurs accessoires. Ce bénéfice leur était très-utile à plusieurs points de vue.

Tout d'abord, il pouvait se faire que la dette du client fût garantie par une sûreté réelle ou personnelle. Le bénéfice de cession d'actions donnait alors au banquier le droit d'invoquer cette sûreté, ce qui lui assurait presque toujours un paiement intégral. En second lieu, l'importance du bénéfice de cession d'actions se manifestait surtout dans le cas où plusieurs banquiers s'étaient engagés dans les formes du *receptum*. En effet, sans le bénéfice de cession d'actions, l'*argentarius solvens* n'avait aucun recours contre ses codébiteurs accessoires. Il va de soi qu'il ne pouvait pas agir contre eux par l'action de mandat. Il ne le pouvait pas non plus par l'action *negotiorum gestorum*, car en payant, l'*argentarius solvens* ne faisait pas l'affaire d'autrui, mais la sienne propre. Le banquier qui ne se faisait pas céder les actions du créancier n'avait donc que le droit d'actionner le client débiteur principal. Enfin, l'avantage que procurait à l'*argentarius* le bénéfice de cession d'actions justifie sa coexistance avec le bénéfice de division, puisque ce dernier était refusé aux banquiers.

Supposons, pour terminer nos explications sur ce point, que le créancier ait rendu impossible la cession de ces actions, soit parce qu'il ne les a pas conservées, soit parce qu'il a renoncé aux garanties attachées à sa créance. *L'argentarius* avait-il le droit de ne pas payer et de se considérer comme libéré?

Cela dépend de l'opinion que l'on admet sur la nature du *receptum*. Si l'on décide que ce contrat était solennel, on est obligé de dire que, par cela même, il était de droit strict et unilatéral, et qu'en conséquence, les obligations conformes à la bonne foi et à l'équité n'étant pas sous-entendues, le banquier qui était seul obligé, était tenu de payer. Si, au contraire, on admet que le *receptum* n'était entouré d'aucune solennité ou n'impliquait que des formalités très simples, on doit admettre également qu'il était un contrat de bonne foi, partant que les obligations conformes à l'équité étant sous-entendues, le créancier s'obligeait tacitement, en recevant le *receptum*, à conserver ses actions. Si donc la cession n'était plus possible, *l'argentarius* était libéré.

V. Depositum.

Le contrat de dépôt était fort en usage chez les banquiers romains. De nombreux clients et le Trésor public lui-même (1) leur confiaient la garde de leurs fonds. Cela prouve une fois de plus que les *argentarii* jouissaient du plus grand crédit et qu'on était loin de suspecter leur bonne foi.

Il y avait en droit romain comme aujourd'hui

1. Cicéron, *Pro Flacco*, 19,

d'ailleurs deux sortes de dépôts : le dépôt régulier et le dépôt irrégulier.Ces deux contrats étaient usités chez les *argentarii* mais le premier moins que le second.

Lorsque le dépôt était régulier, le banquier s'obligeait seulement à conserver les fonds et à les restituer à première réquisition du déposant. Il ne pouvait pas en disposer. C'était là une obligation qui avait à Rome plus d'importance que chez nous en raison de la variété des monnaies qui, comme nous l'avons vu, affluaient sur le marché romain.

En sa qualité de dépositaire régulier, l'*argentarius* n'était tenu que de sa faute lourde, car le contrat existait dans l'intérêt exclusif du déposant. On pouvait, du reste, reprocher à ce dernier d'avoir mal choisi son dépositaire. « *Sed is ex eo solo tenetur, si quid dolo commiserit, culpæ autem nomine, id est desidiæ ac negligentiæ non tenetur. Itaque, securus est qui parum diligenter custoditam rem furto amiserit quia qui negligenti amico rem custodiendam tradidit suæ facilitati id imputare debet* » (*Inst.*, liv. III, liv. 14, p. 3).

Cette responsabilité du banquier dépositaire fut aggravée du jour où il perçut un droit de garde. Les textes ne nous disent pas à quelle époque ce droit commença à être perçu. Ce qui est certain c'est qu'à partir de ce moment, le banquier fut tenu de sa faute légère *in abstracto*.

Mais le dépôt régulier n'était pas celui que les banquiers préféraient. Ils pratiquaient beaucoup plus souvent le dépôt irrégulier à cause des avantages qu'il conférait tant à eux-mêmes qu'à leurs clients. L'*argentarius* devenant en effet, dans ce cas, propriétaire des sommes déposées et n'étant, par suite, tenu que de restituer des choses semblables, faisait fructifier ces fonds et servait un intérêt aux déposants.

On voit par là que le dépôt irrégulier avait beaucoup d'analogie avec le *mutuum*. Que l'*argentarius* fût, en effet, dépositaire irrégulier ou emprunteur, il devenait, dans les deux cas, propriétaire des sommes versées dans sa caisse, et les risques de celles-ci étaient à sa charge.

Mais de profondes différences séparaient ces deux contrats. Quand l'*argentarius* était emprunteur, le client ne pouvait pas devancer le terme pour demander le remboursement de la somme prêtée ; car le terme était fixé dans l'intérêt de l'emprunteur. Au contraire, lorsque l'*argentarius* recevait de ses clients des sommes d'argent en dépôt il était tenu de les leur restituer à première réquisition, le terme existant dans leur intérêt.

De plus, dans le *mutuum*, jusqu'à Justinien, pour que des intérêts fussent dus par le banquier emprunteur, il fallait une stipulation d'intérêts, une simple convention ne suffisait pas pour les faire courir puisque le *mutuum* était un contrat de droit strict. Dans le dépôt irrégulier, il n'y avait rien de semblable. Ce contrat étant de bonne foi, un pacte adjoint *in continenti* suffisait pour que l'*argentarius* dût des intérêts aux déposants (Liv. 26, p. 1. Dig. 16-3).

Enfin, jusqu'à Justinien en l'absence d'une stipulation d'intérêts, l'emprunteur n'en devait pas même lorsqu'il était en retard, tandis que le dépositaire irrégulier était tenu d'en payer *ex mora* alors même qu'il ne s'était pas engagé à cet égard au moment de la formation du contrat.

Les différences que nous venons de signaler montrent qu'il y avait grand intérêt à savoir si l'on se trouvait en présence d'un *mutuum* ou d'un dépôt irrégulier. Comment donc reconnaître que les écus versés dans la caisse de l'*argentarius* l'avaient été à titre de *mutuum* ou à titre de dépôt irrégulier ? Car il importe de remarquer que si les banquiers recevaient des sommes d'argent en dépôt et consentaient des prêts, ils empruntaient aussi pour leur propre compte. Il n'était pas toujours facile de le dire, l'*argentarius* devenant, dans les deux contrats, propriétaire des pièces de monnaie et pouvant en disposer. On s'en référait à la volonté des contractants. Le juge recherchait quel but les parties s'étaient proposé. Le contrat était-il intervenu dans l'intérêt du remettant, il y avait dépôt irrégulier ; l'était-il, au contraire, soit dans l'intérêt de l'*accipiens*, soit dans celui des deux parties, il y avait *mutuum*.

A côté du dépôt irrégulier, il y avait d'autres conventions également usitées chez les banquiers, qui s'en rapprochaient. Il arrivait fréquemment qu'un client qui avait des fonds en dépôt chez son *argentarius*, lui donnait par la suite l'autorisation de s'en servir à titre de *mutuum*. Le dépôt irrégulier se convertissait alors en *mutuum*. Il n'en résultait pas que le banquier devenait propriétaire puisqu'il avait déjà cette qualité en raison du contrat de dépôt. Le client s'engageait seulement par cette nouvelle convention à ne pas réclamer ses fonds à première réquisition et à n'exiger des intérêts qu'en vertu d'une stipulation. Toutefois, il pouvait se faire que la transformation du dépôt en *mutuum* amenât un transport de propriété.

Il en était ainsi lorsque les écus déposés, n'ayant pas été versés dans la caisse de l'*argentarius*, se trouvaient contenus dans des sacs cachetés. Dans ce cas, en effet, le dépôt n'était pas irrégulier, l'*argentarius* n'était que détenteur des pièces de monnaie et la propriété de celles-ci ne passait à lui qu'au moment où les parties convenaient qu'il y aurait *mutuum* ; car c'est alors seulement qu'à sa simple détention, il ajoutait l'*animus rem sibi habendi* (Loi 9, p. 9, Dig., 12-1).

Une autre convention assez répandue chez les banquiers romains était la suivante. Le client, en déposant les fonds, disait à l'*argentarius* : « Si vous faites usage de mes fonds, je vous considérerai comme les ayant reçus à titre de *mutuum* ». Dans cette hypothèse, il y avait deux contrats : un dépôt ordinaire et un *mutuum* conditionnel. Ce n'était, en effet, qu'à partir du moment où l'*argentarius* se servait des sommes déposées que le *mutuum* remplaçait le dépôt (Loi 1, p. 34, D., 16. 3). Il suit de là que, dans ce cas, les risques n'étaient mis à la charge du banquier qu'à partir du moment où il faisait usage des fonds, tandis que, dans le précédent, ils passaient à lui dès l'instant que les parties avaient convenu de transformer le dépôt en *mutuum*.

Nous savons que le banquier qui avait reçu des sommes d'argent en dépôt était tenu de les restituer à toute réquisition du déposant. Quand l'*argentarius* était solvable, il ne s'élevait pas de difficulté ; mais il s'en présentait une lorsque le banquier devenu insolvable était tombé en faillite. Le déposant n'était-il pas dans ce cas remboursé par préférence aux créanciers chirographaires ?

Avant de résoudre cette question nous dirons quelques mots de la faillite à Rome. Les expressions ne manquaient pas pour désigner cette catastrophe qui atteignait parfois les banquiers. On disait : *abire, foro cedere, mensam evertere, mergere,* faire banqueroute, *banco rotto* et même *decoquere.*

Il n'y avait pas à Rome, comme chez nous, de procédure spéciale en cas de faillite. Gaïus, qui nous donne quelques renseignements à cet égard, nous dit que les créanciers du *decoctus* étaient envoyés par le préteur en possession des biens de leur débiteur et que l'un d'entre eux, *magister,* était chargé de les faire vendre en masse. Le même jurisconsulte nous dit aussi que le *decoctus* encourait l'infamie et qu'il ne pouvait plaider qu'en donnant caution (Gaïus, C. III, 79 et C. IV, 102).

Revenons maintenant à notre question. Les créanciers chirographaires d'un *argentarius decoctus* n'étaient-ils pas primés par les déposants dans la liquidation de la faillite? Aujourd'hui, notre législation ne fait aucune distinction entre les déposants et les prêteurs. Ces deux classes de créanciers sont soumises à la loi du concours. Le droit romain, au contraire, accordait un privilège aux déposants. Il leur permettait de se faire rembourser sur les biens du banquier par préférence aux créanciers chirographaires, à la condition, toutefois, qu'ils n'eussent pas reçu d'intérêts pour le montant de leurs dépôts, sans quoi ils subissaient la loi du concours. Il leur permettait, en outre, de revendiquer les sommes déposées, si elles se retrouvaient en nature, sans avoir été versées dans la caisse de l'*argentarius*. Cette dernière décision est conforme à celle de notre droit actuel.

Mais si l'existence d'un privilège établi au profit des déposants ne fait doute pour personne, il n'en est pas de même du point de savoir quel rang il occupait parmi les créances privilégiées. Le déposant était-il remboursé le premier ou le dernier des créanciers privilégiés ? Les interprètes du droit romain sont en désaccord sur cette question et la controverse vient de la comparaison de deux textes qui semblent contradictoires. Ulpien dit en effet dans la loi 7 p. 2, Dig. 16-3 : « *Quoties foro cedunt nummularii, solet primo loco haberi depositariorum, hoc est, eorum qui depositas pecunias habuerunt, non quas fœnore apud nummularios vel cum nummulariis, vel per ipsos exercebant : et ante privilegia igitur, si bona venierint depositariorum ratio habetur* ». — Puis nous lisons dans la loi 24, p. 2, Dig. 42-5, qui est encore d'Ulpien : « *In bonis mensularii vendendis, post privilegia potiorem eorum causam esse placuit, qui pecunias apud mensam fidem publicam secuti, deposuerunt. Sed enim qui depositis nummis usuras a mensulariis acceperunt a cæteris creditoribus non separantur ; et merito : aliud est enim credere, aliud deponere. Si tamen nummi extent, vindicari eos posse puto a depositariis : et futurum eum qui vindicat, ante privilegia* ».

Le premier de ces deux textes semble dire que les déposants étaient remboursés avant les créanciers privilégiés et le second qu'ils ne passaient qu'après les privilèges, mais avant les créances chirographaires. On aurait dû conclure de là qu'il existe une antinomie sur ce point dans la loi romaine. Mais les interprètes modernes, ne voulant pas attribuer une contradiction à Ulpien, se sont efforcés de concilier les deux lois en décidant que chacune d'elles se référait à une hypothèse différente. Ils se sont, par suite, ingéniés à déterminer le cas prévu par la loi 7 et celui dans lequel la loi 24 était applicable.

Une première conciliation repose sur le mot *nummularii* de la loi 7 qu'on oppose au mot *mensularii* de la loi 24. On prétend que l'expression : « *fidem publicam secuti* » contenue dans cette dernière implique que le *mensularius* était une sorte d'officier public et le *nummularius* ou *argentarius* un agent privé. Ce système ne nous paraît pas bien fondé car il aboutit à une conclusion qui n'est pas rationnelle. On ne voit pas pourquoi, en effet, les déposants auraient eu, lorsque le dépositaire était un officier public, une garantie moins sûre que lorsqu'il était un agent privé. Il semble au contraire, que la qualité

d'officier public aurait dû leur procurer une pro-
tection plus efficace. De plus, rien ne prouve que
les mots : « *fidem publicam seculi* » expriment l'idée
d'une fonction publique. Si Ulpien les a insérés
dans sa loi, c'est tout simplement à titre explicatif
et pour dire que les *mensularii* étaient honorés de
la confiance publique. Peut-être a-t-on confondu les
mensularii avec les *mensarii* dont nous avons parlé
plus haut, véritables magistrats, ayant un caractère
officiel, qui étaient nommés par la République, dans
des moments de crise financière, mais dont il n'é-
tait plus question à l'époque où écrivait Ulpien.

Cujas propose une autre conciliation. D'après lui,
la loi 7 se réfère au cas où les écus se retrouvent
en nature et la loi 24 à l'hypothèse inverse. Ce système a le tort, selon nous, de ne pas tenir compte
de la disposition de la loi 8 qui fait suite à celle
dont nous nous occupons et qui décide que le privilège s'étend à tous les biens de l'*argentarius*. Il se
heurte également à la question posée par la p. 3 de
notre loi 7, relative au point de savoir si les déposants doivent être placés sur la même ligne ou remboursés dans l'ordre chronologique de leurs dépôts.
Il est bien évident que s'il s'agissait dans la loi 7 de
sommes déposées qui se retrouve en nature et qui,
par conséquent, peuvent être revendiquées, il ne
serait pas question, dans les textes qui la suivent,

de la loi du concours ou de l'extension du privilège. Car la revendication exclut toute idée de concours ainsi que toute idée de gage sur l'universalité des biens du débiteur.

Un système plus ingénieux que les deux précédents a été soutenu par M. Vangerow et adopté par M. Pellat, ces auteurs distinguent trois cas : Ou bien les écus existent en nature et alors ils peuvent être revendiqués, ou bien ils ne se retrouvent plus parce qu'ils sont confondus dans la fortune personnelle de l'*argentarius,* et alors les déposants passent après les privilèges, mais avant les créanciers chirographaires. Ces deux hypothèses, disent les deux auteurs, sont prévues par la loi 24. Ou bien enfin les dépôts se retrouvent en masse dans les biens du banquier, mais on ne peut les reconstituer séparément ; alors les déposants précèdent les privilèges et se partagent la somme ainsi trouvée. C'est l'hypothèse de la loi 7. Cette opinion concorde bien, à la différence du système précédent, avec le paragraphe 3 de la loi 7 qui vise la loi du concours, mais elle n'échappe pas à l'objection tirée de la loi 8 d'après laquelle le privilège s'exerce, non seulement sur les sommes provenant de dépôt, mais encore sur tous les biens du débiteur insolvable « *non in ea tantum quantitate, quæ in bonis argentarii ex pecunia deposita reperta est, sed in omnibus fraudatoris facultatibus,* » dit cette loi 8. Les auteurs dont nous parlons ont aperçu la difficulté, et ils ont essayé de la tourner en soutenant que dans les questions de Papinien, la loi 8, qui en est tirée, était précédée d'un passage indiquant qu'elle se rapportait à la seconde hypothèse et non à la troisième. Mais cette allégation ne se justifie pas, car Papinien parle dans la loi 8 d'un privilège qui prime les autres et non pas qui est primé par eux. Il suffit pour s'en convaincre de lire les derniers mots de la loi. *« Plane sumptus causa qui necessarie factus est, semper præcedit ; nam deducto eo bonorum calculus subduci solet. »* Du reste ce qui prouve péremptoirement que la loi 8 vise bien la troisième hypothèse c'est que, d'après elle, le privilège s'exerce d'abord sur les sommes provenant des dépôts. Or, nous avons vu que dans la seconde on ne retrouve plus les sommes déposées. C'est donc bien la troisième hypothèse que Papinien a eu en vue dans la loi 8. Si cette loi s'appliquait à la seconde, les mots : *« non in ea tantum quantitate »* resteraient sans explication. Enfin, nous ne voyons pas du tout que la distinction proposée ressorte de la comparaison de nos deux lois. Rien n'indique que la loi 7 se rapporte à des dépôts que l'on retrouve en masse sans qu'on puisse dire si c'est tel dépôt plutôt que tel autre, et la loi 24 qui contient une distinction ne fait pas allusion à cette hypothèse. Le système de MM. Pellat et Vangerow, doit donc être repoussé tant à cause de la loi 8 que parce qu'il porte sur des textes qui n'en impliquent pas le bien fondé.

La conciliation qui nous paraît la plus vraisemblable est celle qui consiste à dire que la loi 7 vise l'hypothèse d'un *argentarius* ou d'un *nummularius* qui a fait faillite (*qui fero cedit*) et qui s'est en même temps rendu coupable de fraude en faisant disparaître l'argent des déposants. Cette situation explique bien la disposition contenue dans le paragraphe 3 de cette même loi ainsi que celle énoncée par la loi 8. En effet, quand il s'agit d'un dépositaire *fraudator* « *qui dolo malo desiit possidere* » (L. 27, § 3. Dig. 6, 1), les déposants ont contre lui une action en revendication dont l'objet est indéterminé en raison des circonstances. Cette action n'exclut donc pas le concours des déposants sur une même chose et, de plus, elle peut s'étendre à tous les biens du *fraudator* « *in omnibus fraudatoris facultatibus* » comme dit la loi 8. Elle rend aussi compte du rang donné aux déposants, car il va de soi que la revendication doit précéder les privilèges. Reste à savoir si Ulpien a bien en vue l'hypothèse d'un dol. Cela n'est pas douteux, suivant nous, puisque le *principium* et le paragraphe 1 de la loi 7 parlent de dol. Si le jurisconsulte avait passé à un autre ordre d'idées dans le paragraphe 2, il n'aurait pas manqué de le dire ; et, d'ailleurs, les compilateurs auraient fait de ce texte une loi spéciale.Quant à la loi 8, elle se réfère également à un cas de dol, puisque ce dernier fait l'objet des lois 9 et 10 qui la suivent.

La loi 24, au contraire, ne nous met pas en présence d'un banquier qui a usé de dol envers ses déposants. Elle suppose une faillite ordinaire non compliquée de fraude. Dès lors, deux situations peuvent se présenter. Si les sommes déposées se retrouvent en nature, les déposants pourront les revendiquer, non pas en vertu de cette action toute particulière qui est donnée contre celui « *qui dolo malo desiit possidere* » mais en raison de la revendication véritable qui porte sur des objets individuellement déterminés. Mais si les écus ne se retrouvent plus, les déposants seront remboursés au dernier rang des créanciers privilégiés au lieu de l'être au premier suivant la disposition de la loi 7. Ce qui fait différer ces deux décisions l'une de l'autre, c'est la nature de l'action sanctionnant chacune d'elles. Si, dans la loi 7, les déposants passent avant les autres créanciers privilégiés, c'est qu'ils ont une action en revendication alors que ces derniers ne peuvent agir que par l'action de leur créance. Si, au contraire, dans la loi 24, ils ne viennent qu'après les autres créanciers privilégiés, c'est que, comme ceux-ci, ils ne peuvent intenter que l'action de leur créance, c'est-à-dire l'action *depositi*.

Telle est la conciliation que nous croyons devoir adopter. Elle n'est pas à l'abri de toute critique, mais elle explique, selon nous, mieux que les précédentes, les textes relatifs au privilège du déposant.

VI. Auctiones.

Les *argentarii* recevaient de nombreux gages de leurs clients en échange des fonds qu'ils leur avançaient. Ces gages consistaient en objets de toute nature. Ils restaient le plus souvent dans les magasins de l'*argentarius* par la raison que les emprunteurs ne pouvaient pas se libérer. Mais les banquiers ne les gardaient pas indéfiniment, ils les vendaient à l'encan. Cette situation les amena bien vite à opérer pour le compte d'autrui et à servir d'intermédiaires entre les vendeurs et les acheteurs.

Ces ventes publiques (*auctiones*) se faisaient au grand *forum* ou bien au *forum boarium*, ou bien encore au *forum vinarium*. Elles avaient lieu aussi dans des maisons particulières qui appartenaient aux *argentarii* ou dont ils avaient la jouissance.

Le public était averti aux trois derniers marchés avant le jour de la vente, et le nombre et la nature des objets à vendre étaient affichés sur un mur qu'on appelait album. Pompéi avait, parait-il, 36 cadres d'affichage (1).

Les adjudications se faisaient à la table de l'*argentarius (patrium auctionarium)* (2), autour de laquelle se tenait la foule des curieux et des acquéreurs. Tout se passait en principe, comme dans nos hôtels des ventes modernes.

Souvent, l'*argentarius auctionator*, se constituait tout à la fois acheteur et vendeur. Il désintéressait l'aliénateur et revendait ensuite pour son propre compte au plus offrant. La revente était généralement faite au comptant, mais il arrivait aussi qu'un terme était accordé à l'acheteur.

L'*auctionator* avait auprès de lui des personnes qui l'aidaient. Il employait notamment des *coactores*, qui, jouant le rôle d'huissiers, étaient chargés d'opérer les recouvrements. Il parait que le père du poète Horace exerçait cette humble profession.

Les ventes publiques étaient frappées d'un droit de mutation de un pour cent. L'*argentarius* en faisait l'avance mais il était supporté définitivement par le vendeur jusqu'à Tibère qui l'imposa à l'acheteur. Ce droit était encore perçu sous Justinien (Loi I, C. XII, 47 et loi 4, C. XII, 19).

1. Caillemer, *Rev. hist. de droit*, 1887, p. 397 et suiv.
2. Cicéron, *De lege agraria*, 1, 3, p. 7.

CHAPITRE III

OBLIGATIONS DES ARGENTARII

I. Expensilatio.

Jusqu'à la fin de la République, les citoyens romains, commerçants ou non, avaient l'habitude de tenir des livres. Ils y relataient non seulement les fluctuations de leurs patrimoines mais encore les fastes de leurs familles. Ces registres avaient beaucoup d'analogie avec le livre de raison de nos pères.

L'usage de ces livres disparut au commencement de l'empire pour les citoyens non commerçants, mais il se transforma en obligation pour les *argentarii* ainsi que pour les autres citoyens commerçants.

Les littérateurs et les jurisconsultes (1) romains nous donnent peu de renseignements au sujet de ces livres. Ils nous disent cependant qu'ils étaient au nombre de deux. Le premier (*adversaria*) était une sorte de brouillard sur lequel étaient mentionnées les opérations des *argentarii* au fur et à mesure qu'elles se présentaient ; le second (*codex expensi et accepti*) qui était la copie logique du précédent, ressemblait beaucoup à ce que nous appelons aujourd'hui un livre de caisse, chacune des pages de

---

1. Gaius, C. III, p. 128 à 134. Cicéron, *In Verr.*, 2, act., 1, 23. *De orat.*, II, 23. *Pro Rosc*, 1, 3. Sénèque, *Des bénéf.*, 2, 23, 3, 15.

ce dernier était divisée en deux parties ; celle de gauche mentionnait les recettes (*accepta*), celle de droite, les dépenses (*expensa*).

Ces registres servaient à faire le contrat *litteris*. Mais ce n'est pas à dire pour cela qu'ils ne pouvaient relater que des obligations littérales, car toute opération ayant pour effet de modifier la fortune du banquier y figurait. Ainsi lorsqu'un *argentarius* faisait un prêt ou consentait une ouverture de crédit à l'un de ses clients, il inscrivait le montant de chaque avance à l'*expensum* de son codex. Mais cette mention ne créait pas d'obligation, elle n'était pas une condition essentielle à l'existence du *mutuum* qui venait de se former, elle n'en était que la constatation et la preuve. C'était là l'*arcarium nomen* dont parle Gaius dans son commentaire III, p. 131. De même, quand l'*argentarius* recevait un paiement, la mention qu'il portait à l'*acceptum* du codex n'avait pas pour effet d'éteindre l'obligation du *solvens* mais d'en constater l'extinction. Ces écritures étaient utiles à deux points de vue. Elles pouvaient tout d'abord servir de preuve en justice en cas de contestation. Elles donnaient, en outre, au banquier, le moyen de contrôler son encaisse. Mais comme ces écritures n'étaient pas productives d'obligations on ne pouvait pas voir en elles des contrats *litteris*.

Le contrat littéral apparaissait lorsque la mention

jointe à un accord de volonté était essentielle pour qu'une obligation prît naissance. Ainsi, le banquier au profit duquel un crédit était ouvert pouvait, au moyen d'une mention inscrite sur son codex, obliger le créditeur à lui avancer une somme promise en vertu d'un simple pacte. Car une simple convention ne suffisait pas pour obliger le créditeur. Celui-ci ne se trouvait engagé qu'à partir du moment où le banquier avait fait sur son codex une mention spéciale. Quelle était donc cette mention ? Sur ce point les textes sont obscurs. On suppose généralement que celui qui devait devenir créancier, c'est-à-dire ici le banquier, avait à faire deux mentions supposant des actes juridiques qui en réalité n'avaient pas eu lieu. Ainsi, le banquier commençait par marquer sur son codex, à la colonne de l'*acceptum*, qu'il avait reçu du créditeur le montant du crédit ; puis, à la colonne de l'*expensum*, il indiquait, par une autre mention, qu'il avait remis la même somme au créditeur à titre de prêt. De sorte que le banquier se trouvait créancier en vertu d'un prêt fictif. Ces deux mentions inscrites, le contrat *litteris* était formé et le créditeur était tenu d'exécuter sa promesse.

Cette interprétation n'est basée sur aucun texte de Gaïus, mais elle est confirmée par Cicéron qui relevant l'impudence de Fannius Chéria lui adresse cette phrase significative: « *in codicem acceptum et expen-*

sum referri debuit. » (*Pro Rosc. com.* p. 3). De plus, elle explique fort bien les expressions *transcriptio, transcriptitium nomen* qui servaient à désigner le contrat *litteris*. Le banquier, en effet, transcrivait à la colonne de l'*expensum* une somme qu'il avait d'abord fait figurer à celle de l'*acceptum*. Enfin, elle est justifiée par la considération suivante : lorsque le banquier contractait *litteris*, il ne déboursait et n'encaissait rien ; sa caisse ne changeait pas. Cela étant, il fallait bien que la mention portée à l'*expensum* c'est-à-dire la cause de la créance du banquier, fût contrebalancée par une autre mention inscrite à l'*acceptum*. Autrement le solde du codex n'eût plus été conforme au montant de l'encaisse.

La mention relatée sur les registres du banquier n'avait pas seulement pour effet de donner naissance à un contrat, elle pouvait aussi avoir la vertu de transformer une obligation préexistante en une obligation littérale. Gaïus nous apprend que cette transformation s'opérait de deux manières (p. 129, 131, C. III). Ou bien, le débiteur étant tenu en raison d'un *mutuum* ou d'une vente, par exemple, le banquier portait à la colonne de l'*acceptum* le montant du *mutuum* ou du prix de vente comme s'il l'avait réellement encaissé, et à la colonne de l'*expensum*, le montant de cette même somme, comme s'il l'avait réellement prêtée au débiteur. On disait alors qu'il y avait *transcriptio a re in personam*. Le débiteur n'était plus obligé en vertu du *mutuum* ou de la vente mais en vertu d'un prêt fictif dont l'écriture mentionnée sur le codex révélait l'existence. Ou bien Titius par exemple, débiteur de cent, déléguant Seius son propre débiteur au banquier créancier, celui-ci inscrivait sur son codex d'abord à la colonne des recettes : « *acceptum a Titio centum* » puis, à la colonne des dépenses « *expensum Seio centum* ». On disait alors qu'il y avait *transcription a persona in personam*. Titius était considéré comme libéré, son allégation était éteinte et remplacée par l'obligation littérale de Seius.

Voyons maintenant quelle pouvait être l'utilité de cette opération. Dans le premier cas la *transcriptio* servait à transformer un contrat de bonne foi en un contrat de droit strict ou à dispenser le créancier de faire la preuve de sa créance. Dans le second, elle aboutissait à un résultat identique à celui qu'on obtenait au moyen de la novation par changement de débiteur.

Reste à savoir si le contrat *litteris* n'était pas une véritable novation lorsqu'il avait pour but de remplacer par une obligation littérale une obligation préexistante. Nous ne le pensons pas. Car dans la novation, l'extinction de l'obligation antérieure était une conséquence de la création de la nouvelle tandis

que dans le contrat *litteris* l'ancienne obligation
était déjà éteinte au moment où la nouvelle naissait.
Telles étaient les écritures qui pouvaient être
mentionnées sur les registres des banquiers romains.

II. — Editio rationum.

L'*editio rationum* est une disposition d'origine pré-
torienne. Elle avait pour objet de contraindre l'*argentarius* à fournir à tout instant ses comptes soit à
ses clients, soit même à des tiers. Les banquiers
étaient, en effet, considérés comme tenant leurs livres non seulement dans leur propre intérêt, mais
encore dans celui des personnes avec lesquelles ils
traitaient : « *Id quod mei causa confecit,* dit la loi 4,
p. 1, Dig., 2-13, *meum quodammodo instrumentatum
mihi edi.* »

Cette obligation de l'*argentarius,* qui avait son utilité en cas de procès, ne consistait pas dans la mise
entière des registres à la disposition des clients ou
des tiers. Ceux-ci n'avaient pas droit à ce que nous
appelons aujourd'hui la communication des livres.
Le banquier dictait seulement les écritures relatives
au litige dont il s'agissait, ou bien en donnait copie,
ou bien encore apportait le livre lui-même. Il n'était
donc tenu que d'une obligation qui se rapproche

beaucoup de celle qui est désignée dans notre Code de commerce sous le nom de représentation des livres (Loi 10, p. 2, Dig. 2, 13 et loi 6, p. 7, Dig. 2, 13). De leur côté, les clients ou les tiers étaient obligés de prêter serment ; ils devaient jurer que l'*editio* qu'ils réclamaient leur était utile et qu'ils n'agissaient pas par esprit de chicane ou dans le but de calomnier ou vexer l'*argentarius* (Loi 6, p. 2, Dig. 2, 13).

Il y avait cependant des cas dans lesquels l'*argentarius* n'était pas obligé de produire ses livres. Il en était ainsi lorsque celui qui demandait l'*editio* exerçait lui-même la profession d'*argentarius*. Car il paraissait singulier d'accorder ce bénéfice à une personne tenue de le procurer loi 6, p. 9, Dig. 12-13). Toutefois, l'obligation subsistait lorsque l'*argentarius* se trouvait en présence de l'héritier d'un banquier qui n'avait plus les livres en sa possession. Le préteur accordait alors l'*editio cognita causa* par la raison que l'*argentarius* pouvait lui-même l'exiger s'il prouvait que ses livres avaient été détruits soit dans un naufrage, soit dans un incendie, soit par suite de quelque autre événement semblable.

L'*argentarius* était encore dispensé, en principe, de rendre compte quand celui qui demandait l'*editio* l'avait déjà obtenue une première fois. Le préteur ne l'accordait, dans ce cas, que si le réclamant démontrait qu'il n'était coupable d'aucune négligence (Loi 6, p. 10, Dig. 2-13).

Voyons maintenant si l'héritier de l'*argentarius* n'était pas, comme lui, tenu de la production des livres. Les textes du Digeste ne nous laissent aucun doute à cet égard. L'*editio rationum* incombait à l'héritier de l'*argentarius* à la condition qu'il fût possesseur des livres et que les obligations de son auteur fussent passées sur sa tête. Si donc l'*argentarius* avait légué ses registres, le légataire n'était pas tenu de l'*editio* puisqu'il n'était pas successeur à titre universel du *de cujus* et l'héritier n'en était pas tenu non plus, puisqu'il n'avait plus les livres en sa possession (Loi 6, p. 1, Dig., 2, 13; loi 9, p. 1, Dig., 2-13). Pour que l'héritier pût être attaqué, il fallait qu'avant la tradition faite au légataire le client lui eût signifié de ne pas se dessaisir des livres sans les avoir produits. Alors deux situations pouvaient se présenter : si, au mépris de la signification, l'héritier livrait néanmoins les registres au légataire, il était responsable vis-à-vis du client *quasi dolo fecerit*. Si, au contraire, l'héritier se dessaisissait de bonne foi malgré la signification, la production ne pouvait être exigée que *causa cognita* (Loi 9, p. 1, Dig. 2-13).

Recherchons enfin quelle était la sanction de l'obligation de l'*argentarius*. Elle consistait en une action *in factum* que le préteur donnait au client soit quand l'*argentarius* refusait de produire ses registres, soit quand la production était fausse ou incomplète. Cette action qui était annale ne pouvait pas être intentée contre l'héritier de l'*argentarius* à moins qu'il ne se fût obligé par son fait. Mais elle était accordée à l'héritier du client (Loi 8, pr., et loi 13, Dig. 2-13). Elle aboutissait au profit du client à l'allocation d'une indemnité basée sur le préjudice causé par le défaut de production des registres : solution très équitable, car c'était peut-être le refus de l'*argentarius* qui avait occasionné au client la perte de son procès. Mais, ici, une objection se pose. La condamnation du banquier implique évidemment que le client a prouvé l'existence de son droit. Or, peut-on dire, si le client a pu faire cette preuve contre le banquier et sans le secours des livres de celui-ci c'est qu'il pouvait le faire également contre le tiers avec lequel il était en procès. Il a donc perdu son procès par sa faute. Partant, il n'était point fondé à se retourner contre le banquier. Ce raisonnement ne nous paraît pas exact, car le client a pu, malgré le refus de l'*argentarius*, prouver l'existence de son droit à l'aide de moyens nouveaux qu'il n'avait pas lors de son procès avec le tiers, ce qui nécessitait la production des registres (Loi 10, p. 3, Dig. 2-13).

III. Compensatio

C'est encore une institution relativement à la-quelle les textes sont rares. Les seuls qui nous soient parvenus sont les paragraphes 64 à 68 du com-mentaire IV de Gaïus. Le Digeste est muet sur cette matière, ou plutôt il contient des décisions des ju-risconsultes de l'époque classique qui la visaient, mais qui ont été tellement défigurées lors de la com-pilation, qu'elles n'ont servi qu'à embarrasser les in-terprètes et à susciter les controverses. C'est ainsi que la loi 4 tit. 2 *(De compens.)* qui se réfère évi-demment aux *argentarii,* mais dans laquelle ce mot n'est pas mentionné, a été invoqué pour soutenir, tout d'abord que l'application de l'exception de dol à la compensation dans les actions de droit strict n'a pas été une innovation de Marc-Aurèle ; ensuite que cette exception a abouti à l'absolution complète du défendeur et non pas à une condamnation ré-duite ; enfin, que la compensation a été légale non seulement sous Justinien mais même avant lui. — C'est ainsi encore qu'on s'est appuyé sur un texte des Sentences de Paul (II. 5, p. 3) pour démontrer que l'exception de dol n'était admise qu'autant que les deux dettes avaient pour objet des choses de même genre. Toutes ces erreurs ont pour cause la transformation que Justinien a fait subir à certains textes spéciaux aux *argentarii* pour les approprier à la législation de son temps. Aussi ne nous placerons-nous pas à l'époque de Justinien pour examiner la compensation de l'*argentarius*, les réformes de ce prince ayant supprimé tout ce qui la caractérisait. Nous l'étudierons de préférence telle qu'elle existait au lendemain du rescrit de Marc-Aurèle ; c'est-à-dire à une époque où le pouvoir du juge devait encore être exprès et la procédure extraordinaire n'étant pas encore établie, la déchéance de la plus *petitio* n'avait pas encore disparu.

Ce qui caractérisait chez les Romains la compensation de l'*argentarius* s'est qu'à la différence de la compensation ordinaire qui devait être opérée par le juge, le banquier lui-même était obligé de la faire avant de poursuivre son client. Il ne pouvait comprendre dans l'*intentio* que la balance du compte qu'il lui avait ouvert. Ainsi, pour prendre l'exemple que donne Gaïus (p. 64, C. IV) si le banquier devait à Titius dix mille sesterces, et si de son côté, Titius lui en devait vingt mille, l'*intentio* de la formule devait être ainsi rédigée : Si Titius doit à l'*argentarius* dix mille sesterces de plus que celui-ci ne doit à Titius ; « *si paret Titium sibi X millia dare oportere amplius quam ipse Titio debet* ». Une exagération dans la formule, ne fût-ce que d'un seul écu, avait pour conséquence de faire perdre au banquier son procès en raison de la déchéance qu'entraînait la plus *petitio*. — Mais pourquoi imposait-on à l'*argentarius* l'obligation de faire lui-même la compensation quand il poursuivait un débiteur, alors que cette obligation n'était pas imposée à la personne qui le poursuivait lui-même ? Le banquier était en effet soumis à un régime singulièrement rigoureux puisqu'il était exposé à perdre son action. Nous pensons qu'il en était ainsi parce que les livres des banquiers constataient principalement des comptes courants dont le doit et l'avoir variaient tous les jours. Comme les opérations multiples qui y étaient insérées faisaient osciller la balance tantôt d'un côté tantôt de l'autre, il serait arrivé, si la compensation n'avait pas été obligatoire, que le banquier eût agi contre son client alors que celui-ci ne lui devait rien. De plus, toute personne intéressée ayant le droit d'exiger soit la production soit un extrait des livres du banquier, il eût fallu dans le cas où celui-ci n'aurait pas été tenu de compenser, faire passer deux fois les livres devant le juge à propos du même compte. La compensation obligatoire évitait donc au juge un double examen des livres ou plutôt l'amenait à vérifier, en une fois, la situation respective des parties vis-à-vis l'une de l'autre ; la demande du solde impliquant la vérification du crédit et du débit du compte.

Mais l'obligation rigoureuse imposé à l'*argentarius* et la sanction qui y était attachée nous indiquent que le banquier devait pouvoir faire la compensation sans craindre de se tromper. C'est pourquoi Gaïus nous apprend que la compensation ne pouvait être exigée de l'*argentarius* qu'à la condition que les deux dettes fussent exigibles (IV, p. 67), et qu'elles portassent toutes deux sur des objets du même genre (IV, 66). Il dit même que, d'après quelques jurisconsultes, les choses dues de part et d'autre devaient être de même qualité.

Lorsque l'*argentarius* faisait la compensation il déduisait la créance de son client de la sienne propre. Comme le client était créancier, il pouvait très bien se faire qu'il agit contre le banquier, rien ne pouvait l'en empêcher. Quel était dans ce cas, le rôle de l'*argentarius* ? Il devait se conformer au rescrit de Marc Aurèle et faire insérer une exception de dol dans la formule. Si la créance du client était supérieure à celle du banquier, le juge condamnait celui-ci à payer la différence, c'est du moins l'opinion à laquelle nous nous rallions car la question est controversée. Si au contraire, la créance du client était égale ou inférieure à celle de l'*argentarius*, le client perdait son action et sa créance. Ces deux dernières hypothèses avaient une conséquence grave dans le cas où le banquier agissait ultérieurement contre le client à raison de sa créance. Comme le client n'était plus créancier, le banquier n'était plus tenu de faire la compensation, il pouvait poursuivre son débiteur pour le montant intégral de la dette. Ainsi, si *Titius* primitivement créancier de dix avait perdu sa créance par suite de l'exception de dol opposée par *l'argentarius* auquel il devait vingt, *l'argentarius* avait le droit d'agir ultérieurement contre lui pour vingt sans être obligé de faire la compensation pour dix. Ce résultat était sans doute exorbitant mais le client avait le moyen de l'éviter car l'exception de dol devait être opposée, et à ce moment, c'est-à-dire lors de la rédaction définitive de la formule, le client avait encore le temps de renoncer à sa prétention. Nous pensons même que le client qui n'y avait pas renoncé conservait une créance naturelle de sorte qu'à l'action de *l'argentarius*, il pouvait opposer une exception de dol. Nous verrons, en effet, que *l'argentarius* déchu conservait une créance naturelle qui lui permettait de paralyser par une exception de dol l'action ultérieure de son client. Il eût été injuste, suivant nous, de refuser une créance de cette nature au client dont la créance primitive avait été anéantie par l'exception de dol. Cela eût été d'autant plus inadmissible que *l'argentarius* aurait eu vis-à-vis de son client une situation privilégiée. On pourrait croire que cette créance naturelle accordée au client avait pour effet de remettre les choses dans l'état où elles étaient avant qu'il eût perdu son procès. Il y aurait là une erreur. Si, en fait, l'*argentarius* n'obtenait que le solde du compte, il avait, du moins, l'avantage de n'être pas tenu de faire la compensation et, par suite, de n'être pas exposé à la déchéance résultant de la *plus petitio*.

Examinons maintenant le cas dans lequel c'est l'*argentarius* qui agissait le premier contre le client : Il est évident que dans cette hypothèse le banquier était tenu de faire la compensation si les deux dettes étaient exigibles et si elles avaient pour objet des choses du même genre. Ainsi le banquier qui était créancier de vingt et débiteur de cinq était tenu de déduire cinq du montant de sa créance et de ne comprendre que quinze dans son *intentio*. S'il demandait seize il encourait la déchéance résultant de la *plus petitio*. Nous avons vu tout cela. Mais il importe de remarquer que dans cette circonstance la situation de l'*argentarius* était moins avantageuse que celle du client demandeur. En effet, tandis que celui-ci était averti par l'insertion de l'exception dans la formule de l'incertitude de sa prétention, ce qui pouvait le décider à y renoncer, l'*argentarius*, au contraire, n'était informé par aucun événement de son défaut de droit. Le client n'avait pas à faire insérer une exception de dol dans la formule, il n'avait qu'à attendre qu'on fût *in judicio* et à montrer alors au juge que le banquier avait compris une somme trop forte dans son *intentio*.

Une exagération dans *l'intentio* avait donc pour effet de faire perdre au banquier son procès. Mais pour combien était-il déchu ? La question est controversée parce que Gaïus ne la résout pas. — On a soutenu que par application des principes du système formulaire, *l'argentarius* n'était déchu que pour ce qui avait été déduit *in judicium*. Ainsi le banquier auquel il était dû vingt et qui, étant débiteur de cinq, insérait une demande de seize dans son *intentio*, encourait la déchéance qu'entraînait la *plus petitio* ; il perdait son procès, mais il ne le perdait que pour ce qui avait été déduit *in judicium*, c'est-à-dire pour seize. Il restait créancier de quatre car la compensation n'étant pas légale, la coexistence de deux dettes ne suffisait pas pour que la plus forte s'éteignit jusqu'à concurrence de la plus faible. On reconnaît dans l'opinion que nous exposons, que *l'argentarius* ne pouvait pas se servir de sa créance de quatre comme moyen d'action parce que le client avait conservé sa créance de cinq, mais on prétend qu'elle lui était fort utile dans le cas où le client agissait à son tour, pour demander le paiement de sa créance de cinq. L'*argentarius* pouvait alors opposer une exception de dol qui avait pour effet de donner lieu, selon nous, à une condamnation de un et suivant certains jurisconsultes à l'absolution complète du défendeur. Nous ne croyons pas que cette opinion soit bien fondée. Nous pensons que l'*argentarius* qui commettait une *plus petitio* était déchu non pas seulement jusqu'à concurrence de la somme portée dans l'*intentio* mais pour le montant intégral de sa créance. Car, ainsi que le dit M. Accarias, par cela même que son *intentio* ne contenait qu'une différence, elle déduisait tout *in judicium*. Seulement par une considération fondée sur l'équité, il conservait une créance naturelle qui lui permettait d'opposer une exception de dol à l'action ultérieure de son adversaire.

On le voit, chacune de ses opinions donne une exception de dol à l'*argentarius* déchu ; mais l'effet de cette exception varie suivant que l'on adopte l'un ou l'autre système. Car, d'après le premier, le banquier, conservant une créance civile de quatre, pouvait être condamné pour un, tandis que, d'après le second. il ne pouvait pas l'être du tout, la créance naturelle qui subsistait à son profit étant de vingt.

Nous avons supposé jusqu'à présent que le banquier demandait trop. Qu'arrivait-il lorsqu'il demandait trop peu ? Il y avait alors *minus petitio*. La *minus petitio* n'entraînait aucune déchéance, mais elle avait pour résultat de mettre l'*argentarius* dans la nécessité d'attendre la fin de la préture avant d'agir *de reliquo*. Autrement il se serait vu opposer l'exception *litis dividuæ*.

Enfin il pouvait se faire que le banquier, omettant de faire la compensation, agit pour le tout contre son client. Dans ce cas, il encourait la déchéance de la *plus petitio* tout comme dans l'hypothèse d'une compensation mal faite. Il va de soi que si une déduction insuffisante amenait ce résultat, à plus forte raison devait-il en être de même lorsque la déduction faisait complètement défaut. D'ailleurs une omission de compensation impliquait dans la tenue des livres de *l'argentarius* une faute plus grave qu'une compensation mal faite.

DE L'OUVERTURE DE CRÉDIT

INTRODUCTION

OBJET ET AVANTAGES DE L'OUVERTURE DE CRÉDIT. VUE D'ENSEMBLE DE LA MATIÈRE.

I. Objet et avantages de l'ouverture de crédit.

L'ouverture de crédit est une institution qui repose essentiellement sur la confiance et la bonne foi. Pratiquée en général par les banquiers, elle a pour objet une somme d'argent ordinairement déterminée mise pendant un certain temps à la disposition d'une personne dont le but consiste à en faire usage au fur et à mesure de ses besoins. Elle peut aussi avoir pour objet des marchandises que les fabricants tiennent à la disposition de leurs clients pour en faciliter l'écoulement. Mais cette dernière ouverture de crédit étant relativement rare et ne présentant d'ailleurs aucune particularité qui la distingue de celle qui a pour objet une somme d'argent, nous nous bornerons seulement à la mentionner ici et nous ne nous occuperons exclusivement que de l'ouverture de crédit de capitaux.

L'ouverture de crédit occupe dans la vie civile et dans la vie commerciale une place importante à raison des avantages qu'elle procure soit aux particuculiers commerçants ou non-commerçants soit même à la société tout entière. Elle rend, en effet, service d'une manière générale, à toute personne qui poursuivant un but ne peut le réaliser faute de capitaux. Mais elle offre surtout de précieuses ressources à l'entrepreneur qui n'a pas assez d'argent pour achever des travaux commencés, à l'industriel qui n'a plus les fonds nécessaires pour continuer sa production, enfin à tout individu qui veut monter une maison de commerce ou créer une entreprise. Elle facilite donc la production de la richesse en plaçant les capitaux en des mains aptes à en tirer un bon parti. Par là, elle rend aussi service à la société, car, en distribuant les capitaux de la façon la plus avantageuse, elle contribue à assurer et à augmenter le bien-être de tous. Mais si l'ouverture de crédit permet le fonctionnement régulier des entreprises en même temps que leur extension, il importe de remarquer qu'elle procure également à l'industriel et au commerçant le moyen de conjurer la ruine, par-

tant la faillite qui en est souvent la conséquence et
qu'elle les aide même, parfois, à reconquérir une
prospérité perdue.

II. Vue d'ensemble de la matière.

Lorsqu'une personne commerçante ou non-commerçante veut être assurée d'avoir à sa disposition
une certaine somme d'argent pour en faire usage
quand il lui plaira, elle s'adresse à un capitaliste,
généralement à un banquier, dans le but d'obtenir de
lui une ouverture de crédit, c'est-à-dire une promesse
de prêt qui sera, le plus souvent, constatée par acte
authentique ou par acte sous seing privé. Si le banquier consent, il peut, d'accord avec son client, s'o-
bliger de deux manières différentes. Il peut s'engager, soit à répondre aux demandes de fonds jusqu'à
concurrence d'une somme déterminée que le client
restituera en une ou plusieurs fois, soit à ouvrir un
compte courant dont le solde ne devra jamais dépasser un certain chiffre énoncé dans l'acte d'ouverture de crédit. Dans le premier cas, on dit que
l'ouverture de crédit est simple ; dans le second, on
dit qu'elle est accompagnée d'un compte-courant.
Nous examinerons dans le cours de notre étude les
règles spéciales à chacune de ces deux sortes d'ouvertures de crédit. Nous verrons que la seconde est

de beaucoup la plus utile et la plus pratique. Mais
le capitaliste qui consent à mettre une somme d'argent plus ou moins considérable à la disposition
d'autrui ne le fait ordinairement pas gratuitement.
Outre qu'il stipule un intérêt dont le taux varie selon l'importance et la nature de l'affaire en vue de
laquelle il intervient, il prend aussi un droit de commission et même quand la solvabilité de son client
lui paraît douteuse il exige de lui une garantie : un
cautionnement, par exemple, un gage ou une hypothèque.

Ces points une fois réglés, le créditeur attend
pour exécuter son obligation que des demandes de
fonds lui soient adressées. Ces demandes peuvent
être faites au moyen de procédés différents. Le crédité peut se présenter lui-même à la caisse du créditeur et lui souscrire des billets à ordre en échange
des sommes avancées. Il peut aussi lui déléguer un
tiers à qui il aura donné un chèque, tirer sur lui des
lettres de change ou lui faire escompter des effets
de commerce quelconques. Quand le client est en
possession des sommes promises, on dit que l'ouverture de crédit est réalisée. Le crédité devient alors
de créancier débiteur, car la réalisation transforme
l'ouverture de crédit en prêt. Le crédité s'oblige
donc, selon la convention des parties, à rembourser
les sommes reçues soit en une fois, soit par fraction

et souvent à des dates prévues dans l'acte d'ouverture de crédit.

Après avoir remboursé, le crédité ne peut plus faire de nouvelles demandes de fonds; l'ouverture de crédit est close alors même que le temps de sa durée ne serait pas encore expiré. Pour que le crédité puisse redemander les fonds après en avoir effectué le remboursement, il faut que le crédit ait été ouvert par compte-courant. En cas d'inexécution de l'obligation du crédité, le créditeur exerce ses droits sur la garantie qu'il s'est fait consentir et s'il n'en a pas exigé ou si celle qui lui a été donnée est insuffisante, il saisit les biens du débiteur ou le fait déclarer en faillite s'il est commerçant.

Définissons maintenant l'ouverture de crédit. Elle peut s'analyser en une promesse de prêt par laquelle un capitaliste, généralement un banquier (le créditeur), tient à la disposition d'une personne commerçante ou non-commerçante (le crédité) ordinairement pendant un certain temps et le plus souvent moyennant une sûreté quelconque, une somme d'argent, à la charge par cette personne (le crédité) d'en restituer le montant à une époque ou dans un délai déterminé.

Ce rapide aperçu de notre sujet indique le plan que nous allons suivre. Nous diviserons notre étude en quatre parties, dans lesquelles nous parlerons

7

simultanément de l'ouverture de crédit simple, et de l'ouverture de crédit par compte-courant. Dans la première, nous traiterons de l'ouverture de crédit avant sa réalisation. Nous examinerons de quelles manières un crédit peut s'ouvrir et à quelles conditions le créditeur consent à mettre ses capitaux disponibles à la disposition d'autrui. Dans la seconde, nous étudierons ce qui a trait à la réalisation de l'ouverture de crédit. Nous verrons comment elle s'opère, comment elle se prouve et quels en sont les effets. Puis, après avoir dans une troisième partie déterminé les causes d'extinction de l'ouverture de crédit, nous exposerons dans une quatrième et dernière partie les règles spéciales à cette institution considérée au point de vue fiscal. Enfin dans un appendice nous dirons quelques mots de la lettre de crédit.

PREMIÈRE PARTIE

De l'ouverture du crédit avant sa réalisation

Nous consacrerons à cette première partie trois chapitres dans lesquels, après avoir déterminé les conditions diverses de l'ouverture de crédit et l'étendue de l'obligation du créditeur, nous rechercherons comment il s'indemnise de la privation de son capital et comment il s'en assure la restitution.

CHAPITRE PREMIER

CONDITIONS DIVERSES DE L'OUVERTURE DE CRÉDIT ET
ÉTENDUE DE L'OBLIGATION DU CRÉDITEUR.

L'ouverture de crédit étant une promesse de prêt
en vertu de laquelle un capitaliste s'engage à mettre
une somme d'argent à la disposition d'une personne, il s'ensuit qu'elle est par cela même un
contrat unilatéral. Le créditeur est seul obligé et
nous verrons que son obligation est sanctionnée
par une action en dommages et intérêts accordée au
crédité. Certains auteurs ont cependant prétendu
que l'ouverture de crédit « participe de la nature
des contrats synallagmatiques »; c'est notamment
l'opinion de MM. Aubry et Rau (1). Nous ne saurions
partager cette manière de voir. Sans doute, nous
reconnaissons, comme ces auteurs, que si d'une
part, le crédité est tenu de rembourser la somme
qui lui a été avancée, le créditeur est, d'autre part,
également obligé de la tenir à la disposition de son
client. Mais, nous ne pouvons admettre que ces

1. *Cours de dr. civ. fr.*, I, III, § 266, note 71.

obligations dérivent toutes les deux de l'ouverture de crédit. Celle du créditeur en découle, cela n'est pas douteux, mais celle du crédité vient du prêt qui est la conséquence de l'ouverture de crédit. Quand le créditeur est obligé, le crédité ne l'est pas encore et lorsque le crédité est tenu, le créditeur ne l'est plus. Nous pouvons donc dire que nous nous trouvons en présence de deux contrats unilatéraux qui se succèdent et dont le second n'est que la transformation du premier.

Mais ces deux contrats disparaissent lorsque les parties conviennent que l'ouverture de crédit sera faite par compte-courant. Dans ce cas, en effet, l'ouverture de crédit n'existe plus que de nom, car l'obligation du créditeur se convertit en un article de crédit et quand le crédité adresse au créditeur une demande de fonds, sa dette est remplacée par un article de débit. Le créditeur ne devient pas créancier des avances qu'il procure ni le crédité débiteur de celles qu'il reçoit. Tant que le compte court, rien n'est exigible, le solde seul sera dû lors de l'arrêté définitif de ce compte.

L'ouverture de crédit soit simple, soit accompagnée d'un compte-courant, peut être civile ou commerciale. Nous rechercherons, lorsque nous parlerons du taux de l'intérêt, à quel *criterium* on doit s'attacher pour distinguer l'une de l'autre.

Que l'ouverture du crédit soit ou ne soit pas accompagnée d'un compte-courant, qu'elle soit civile ou commerciale, elle est généralement constatée par écrit. Il arrive parfois, sans doute, principalement lorsque les parties tiennent à travailler en compte-courant, que l'ouverture de crédit résulte d'un simple accord verbal suivi de l'inscription faite au crédit du compte ouvert du montant de la somme à avancer, mais ce n'est pas là l'hypothèse pratique. Le plus souvent, la personne commerçante ou non commerçante qui veut se faire ouvrir un crédit soit pur et simple, soit par compte-courant, adresse une demande écrite à un banquier qui, s'il y adhère, lui répond par écrit qu'il tient sa caisse à sa dispotion. Cette réponse du banquier est la *confirmation* de l'ouverture de crédit. Nous verrons que, suivant les circonstances, elle peut être fort utile au crédité et aux tiers avec lesquels il est en relation d'affaires. Mais si l'ouverture de crédit se constate ordinairement au moyen d'un échange d'écrits, c'est-à-dire par acte sous seing privé, il n'est cependant pas rare de la rencontrer constatée par un acte authentique. Car, outre que les parties peuvent vouloir procéder de cette façon pour s'éclairer ou pour donner au contrat une force probante plus grande que celle résultant d'un acte sous-seing privé, il est aussi indispensable qu'elles aient recours à la forme notariée lorsque le créditeur exigeant une garantie, le crédit constitue une hypothèque à son profit.

De quelque manière que l'ouverture de crédit soit constatée, elle peut présenter plusieurs aspects qui délimitent l'étendue de l'obligation du créditeur. Dans la pratique, elle est limitée, en général, quant à la somme et quant à la durée. Si le créditeur consent à s'engager à faire des avances au crédité, il tient aussi à stipuler qu'elles ne pourront pas dépasser une certaine somme et que le crédité ne pourra en bénéficier que pendant un certain temps. C'est l'hypothèse dans laquelle l'obligation du créditeur a le moins d'étendue et par conséquent celle dans laquelle le crédité a le moins de droits. Mais, dans l'intérêt du crédité, le créditeur remédie souvent à la situation qu'il lui fait en combinant l'ouverture de crédit avec le compte courant. Il procure ainsi à son client certains avantages qui obvient aux inconvénients résultant de la limitation du crédit.

A l'ouverture de crédit limitée quant à la somme et quant à la durée, on oppose l'ouverture de crédit illimitée. Le créditeur tient sa caisse à la disposition du crédité sans lui indiquer jusqu'à concurrence de quelle somme ni pendant combien de temps il pourra y puiser. C'est là une hypothèse qui se rencontre rarement. Elle suppose que le créditeur a non-seulement une grande confiance en la personne du crédité mais encore une parfaite connaissance de l'affaire que celui-ci dirige.

Entre ces deux hypothèses, s'en placent deux autres qui consistent à limiter le crédit, soit quant à la somme, soit quant à la durée. La première se rencontre fréquemment lorsque le crédité est un entrepreneur. Ne sachant pas exactement quand ses travaux seront terminés, il demande que la durée du crédit soit basée sur celle de son entreprise et qu'en conséquence, aucun terme ne soit fixé dans l'acte d'ouverture de crédit. La seconde n'existe, pour ainsi dire, qu'en théorie ; car, en fait, lorsque l'ouverture de crédit est limitée quant à la durée et illimitée quant à la somme, le créditeur exige presque toujours une garantie, un gage par exemple, sur la valeur de laquelle il mesure l'importance de la somme à avancer ; et même, si cette garantie consiste en une hypothèque, il est tenu dans l'intérêt des tiers, d'indiquer, dans l'inscription, le montant du crédit qu'il compte consentir. De sorte que cette dernière hypothèse se confond presque toujours avec celle dans laquelle l'ouverture du crédit est limitée quant à la somme et quant à la durée. Elle peut cependant se présenter si le créditeur ne demande pas de garantie ou si celle qui lui est proposée est un cautionnement illimité. Mais alors, comme nous l'avons dit plus haut, à propos de l'ouverture de crédit entièrement illimitée, il est à peu près certain que le créditeur et la caution connaissent l'importance de l'opération que le crédité dirige, partant, d'une manière approximative, le capital qu'elle nécessite.

Le créditeur est donc obligé de tenir à la disposition du crédité les fonds qu'il lui a promis et l'étendue de son obligation varie suivant les dispositions contenues dans l'acte d'ouverture de crédit. Mais qu'arriverait-il si le créditeur se refusait à exécuter son obligation ou s'il était seulement en retard ?

Nous ne pouvons que mentionner ici l'hypothèse du retard, car, en général, ce n'est pas sur ce point que portent les contestations dans la pratique des affaires. Il est évident que, dans ce cas, l'art. 1153 c. civ. est pleinement applicable et qu'en conséquence, le crédité n'a droit, à partir de la demande en justice, qu'à des dommages et intérêts qui ne peuvent consister que dans les intérêts fixés par la loi.

Il arrive le plus souvent que le créditeur après s'être obligé à ouvrir un crédit au profit d'une personne, refuse d'exécuter son obligation, soit parce qu'il a trouvé un placement plus avantageux, soit parce qu'il a appris que le crédité est insolvable ou n'offre pas toutes les garanties désirables. Etant donnée cette situation, est-ce que le crédité est en droit d'exiger des dommages et intérêts ? Nous ne faisons pas

allusion, bien entendu, au cas dans lequel le créditeur s'est réservé le droit de fermer le crédit quand
il le voudra ou d'escompter les traites du crédité qu'il
jugera à sa satisfaction. Nous verrons, en effet, que
ces clauses insérées dans l'acte d'ouverture de crédit
sont des conditions potestatives qui rendent nulle
l'ouverture du crédit. Nous ne voulons parler ici
que du cas dans lequel l'obligation du créditeur est
pure et simple. Le créditeur a promis des fonds,
puis il revient sur sa décision au moment où le crédité se présente. Quels sont alors les droits de celui-ci?

Il peut agir contre le créditeur de deux manières
différentes. Il peut, ou bien le contraindre à exécuter son obligation, ou bien lui demander des dommages et intérêts. Il a recours au premier moyen
lorsqu'il peut utilement faire usage du crédit, lorsque la résistance du créditeur ne lui a pas causé
préjudice. Le second, au contraire, est son unique
ressource quand l'inexécution de l'obligation du créditeur ne peut plus être réparée.

Dans le premier cas, le crédité est tenu de faire
précéder son action d'une mise en demeure, suivant
la disposition de l'art. 1146 c. civ. Mais cette dernière est inutile dans le second, on le conçoit aisément, puisqu'elle constitue un ordre donné au créditeur dans le but d'obtenir de lui l'exécution de

son obligation et que cette exécution n'a plus d'efficacité. La cour de cassation (1) l'a ainsi décidé à propos d'une affaire dans laquelle la banque franco-égyptienne, actionnée en paiement de dommages et intérêts pour refus de réalisation d'un crédit ouvert, alléguait que la demande n'était pas fondée par la raison qu'elle n'avait pas été précédée d'une mise en demeure. Il s'agissait, dans l'espèce, d'un achat de sucre au comptant fait à la compagnie Daïra Sanieh qui avait résilié la vente pour défaut de retirement de la marchandise (art. 1657 c. civ). L'acheteur, qui devait payer le prix de celle-ci avec les avances que la banque franco-égyptienne s'était engagée à lui procurer, intenta contre sa débitrice une action en dommages et intérêts et il obtint gain de cause contre elle, même sans l'avoir mise en demeure, attendu que la vente étant résolue, la réalisation du crédit n'avait plus raison d'être.

Mais si des dommages et intérêts sont dus par le créditeur qui refuse d'exécuter son obligation, quel en sera le *quantum*? on a soutenu devant la cour de cassation (2) qu'ils ne pouvaient consister que dans les intérêts légaux de la somme promise. La cour a, avec raison, repoussé cette prétention qui ne se comprend qu'en cas de retard, ainsi que nous

1. 12 mars 1878. Sir., 78, 1, 293.
2. 8 fév. 1875. Sir., 75, 1, 343.

l'avons indiqué plus haut. En effet, le refus, de la part de la part du créditeur, d'exécuter son obligation, amène la rupture du contrat ; or, cette rupture peut mettre le crédité dans l'embarras en l'empêchant de faire honneur à ses engagements. Elle peut même porter une grave atteinte à son crédit en le forçant de suspendre ses paiements. Si donc le crédité devait, en ce cas, se contenter des intérêts légaux de la somme sur laquelle il était autorisé à compter, il n'obtiendrait pas, le plus souvent, l'équivalent du préjudice que lui a causé le créditeur. C'est pour cela que le législateur a donné au juge le pouvoir de proportionner l'indemnité au dommage causé (art. 1149 c. civ.).

Voyons maintenant qui peut ouvrir un crédit, et au profit de qui une ouverture de crédit peut être consentie. En général, ce sont les banquiers qui se livrent à ce genre d'opérations, mais il est aussi pratiqué par les notaires. On ne peut pas dire qu'il y a là, de la part de ceux-ci, une infraction à la loi, car les banquiers n'ayant pas le monopole des opérations de banque, toute personne capable de s'obliger peut consentir une ouverture de crédit. Seulement, lorsqu'un notaire contracte une telle obligation, il s'ensuit, en ce qui le concerne, deux conséquences importantes. D'abord, si la garantie constituée à son profit est une hypothèque, elle ne lui confère pas de droit de préférence en cas de faillite du crédité, l'acte authentique dressé par un notaire dans son intérêt personnel ne valant que comme acte sous seing privé, alors même que le notaire se serait servi d'un prête nom. La loi frappe donc l'hypothèque de nullité et contraint le notaire créditeur à subir la loi du dividende (1). Aussi, quand les notaires consentent des ouvertures de crédit, se font-ils souvent donner, pour obvier à cet inconvénient, un cautionnement ou un gage. En second lieu, bien qu'il ne soit pas commerçant, le notaire s'oblige cependant commercialement puisque l'ouverture de crédit est un acte de commerce (art. 632 c. comm.) Il se rend donc nécessairement justiciable des tribunaux de commerce si le crédité demandeur est un commerçant et il peut être actionné devant ces mêmes tribunaux si le crédité demandeur est un non-commerçant. De ces deux conséquences, la première est spéciale aux notaires, mais la seconde s'applique à toute personne qui consent une ouverture de crédit.

Un crédit peut être ouvert non seulement par toute personne, mais aussi au profit de toute personne capable de s'obliger, c'est-à-dire dans l'intérêt d'un commerçant aussi bien que dans celui d'un non commerçant. Toutefois, les règles à suivre varient suivant que le crédité a l'une ou l'autre de ces deux

---

1. Loi du 25 ventôse an XI, art. 8 et 68.

qualités. Ainsi, pour ne parler, pour le moment, que de la compétence des tribunaux, il est certain qu'en cas de contestation, si le crédité est commerçant, la juridiction commerciale sera seule compétente, et que, s'il n'exerce pas cette profession, il ne pourra être poursuivi par le créditeur demandeur que devant la juridiction civile. Nous verrons, d'ailleurs, lorsque nous nous occuperons de la constitution de gage et de la preuve de la réalisation du crédit ouvert, qu'en ce qui concerne ces matières, les règles applicables au crédité commerçant ne sont pas les mêmes que celles qui régissent le crédité non commerçant.

Mais puisqu'il s'agit ici de la compétence des tribunaux en matière d'ouverture de crédit, il nous faut examiner, à cette occasion, si l'on ne pourrait pas interjeter appel d'un jugement portant sur une somme inférieure à 1500 francs. Ainsi, le crédit ouvert s'élève à 20000 francs. Puis, survient entre les parties contractantes une contestation au sujet d'une somme de 1000 francs. L'une d'elles, le crédité par exemple, pourra-t-il interjeter appel du jugement statuant sur ce litige? Nous ne le croyons pas, parce qu'avant la réalisation du crédit ouvert, l'acte de crédit ne constitue pas pour le créditeur un véritable titre de créance. Le créditeur n'a qu'une créance éventuelle qu'il dépend du crédité de rendre en totalité ou en partie certaine et liquide. Si ce-lui-ci ne fait usage du crédit que pour une somme de 1000 francs, le créditeur ne devient réellement créancier que pour cette somme, et cette créance se suffit à elle-même, n'a aucun lien juridique avec celle résultant de l'acte d'ouverture de crédit.

On pourrait croire que chacune des avances réalisées doit être assimilée à un acompte et que l'existence d'une contestation sur l'une d'elles exige l'appréciation de l'acte de crédit en son entier. Il n'en est rien. Lorsque le crédité reçoit une partie du crédit qui lui a été ouvert, il ne doit que cette partie. Pour que cette avance pût être considérée comme un acompte, il faudrait que le crédité fût débiteur du montant intégral du crédit.

Il suit de là qu'en matière d'ouverture de crédit, la contestation portant sur une somme inférieure à 1,500 francs n'est pas susceptible d'appel, alors même que le crédit ouvert serait supérieur à cette somme.

CHAPITRE II

COMMENT LE CRÉDITEUR S'INDEMNISE DE LA PRIVATION
DE SON CAPITAL.

Le banquier qui consent à mettre ses capitaux à
la disposition d'autrui ne le fait pas, en général, gratuitement. Il stipule ordinairement un intérêt ou
un escompte et un droit de commission. Nous nous
demanderons dans ce chapitre quel peut être le
taux du premier, puis nous donnerons ensuite quelques notions générales sur le second, nous réservant de rechercher plus loin si l'intérêt peut être
capitalisé, quel est son point de départ et enfin,
dans quels cas un droit de commission peut être
perçu.

I. Intérêt.

Dans la pratique des affaires, les actes d'ouverture de crédit contiennent souvent une stipulation
d'intérêt. Les parties veulent, en effet, être fixées,
l'une sur le bénéfice qu'elle retirera de l'opération,

l'autre sur les dépenses qu'elle lui occasionnera. Si, par hasard, les contractants n'avaient rien décidé à cet égard, il ne serait pas dû d'intérêt par le cré-dité, car l'ouverture de crédit étant une promesse de prêt est par cela même gratuite de sa nature, à moins, cependant, qu'elle ne soit accompagnée d'un compte courant, auquel cas l'intérêt courrait de plein droit au taux légal, tout à la fois au profit et à la charge des parties. Mais cette hypothèse étant peu pratique, nous ne nous y arrêterons pas plus longtemps et nous aborderons immédiatement la question de savoir à quel taux l'intérêt peut être stipulé au profit du créditeur. Sur ce point, le légis-lateur fait une distinction qui, au premier abord, paraît très-claire, mais qui devient obscure si l'on se donne la peine d'aller au fond des choses. Il dit dans l'art. 1ᵉʳ de la loi du 12 janvier 1886 relative au taux de l'intérêt de l'argent, que la loi du 3 sep-tembre 1807, dont il emprunte les principaux ter-mes, est, en ce qui concerne l'intérêt conventionnel, abrogée en matière de commerce et reste en vigueur en matière civile. Etant donnée une telle disposition, on est nécessairement amené à se demander : quand est-on en matière de commerce, quand est-on en matière civile, par conséquent, dans quels cas les parties ont-elles pleine liberté pour fixer le taux de l'intérêt, dans quels cas sont-elles au contraire

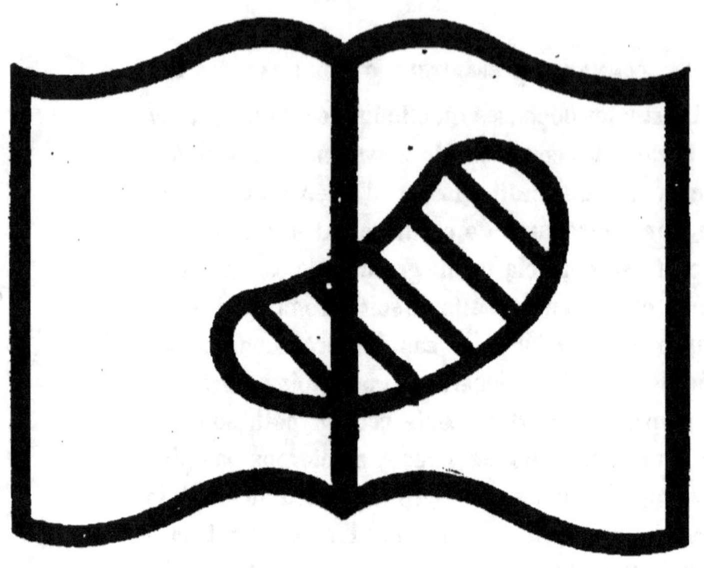

Illisibilité partielle

VALABLE POUR TOUT OU PARTIE DU
DOCUMENT REPRODUIT

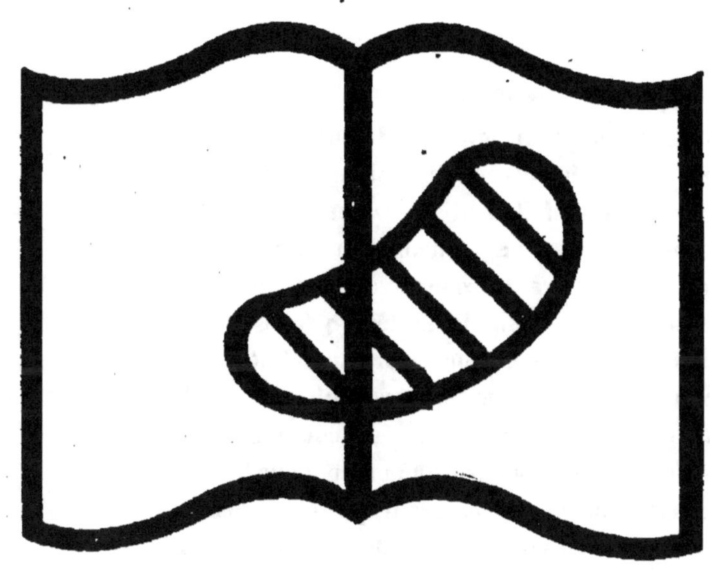

Illisibilité partielle

VALABLE POUR TOUT OU PARTIE DU
DOCUMENT REPRODUIT

tenues de ne pas l'élever au dessus de cinq pour
cent, conformément aux dispositions de la loi restrictive de 1807 ? Il est bien évident que si l'acte
est commercial pour les deux contractants, on se
trouve en matière de commerce et que, par suite,
les parties peuvent stipuler l'intérêt qu'elles veulent.
Il en est ainsi lorsque l'ouverture de crédit est consentie à un commerçant contractant pour les besoins de son commerce soit à un non commerçant
faisant acte de commerce alors même que le créditeur ne serait pas commerçant, puisque, ainsi que
nous l'avons vu plus haut, toute personne qui ouvre un crédit fait, par cela même, un acte de commerce.

Mais là n'est pas la difficulté, elle apparaît lorsque l'acte est commercial pour l'une des parties et
civil pour l'autre, ce qui arrive, notamment, quand
le crédit est ouvert par un banquier au profit d'un
non commerçant qui ne fait pas acte de commerce.
La Cour de cassation (1) qui s'est formé sur ce point
une jurisprudence, décide qu'on se trouve en matière de commerce, partant que le taux de l'intérêt
peut être illimité, par cela seul que l'acte est commercial pour l'un des deux contractants. D'où il résulte, d'après la jurisprudence de la Cour suprême,

1. Cass., Ch. crim., 27 février 1864. Sir., 64, 1, 341.

que le banquier créditeur peut toujours stipuler un intérêt supérieur à cinq pour cent, quand bien même l'acte ne serait pas commercial pour le crédité. A l'appui de cette opinion, on cite l'adage : « *plus valet mercatoris pecunia quàm non mercatoris* » qui signifie que le commerçant tirant ordinairement de son argent plus de profit que le non commerçant, a droit à un intérêt plus fort que celui que prélève ce dernier. Mais cette jurisprudence est, suivant nous, mal fondée, car si le législateur a voulu limiter le taux de l'intérêt c'est uniquement pour protéger le débiteur de cet intérêt, pour lui éviter d'être victime de l'usure. Si donc le législateur a envisagé, pour fixer la limite du taux de l'intérêt, la situation du débiteur, il est clair que c'est celle-ci qu'il faut avoir en vue lorsqu'il s'agit de déterminer si l'on se trouve ou non en matière commerciale. D'ailleurs, l'art. 91 du Code de commerce relatif à la constitution de gage, ne laisse aucun doute à cet égard. Il décide formellement, nous aurons l'occasion de le voir, que les règles du Code civil ne sont pas applicables lorsque le gage est constitué : « soit par un commerçant, soit par un individu non commerçant, pour un acte de commerce ». Nous dirons donc qu'en matière d'ouverture de crédit, le créditeur ne peut pas toujours, bien qu'il soit commerçant ou qu'il fasse acte de commerce, exiger du crédité un intérèt supérieur à cinq pour cent. Si l'acte est civil à l'égard de ce dernier, le créditeur est soumis à la loi de 1807 (1).

Mais supposons, pour terminer sur ce point, que le crédité étant un commerçant ou un non commerçant faisant acte de commerce, le créditeur exige un intérêt de vingt-cinq pour cent suivant la latitude que lui donne, à cet égard, la loi de 1886, pourra-t-il en outre, sans perdre sa qualité de créditeur, stipuler une part dans les bénéfices réalisés par le crédité ? Nous ne le croyons pas. Car dans cette hypothèse, il n'y a pas contrat d'ouverture de crédit mais contrat de société. Le créditeur, après la réalisation, n'est pas un prêteur, mais un associé. Les sommes par lui déboursées ne sont pas des avances, mais un apport qui constitue tout ou partie du capital social. Il suit de là que, en cas de faillite du crédité, il ne pourra pas se porter créancier pour le montant des sommes par lui fournies au crédité. Les parties contractantes n'auront même pas le droit, prévoyant la conséquence que nous venons d'indiquer, de convenir que, malgré sa participation aux bénéfices, le créditeur pourra cependant se porter créancier en cas de faillite du crédité. Une telle stipulation serait, en effet, contraire à la disposition

1. Limoges, 25 juillet 1865. Sir., 65, 2, 284.
2. Bourges, 27 janvier 1857. Sir., 58, 2, 895.

de l'art. 1855, C. civ., qui est d'ordre public, et qui frappe de nullité la convention d'après laquelle un associé s'affranchirait de toute contribution aux pertes.

II. Escompte.

Si l'acte d'ouverture de crédit contient souvent une stipulation d'intérêt, il arrive aussi fréquemment qu'en échange des avances réalisées par le créditeur, le crédité lui souscrit des billets à ordre ou lui endosse des lettres de change. On dit que, dans ce cas, le banquier escompte des effets de commerce en remboursement de ce qui lui est dû. Cela posé, il y a lieu de se demander à quel taux ces billets à ordre ou ces lettres de change seront escomptés. La loi de 1807 sera-t-elle applicable ? Depuis la promulgation de la loi de 1886 rendant libre l'intérêt conventionnel en matière commerciale, la question n'offre plus d'intérêt lorsque le crédit a été ouvert à l'occasion d'une opération de commerce. Mais elle se pose en matière civile, par exemple en cas d'ouverture de crédit consentie à une société civile, la loi de 1807 continuant, en ce cas, à être toujours en vigueur.

La solution à donner dépend de l'opinion que

l'on admet en ce qui concerne la nature de l'escompte. Dans un premier système, on dit que l'escompte est une vente et non un prêt, que le banquier achète les effets qu'il prend à l'escompte et
que, de son côté, le porteur achète une somme présente pour une créance non échue. Il résulte de
cette manière de voir que l'escompte n'est pas soumis à la loi de 1807 et qu'en conséquence les parties
peuvent le fixer au taux qu'elles veulent, puisque
dans le contrat de vente le montant du prix dépend
uniquement de la volonté des parties.

Nous croyons, contrairement à cette opinion, que
l'escompte n'est pas autre chose qu'un prêt. Le
banquier qui escompte un effet de commerce fait
une avance qui lui sera restituée au jour de l'échéance indiquée par l'effet. La circonstance d'après laquelle le remboursement ne sera pas effectué par
l'emprunteur lui-même mais par le souscripteur ou
le tiré n'est pas de nature à enlever à l'opération
son caractère de prêt et à écarter, par suite, l'application de la loi de 1807, car, l'emprunteur est
tenu subsidiairement de l'obligation de rembourser,
et la disposition prise par le législateur dans la loi
du 9 juin 1857, art. 8, relativement à l'élévation du
taux de l'escompte de la Banque de France, prouve
péremptoirement qu'il entend soumettre l'escompte
à la loi de 1807, puisque, par exception, il autorise
la Banque de France à y déroger,

II. Du droit de commission.

La loi du 12 janvier 1886 ayant déclaré libre
l'intérêt conventionnel en matière commerciale, le
droit de commission ne présente plus un intérêt
aussi grand qu'avant la promulgation de cette loi.
En effet, en matière commerciale, c'est-à-dire, selon
l'opinion que nous avons admise, lorsque le crédit
a été ouvert en raison d'une opération de commerce,
le droit de commission n'a plus sa raison d'être
puisque les parties peuvent fixer le taux de l'intérêt comme elles l'entendent, leur volonté n'étant
plus limitée par les dispositions d'une loi restrictive.
En fait, cependant, la loi de 1886 n'a pas abouti à
le faire disparaître. Dans la pratique, les banquiers
continuent à le percevoir sans prendre un intérêt
plus élevé que celui qu'ils stipulaient avant 1886.
Cela tient à ce que le droit de commission n'est pas,
comme l'intérêt, proportionnel à la somme prêtée et
au temps pendant lequel elle reste entre les mains
du crédité, mais à ce qu'il est seulement proportionnel au montant des avances fournies. Cette manière de procéder est beaucoup plus avantageuse
pour eux, surtout lorsqu'il s'agit d'opérations à court
terme. Mais le droit de commission conserve tou-

jours, au point de vue juridique, une importance considérable lorsqu'il s'agit d'un crédit ouvert par un banquier à l'occasion d'une opération civile, car le banquier est, dans ce cas, soumis à la loi de 1807.

Cela posé, s'élève la question de savoir quelle est la nature du droit de commission. La jurisprudence dont il émane le considère-t-elle comme un salaire accordé au banquier à raison de ses soins et de ses frais, ou bien le regarde-t-elle comme un intérêt supplémentaire dont elle admet la validité pour obvier aux inconvénients résultant du silence de la loi de 1807 relativement aux avances faites par les banquiers ? Nous allons essayer de démontrer que le droit de commission est un supplément d'intérêt. Nous nous baserons pour cela sur des exemples empruntés à la pratique des affaires.

La loi de 1807 n'a pas visé toutes les situations dans lesquelles un prêteur peut se trouver. Elle a mentionné le cas d'un capitaliste qui avance ses propres fonds soit à propos d'une opération civile, soit à propos d'une opération de commerce ; mais elle n'a pas prévu l'hypothèse du banquier qui prête des capitaux dont il est débiteur. Il y avait là une double raison d'accorder un intérêt plus fort que celui attribué à celui qui prête des fonds à lui appartenant, puisque le banquier étant obligé de payer un intérêt à ses prêteurs réalise moins de bénéfice que celui qui avance ses propres capitaux et qu'il est, en outre, exposé à la poursuite de ses créanciers dans le cas où il ne serait pas lui-même remboursé par ses emprunteurs.

Cette lacune de la loi de 1807, la jurisprudence l'a corrigée en introduisant dans la pratique le droit de commission. Cette expression n'est pas d'une exactitude bien rigoureuse. On pourrait croire, en effet, que l'exercice de ce droit constitue le banquier commissionnaire. Ce serait une grave erreur. Il est vrai que, comme le commissionnaire, le banquier opère *suo nomine*, que, comme lui, il garantit ses prêteurs contre l'insolvabilité de ses emprunteurs ; mais à la différence du commissionnaire, le banquier n'attend pas qu'il ait fait le placement des fonds à lui prêtés pour en payer l'intérêt, et lorsqu'il escompte des effets de commerce à l'aide de ces fonds, il ne doit pas à ses prêteurs tout l'avantage qu'il retire de cette opération sauf le droit de commission. L'expression : droit de commission, n'implique donc pas une commission véritable mais un intérêt supplémentaire accordé au banquier à raison des circonstances particulières dans lesquelles il se trouve.

La pratique des affaires fournit des preuves à l'appui de notre assertion : 1° Si le droit de commission était la rémunération de soins pris ou de dépenses faites par ce banquier, il ne devrait pas être perçu dans les maisons bien organisées qui consentent des avances sans qu'elles soient obligées de faire des démarches.

2° Nous verrons que le banquier créditeur par compte courant se fait assez souvent souscrire par le crédité, en échange des avances qu'il lui fait, des billets à ordre payables à des échéances déterminées. En supposant que ces billets ne soient pas payés aux termes fixés et que le crédité demande au créditeur de les lui renouveler, celui-ci percevra valablement sur le renouvellement un nouveau droit de commission, bien qu'il n'ait fait aucune démarche pour se procurer des fonds. Cette perception nouvelle s'explique à merveille si l'on considère le droit de commission comme un intérêt additionnel. En effet, par suite du renouvellement, l'exigibilité de la dette est retardée, la durée de l'avance est prolongée pendant un certain temps et il serait injuste qu'en raison du service rendu par le créditeur, sa situation ne fût pas, après le renouvellement, identique à celle qu'il avait auparavant. Du reste, si le créditeur ne percevait pas un nouveau droit de commission, l'inexécution de l'obligation du crédité lui ferait éprouver une perte et serait pour celui-ci la source d'un enrichissement sans cause. Car les fonds que le débiteur ne restitue pas, le créancier les avancerait, s'ils lui étaient rendus, à un autre em

prunteur et prendrait un droit de commission à raison de ce nouveau crédit ; et si, de son côté, le crédité, après avoir remboursé, voulait contracter une
nouvelle dette, il serait de nouveau tenu de payer
un droit de commission.

3° La Banque de France a été autorisée par la loi
du 8 juin 1857 (art. 8) à élever le taux de son escompte
et l'intérêt de ses avances en raison des circonstances
à propos desquelles elle est obligée de défendre son
encaisse. Cette loi ayant conféré un privilège, celui-
ci ne saurait être invoqué que par la personne à
laquelle il a été concédé. Il résulte de là que les
banquiers ne peuvent pas profiter des dispositions
de cette loi et que, malgré la hausse de l'escompte
et de l'intérêt des avances, ils restent soumis, en
matière civile, à la loi limitative de 1807. Mais grâce
au droit de commission ils arrivent à corriger les
inconvénients pratiques qu'occasionne notre législation imparfaite sur ce point, et, c'est bien dans
ce cas surtout que ce droit nous apparaît comme un
supplément d'intérêt.

4° Enfin, si le droit de commission n'était pas un
intérêt supplémentaire, mais un simple salaire, une
simple rémunération due à raison de services spéciaux, on ne saurait justifier le droit qu'ont les tribunaux de le réduire lorsqu'ils le jugent excessif.
Ce serait, en effet, violer le grand principe posé par
'art. 1134 C. civ.

Il résulte de tout ce que nous venons de dire sur la nature du droit de commission que le législateur de 1886 a peut-être été animé d'une prudence quelque peu exagérée en proclamant la liberté du taux de l'intérêt conventionnel en matière commerciale seulement. Peut-être eût-il mieux valu abroger complètement la loi de 1807, puisqu'elle est en fait éludée à l'aide du droit de commission.

CHAPITRE III.

COMMENT LE CRÉDITEUR S'ASSURE LA RESTITUTION DE SON CAPITAL.

Il arrive souvent, dans la pratique, que le banquier créditeur n'exige pas de garantie pour sûreté du crédit qu'il consent à ouvrir. Une telle confiance suppose évidemment qu'il n'a aucun doute sur l'honorabilité de son client, qu'il connaît sa position de fortune ainsique, s'il est à la tête d'une entreprise, les profits qu'il peut en tirer. Mais les banquiers ne sont pas toujours à même de se renseigner d'une manière absolument certaine sur la situation des personnes qui veulent se faire ouvrir des crédits. Dans ce cas, ils se font donner des garanties pour se mettre à l'abri des conséquences de l'insolvabilité éventuelle de leurs clients. Ces garanties sont les plus diverses. Elles peuvent consister soit en la cession d'une créance future, ce qui a lieu, notamment, lorsque le cré⋯ est un entrepreneur, soit en un cautionnemen⋯ un gage, une hypothèque, soit même en un droit d'antichrèse.

Avant d'examiner chacune de ces garanties, il

importe de rechercher si la légalité de leur constitution n'est pas douteuse tant que l'ouverture de crédit n'a pas été réalisée. On a soutenu (1) jadis que les garanties constituées pour sûreté d'une ouverture de crédit étaient nulles parce qu'il dépendait du débiteur, le crédité, de profiter ou de ne pas profiter du crédit ouvert. L'usage du crédit est la condition de l'existence de la garantie, a-t-on dit ; or, l'accomplissement de la condition subordonnée à la pure volonté du débiteur rendant nul l'acte qui en dépend, il s'ensuit que la garantie consentie sous une telle condition est nulle aux termes de l'art. 1174 C. civ. Une sûreté qui ne vaut que si le débiteur le veut est une sûreté qui n'existe pas.

Cette opinion ne nous semble pas bien fondée. S'il est vrai, tout d'abord, que le crédité peut, à son gré, faire ou ne pas faire usage du crédit, cela ne veut pas dire, nous aurons l'occasion de le voir à propos de l'hypothèque, que cette faculté constitue une condition, car le créditeur n'étant pas libre de refuser les avances, a dès le jour du contrat une créance future, ce qui implique que le crédité est, de son côté, tenu d'une dette future. Or, une sûreté quelconque peut assurément être valable

1. Cour de Colmar, 18 avril 1806. Sir., 6, 2, 981.

ment consentie en garantie d'une telle dette. L opinion que nous combattons confond la condition avec un élément essentiel à l'existence d'une obligation. En second lieu, quand bien même il serait vrai de dire que la faculté qu'a le crédité de faire ou de ne pas faire usage du crédit constitue une condition, il ne s'ensuivrait pas pour cela que l'art. 1174 C. civ. fût applicable. Cet article dit, en effet, que « toute obligation est nulle lorsqu'elle a été contractée sous une condition potestative de la part de celui qui s'oblige. » Or, tant que le crédit n'est pas réalisé, le crédité n'est pas débiteur mais créancier ; c'est pendant qu'il est encore créancier qu'il consent les garanties.

Il résulte de là que si nous nous trouvions en présence d'une condition, les sûretés ne seraient pas nulles puisqu'elles seraient constituées sous une condition potestative de la part du créancier.

Passons maintenant à l'étude de chacune des garanties que nous avons énumérées. Nous distinguerons les trois cas suivants :

1° Les garanties ont été consenties et constituées alors que le crédité n'était pas en faillite;

2° Elles ont été consenties et constituées pendant la période suspecte ;

3° Elles ont été consenties avant la période suspecte et constituées pendant cette période.

Premier cas.

Les garanties ont été consenties et constituées alors que le crédité était *in bonis*.

A. *Cession au profit du créditeur de la créance du crédité.*

Voici l'hypothèse dont la pratique nous offre le plus souvent l'exemple. Un entrepreneur prévoyant que ses fonds ne suffiront pas pour mener à bonne fin l'entreprise qui lui a été confiée, se rend chez son banquier et lui dit : « Mes capitaux n'étant pas en rapport avec l'importance des travaux qui m'ont été commandés, consentez-vous à m'ouvrir, pour deux ans, un crédit de cent mille francs à prendre au fur et à mesure de mes besoins ? » Le banquier répond : « Je veux bien vous rendre le service que vous me demandez, mais comme je ne suis pas au courant de vos affaires, j'exige de vous la cession de votre créance future contre le propriétaire des travaux. »

Si le banquier et l'entrepreneur s'entendent, le contrat par eux passé donne lieu aux deux questions suivantes : A quelles conditions le banquier créditeur devient-il cessionnaire de la créance de l'entrepreneur crédité ? Quelle est l'étendue du droit de préférence que la cession lui confère ? Etudions successivement chacune de ces deux questions.

PREMIÈRE QUESTION.

Quelles sont les conditions requises pour que le banquier créditeur devienne cessionnaire de la créance future de l'entrepreneur crédité contre le maître des travaux?

Pour que le banquier créditeur devienne cessionnaire de la créance de l'entrepreneur crédité, il faut tout d'abord qu'il y ait cession véritable. Le pouvoir qu'aurait reçu le banquier de toucher pour le compte de l'entrepreneur les sommes dues par le propriétaire des travaux ne suffirait pas pour constituer une cession. Cependant, comme notre droit n'exige pas d'expressions sacramentelles à cet égard, il n'est pas nécessaire que le mot: transport ou cession figure dans l'acte d'ouverture de crédit. Aussi est-ce avec raison que la cour suprême a cassé un jugement du tribunal de commerce de Lyon (1) qui avait décidé que l'un de ces mots ne se trouvant pas dans l'acte d'ouverture de crédit, le banquier ne pouvait pas invoquer la qualité de cessionnaire et qu'il ne devait être considéré que comme mandataire. Dans l'espèce dont il s'agissait et qui était relative à une entreprise de travaux

1. 18 juin 1866. Sir., 69, 1, 225.

publics, le créditeur avait le droit, suivant les stipulations contenues dans l'acte d'ouverture de crédit, de recevoir en déduction de ses avances le montant des mandats qui seraient délivrés par l'administration à l'entrepreneur et ce, nonobstant toute opposition ou cession quelconque. Ces mandats devaient être endossés à son ordre par l'entrepreneur au fur et à mesure de leur émission. Il était dit aussi qu'il était investi d'un mandat irrévocable pour les encaisser. C'est sur ces derniers mots que s'était basé le tribunal de Lyon pour décider qu'il n'y avait pas de cession. Mais la cour de cassation (1) s'attachant moins aux mots exprimés dans l'acte de crédit qu'à la commune intention des parties, jugea avec raison que l'ensemble de ces stipulations constituait une cession de créance et non une procuration ordinaire.

Le point de savoir si le banquier créditeur est cessionnaire de la créance du crédité ou mandataire de celui-ci présente un très grand intérêt. Si le créditeur n'est investi que d'un simple mandat, les autres créanciers du crédité ont le droit de pratiquer des saisies-arrêts entre les mains du propriétaire des travaux sans qu'il puisse se prévaloir vis-à-vis d'eux d'aucun droit de préférence. Si, au contraire,

1. Cass., 23 février 1869. Sir., 69, 1, 225.

le créditeur est cessionnaire de la créance du crédité, il a un droit exclusif contre le maître des travaux pourvu toutefois qu'il se soit conformé à l'une
des formalités dont nous allons parler.

Pour que le banquier créditeur devienne cessionnaire de la créance de l'entrepreneur crédité, il faut,
en second lieu, que la cession soit rendue opposable
aux tiers au moyen de l'une des formalités indiquées
par l'art. 1690, c. civ. : signification au débiteur,
acceptation de la cession par lui faite dans un acte
authentique. Ce n'est là, du reste, que l'application
du droit commun en matière de cession de créance.

Mais lorsqu'il s'agit d'une ouverture de crédit, il
y a lieu de se demander si le droit de préférence conféré au créditeur par suite de l'observation de l'art.
1690 c. civ., n'est pas paralysé par l'action directe
que donne l'art. 1798 du même code aux ouvriers et
fournisseurs de l'entrepreneur, cet article est ainsi
conçu : « Les maçons, charpentiers et autres ouvriers
qui ont été employés à la construction d'un bâtiment
ou d'autres ouvrages faits à l'entreprise, n'ont d'action contre celui pour lequel les ouvrages ont été
faits, que jusqu'à concurrence de ce dont il se trouve
débiteur envers l'entrepreneur, au moment où leur
action est intentée ». C'est là un point qui fut con-
troversé autrefois, mais qui ne l'est plus aujour-
d'hui. Il est actuellement de jurisprudence cons-

tante (1), que l'action personnelle et directe accordée aux ouvriers et fournisseurs par l'art. 1798 c. civ,, ne leur confère pas de privilège et ne peut pas porter atteinte aux droits des tiers. Elle n'équivaut pas à une saisie-arrêt. Elle n'empêche pas le maître des travaux de se libérer entre les mains de l'entrepreneur; car il n'est pas lié envers les ouvriers et fournisseurs. Si donc le crédité peut recevoir ce qui lui est dû sans que les ouvriers et fournisseurs puissent mettre opposition au paiement, il va de soi que son cessionnaire doit avoir les mêmes droits que lui. D'ailleurs, notre article autorise seulement les ouvriers et fournisseurs à réclamer ce qui reste dû à l'entrepreneur au moment où ils intentent leur action. Si, à ce moment, le crédité a cédé sa créance, il ne lui est plus rien dû, partant, l'action de l'art. 1798 ne peut plus être intentée. La cession est donc opposable aux ouvriers et fournisseurs malgré la disposition de faveur qui leur est accordée par cet article.

Mais il peut arriver que le contrat passé entre le propriétaire des travaux et l'entrepreneur contienne une clause d'après laquelle ce dernier est tenu de justifier du paiement des salaires de ses ouvriers ainsi que des sommes dues à ses fournisseurs. Alors

1. Cour de Limoges, 30 avril 1875. Sir., 75, 2, 264.

se pose la question de savoir si cette clause ne met pas obstacle à l'exercice du droit de préférence du banquier créditeur. Ecartons tout d'abord l'hypothèse dans laquelle la clause a été écrite dans l'intérêt du propriétaire des travaux. Il est évident que, dans ce cas, les ouvriers et fournisseurs n'ont aucun droit de préférence contre le banquier créditeur cessionnaire de la créance du crédité et que le maitre des travaux peut se libérer envers ce dernier sans avoir à craindre leur action.

Mais il peut en être autrement si la clause a été insérée dans le contrat au profit des ouvriers et fournisseurs. On se trouve alors en présence d'une stipulation pour autrui régie par l'art. 1121, c. civ. Etant donnée cette situation, une distinction s'impose. Il importe de rechercher si la cession consentie au profit du banquier a été rendue opposable aux tiers, selon la disposition de l'art. 1690, c. civ., avant ou après l'acceptation faite par les ouvriers de la clause stipulée en leur faveur.

1° La stipulation a été acceptée par les ouvriers et fournisseurs avant l'accomplissement par le banquier créditeur de l'une des formalités requises par l'art. 1690, c. civ. Lorsqu'il en est ainsi, la cession n'est pas opposable aux ouvriers et fournisseurs. ceux-ci ayant acquis le droit d'être payés par préférence à l'entrepreneur ont le même droit vis-à-vis du banquier son ayant-cause. Mais ce dernier n'a rien à redouter de cet état de choses ; car, le maître des travaux ne manquera pas de l'avertir que la créance qui lui est cédée en garantie du crédit ouvert est préalablement affectée au paiement des sommes dues aux ouvriers et fournisseurs. Le banquier créditeur sait alors à quoi s'en tenir et il est à même de prendre toutes les précautions pour ne subir aucun préjudice.

2° Les ouvriers et fournisseurs ont accepté la stipulation faite à leur profit après l'accomplissement par le banquier créditeur de l'une des formalités exigées par l'art. 1690, c. civ. Dans cette hypothèse, les droits respectifs du banquier créditeur et des ouvriers et fournisseurs varient d'après la jurisprudence suivant que la stipulation faite au profit de ces derniers a ou n'a pas été insérée dans l'acte d'ouverture de crédit. Si la clause est prévue dans l'acte d'ouverture de crédit, le banquier créditeur est mis au lieu et place de l'entrepreneur. Comme lui, il est obligé de respecter la stipulation faite en faveur des ouvriers et fournisseurs, quand bien même l'acceptation de cette stipulation aurait lieu après la cession de la créance. C'est là une solution qui a été admise par la Cour de Lyon et, après elle, par la cour de

1. Cass., 14 mai 1870. Sir., 80, 1, 253.

cassation, dans l'espèce suivante : Le sieur Mallet avait contracté avec la commune de Divonne à l'effet d'entreprendre des travaux de dessèchement de marais, et dans le cahier des charges il était stipulé, dans l'intérêt des ouvriers et fournisseurs, que l'entrepreneur devrait, avant de recevoir le montant de sa créance, justifier du paiement des sommes dues à ces derniers. Pendant le cours des travaux, il se trouva que le sieur Mallet n'avait pas les fonds nécessaires pour achever l'entreprise. Il se fit alors ouvrir un crédit par le sieur Parissod qui exigea, en garantie de ses avances, qu'il lui cédât sa créance contre la commune de Divonne. L'entrepreneur donna satisfaction au banquier, mais l'acte d'ouverture de crédit contenait une clause analogue à celle du cahier des charges indiquant que le sieur Parissod n'aurait droit qu'au solde de la créance du crédité, après le paiement des ouvriers et fournisseurs. Quelque temps après que Parissod eût signifié la cession à la commune de Divonne, le sieur Dubois, fournisseur de Mallet, accepta la stipulation faite à son profit et pratiqua une saisie-arrêt entre les mains du préposé de l'administration pour s'assurer l'exercice du droit de préférence qui lui était conféré. Le sieur Mallet ayant été déclaré en faillite, le sieur Parissod contesta le droit de préférence de Dubois, fondant sa prétention sur ce que l'acceptation de la stipulation avait eu lieu postérieurement à la cession à lui faite de la créance du crédité.

La cour de cassation, confirmant l'arrêt de la cour de Lyon, a donné gain de cause aux ouvriers et fournisseurs par la raison qu'ils avaient un droit réservé tout à la fois dans le cahier des charges et dans l'acte d'ouverture de crédit. Cette solution se conçoit à merveille, car la garantie du banquier créditeur ne consistait qu'en la différence entre la somme due aux ouvriers et fournisseurs et celle due à l'entrepreneur. La signification adressée à la commune de Divonne antérieurement à l'acceptation par les ouvriers et fournisseurs de la stipulation faite à leur profit, n'a donc eu pour effet que de rendre cette différence opposable aux tiers, partant aux ouvriers et fournisseurs.

Supposons maintenant que l'acte d'ouverture de crédit ne contienne aucune réserve relativement au droit des ouvriers et fournisseurs ; la cession sera-t-elle alors opposable à ces derniers ? La cour de Lyon, dans l'arrêt précité, semble admettre l'affirmative ; mais nous ne croyons pas que sa décision soit fondée en principe. En effet, le banquier créditeur est l'ayant-cause de l'entrepreneur crédité. Par suite, les restrictions apportées au droit de celui-ci doivent être respectées par celui-là. Autrement, le banquier cessionnaire aurait plus de droit que son cédant et ce dernier pourrait, en cédant sa créance, anéantir l'effet de la stipulation faite au profit des ouvriers et fournisseurs. On nous objectera, peut-être, que les ouvriers et fournisseurs n'ont pas de droit tant qu'ils n'ont pas accepté cette stipulation. Cela est vrai : mais la loi n'a pas indiqué de délai passé lequel l'acceptation n'est plus recevable. Il suit de là que la stipulation peut être acceptée à tout moment, même après la cession de la créance de l'entrepreneur au profit du banquier créditeur qui est suffisamment renseigné par la clause contenue dans le cahier des charges.

Cependant, tant que les ouvriers et fournisseurs n'ont pas accepté la stipulation, le maître des travaux peut la révoquer soit expressément soit implicitement. Les choses se passent alors comme si aucun engagement n'avait été pris envers eux, et, en conséquence, la cession leur est opposable. Nous n'avons pas besoin de nous expliquer sur la révocation expresse, elle se fait conformément au droit commun. Quant à la révocation tacite, elle peut résulter de l'autorisation donnée à l'entrepreneur par le maître des travaux de céder sa créance au banquier créditeur. C'est ce mode de révocation qui se présente le plus souvent dans la pratique. Le banquier qui consent à ouvrir un crédit à un entrepreneur et qui, en consultant le cahier des charges, voit qu'il existe une clause en faveur des ouvriers et fournisseurs qui ne l'ont pas encore acceptée, a donc le moyen de s'assurer un droit de préférence sur ces derniers en exigeant la révocation de la stipulation écrite dans leur intérêt et en faisant de cette révocation une condition de l'existence du crédit ouvert.

DEUXIÈME QUESTION.

Quelle est l'étendue du droit de préférence que confère au créditeur la cession à lui faite de la créance du crédité contre le maitre des travaux ?

La créance future de l'entrepreneur contre le maitre des travaux peut être cédée au banquier créditeur en totalité ou en partie. L'étendue du droit de préférence de celui-ci est donc subordonnée à celle de la cession. La première hypothèse ne nous révèle rien qui soit spécial à l'ouverture de crédit. Tout se passe conformément au droit commun. La seconde, au contraire, donne lieu à la difficulté suivante. Le banquier créditeur cessionnaire d'une partie de la créance de l'entrepreneur crédité contre le maitre des travaux peut-il, si le montant de ses avances dépasse celui de la garantie, se faire payer l'excédent par préférence aux autres créanciers du crédité ? Il est certain qu'il n'en a pas le droit si l'ouverture de

crédit est simple. L'entrepreneur a une créance de
100,000 francs, par exemple, et il la cède à un banquier jusqu'à concurrence de 50,000 francs en garantie d'une ouverture de crédit de même somme ou
d'une somme supérieure. Il est clair que si le crédit ouvert est simple, le banquier ne sera préféré
aux autres créanciers du crédité que jusqu'à concurrence de 50000 francs et que pour les avances excédant ce chiffre il sera soumis à la loi du concours.

Mais il a été soutenu devant la cour de cassation (1) que notre hypothèse devait recevoir une a'1-
tre solution lorsque le crédit ouvert était joint à un
compte courant. On disait, en réponse à l'arrêt de
la cour de Paris qui avait infirmé le jugement du
tribunal de la Seine, qu'il ne fallait pas confondre
le solde du crédit avec les avances qui étaient un
des éléments de l'ensemble du crédit, que le système
de l'arrêt aurait pu avoir quelque justesse s'il s'é-
tait agi d'un prêt, mais qu'il en manquait dès qu'il
s'agissait d'un crédit parce que, dans le crédit, on
regarde uniquement le solde. « Ce qui importe, di-
sait-on, c'est ce qui en définitive reste dû par le
crédité. C'est donc au solde définitif qu'est affectée
la garantie.... » La cour de Paris n'a pas cru devoir
admettre cette manière de voir, et la cour suprème,

1. Cass., 11 décembre 1849. Sir. 50, 1, 177.

adoptant ses motifs, s'est exprimée en ces termes :
« Attendu que l'arrêt attaqué constate, d'après les
faits et les circonstances de la cause et notamment
d'après la correspondance des parties, que la maison Ganneron et Cie, après avoir reçu de l'Etat la
somme de 342,099 fr. sur la délégation de 360,000 fr.
consentie à son profit par les maisons Courau et Armau pour garantir des crédits ouverts à celles-ci par
la maison Ganneron et Cie, cette maison s'est dessaisie volontairement et à ses risques et périls des
fonds qui devaient lui servir de couverture, que d'après ces faits ainsi constatés l'arrêt attaqué a pu,
ainsi qu'il l'a fait, décider que la maison Ganneron
avait renoncé à cette partie de garantie qu'elle avait
obtenue pour toutes les sommes qu'elle avait payées
au dela de la somme de 17,000 francs formant la différence entre le montant de la délégation et les sommes touchées par elles dans les caisses de l'Etat.
Rejette... »

La cour de cassation a évidemment bien jugé;
mais nous pensons qu'elle aurait dû réfuter l'argument invoqué par le pourvoi formulé devant elle. On
prétendait que quand une sûreté est affectée à un
compte courant, c'est toujours le solde qu'elle garantit. Cela n'est pas rigoureusement exact. Cela serait vrai si le créditeur n'en recevait pas le montant
avant la clôture du compte et si, par conséquent,

elle ne figurait pas dans le compte courant. C'est ce qui arrive, notamment, lorsque le crédit est ouvert sous affectation hypothécaire. Le montant de l'inscription n'est pas porté dans le compte courant, et ce n'est qu'après un temps plus ou moins long et après un certain nombre d'opérations, que le créditeur fait valoir son hypothèque. Mais ici, la situation n'est plus la même. Le créditeur a reçu le montant de la délégation, il a été obligé de la porter au crédit du compte du crédité. Cette somme forme nécessairement un élément de ce compte dont elle diminue le débit. Si donc le créditeur pouvait s'en prévaloir en garantie du solde, elle serait, par cela même, invoquée deux fois par lui, ce qui serait, assurément, contraire à l'intention des parties ainsi qu'au droit des tiers.

B

Cautionnement.

La garantie d'une ouverture de crédit soit simple, soit accompagnée d'un compte courant, peut consister en un cautionnement. Dans ce cas, c'est une personne qui répond pour le crédité, qui s'oblige accessoirement à lui envers le créditeur jusqu'à concurrence du montant intégral du crédit ou d'une somme déterminée inférieure à ce crédit.

La matière du cautionnement contient peu de règles qui se rattachent étroitement à l'ouverture de crédit. On appliquera donc le droit commun. Ainsi, la caution pourra invoquer le bénéfice de discussion, et si d'autres personnes ont contracté la même obligation qu'elle, elle aura le droit de se prévaloir du bénéfice de division. De plus, son obligation devra être interprétée restrictivement; elle ne garantira que les avances réalisées suivant le mode indiqué dans l'acte d'ouverture du crédit. Nous verrons, en effet, qu'il y a plusieurs modes de réalisation de l'ouverture de crédit, qu'un crédit ouvert peut être réalisé, notamment, par avances directes en échange desquelles le crédité souscrit des billets à ordre, ou bien par voie d'escompte. Si la caution s'est obligée à raison de l'un de ces deux modes de réalisation, le créditeur ne pourra pas la poursuivre à raison de l'autre. Ce sont là des règles qui s'appliquent non seulement à propos de l'ouverture de crédit, mais encore à propos de tout contrat garanti par un cautionnement. Aussi ne nous y arrêterons-nous pas plus longtemps. Nous examinerons seulement le point de savoir quelle est la nature de l'obligation de la caution. Cette question vise l'ouverture de crédit, parce que celle-ci peut être civile ou commerciale.

Il semble que l'obligation de la caution qui est

une obligation accessoire doive être de même nature que l'obligation du crédité par application de la règle : « *accessorium sequitur principale.* » Il n'en est pourtant pas ainsi. Si l'ouverture de crédit est civile, l'obligation de la caution sera bien également civile, mais si l'ouverture de crédit est commerciale, la caution ne sera pas pour cela tenue d'une obligation commerciale. En effet, la théorie de l'accessoire ne s'applique pas en notre matière. Pour qu'un acte civil devienne commercial en vertu de cette théorie, il faut qu'il soit accompli par le commerçant lui-même et non pas par un tiers. Ici, la caution est un tiers, et le cautionnement qu'elle procure se rattache à l'obligation du crédité et non pas à la sienne propre. Par conséquent la règle « *accessorium sequitur principale* » n'est pas applicable et l'obligation de la caution reste civile bien qu'elle accompagne une obligation commerciale. C'est là, d'ailleurs, un principe très équitable ; car le cautionnement est une complaisance, un contrat de bienfaisance qui ne révèle aucun trafic, aucune spéculation de la part de la caution. Celle-ci, en s'obligeant, rend tout à la fois service au créditeur et au crédité, et l'on comprend qu'à raison de ce service, les règles du droit commercial ne lui soient pas applicables.

Mais la caution ne pourrait-elle pas, pour augmenter le crédit du débiteur, renoncer à se prévaloir des règles du droit civil et se soumettre, comme le crédité, à celles du droit commercial, notamment à la compétence des tribunaux de commerce? Nous ne le pensons pas ; car la juridiction commerciale est une juridiction d'exception que la volonté des parties ne peut pas étendre et qui doit être, au contraire, rigoureusement restreinte aux cas prévus par la loi. Le tribunal de Dunkerque a cependant décidé le contraire à propos d'une ouverture de crédit dans laquelle la caution s'était expressément obligée à se soumettre à la juridiction commerciale. Mais son jugement a été infirmé, avec raison, par la Cour de Douai (1), par ce motif qu'une telle convention était contraire à l'ordre public (art. 6, C. civ.).

La règle d'après laquelle la caution d'une obligation commerciale est obligée civilement comporte deux exceptions. La première est relative au cas où la caution a un intérêt dans l'affaire à l'occasion de laquelle elle s'oblige. Ainsi, le crédité promet à la caution de lui donner une part des bénéfices qu'il réalisera dans l'opération qu'il dirige et la caution accepte. Elle se rend, par cela même, justiciable du tribunal de commerce et aux conséquences dérivant des obligations commerciales. Autrefois, avant

1. Douai, 18 décembre 1848, Sir., 48, 2, 709.

1867, une telle situation la rendait contraignable par corps.

La seconde exception au principe que la caution d'une obligation commerciale est tenue d'une obligation civile, se rencontre lorsque la caution joue le rôle de donneur d'aval (art. 142 C. comm.). Le législateur l'a ainsi décidé dans l'intérêt du crédit. Voyons donc quelles sont les conditions requises pour que la caution soit considérée comme un donneur d'aval. Il faut, en premier lieu, qu'il s'agisse d'effets de commerce constatant la dette du crédité. Il faut, ensuite, que la caution sache qu'il s'agit d'effets de commerce, par exemple, de billets à ordre souscrits par le crédité ou de lettres de change par lui endossées à l'ordre du créditeur ou bien enfin de traites sur lui tirées par ce dernier.

Mais est-il nécessaire que ces effets existent au moment où l'aval est donné? Ne suffit-il pas, au contraire, qu'ils puissent seulement exister un jour ? En d'autres termes, peut-on donner un aval pour des effets à créer? On a pendant longtemps soutenu la négative (1). A l'appui de cette solution, on invoquait les art. 141 et 142 C. comm., relatifs à l'aval. On disait que l'art. 141 C. comm., impliquait la préexistence des effets, puisque l'aval devait être

1. Douai, 16 décembre 1848 (note 3). Sir., 48, 2, 709.

apposé au bas de ces derniers et que si, dans l'art. 142 C. comm., le législateur permettait de cacher l'aval au moyen d'un acte séparé, c'était pour que cette garantie ne pût porter aucune atteinte au crédit du crédité mais que, comme dans l'art. 141 C. comm., il supposait des effets créés au moment où l'aval était donné.

Cette opinion ne compte plus de partisans. Aujourd'hui, la doctrine et la jurisprudence (1) admettent que l'aval peut être consenti à raison d'effets qui ne sont pas encore créés mais qui pourront exister un jour. L'obligation accessoire peut, en effet, précéder l'obligation principale, et, d'ailleurs, une créance éventuelle peut être valablement cautionnée.

Mais si l'on est d'accord sur le principe, on ne l'est pas sur l'application de ce principe. Il y a des arrêts (2) qui exigent pour que la caution soit valablement considérée comme un donneur d'aval, que le nombre des effets à créer soit indiqué dans l'acte d'ouverture de crédit et que celui-ci mentionne, en outre, le montant et l'échéance de chacun d'eux. Il faut, dit-on, que le donneur d'aval connaisse les effets en vue desquels il s'est obligé. Autrement, il

1. Cass., 25 janvier 1848. Sir., 4 novembre 1845, Sir., 46, 1, 127.
2. Cass. 25 janvier 1847. Sir., 47, 1, 253.

serait exposé au paiement de lettres de change qu'il n'a pas voulu cautionner. Nous ne croyons pas que cette jurisprudence soit fondée. Nous pensons que l'accomplissement de ces formalités, l'indication précise des effets qui doivent être mis en circulation n'est pas une condition essentielle de la validité de l'aval. Si la caution stipule que les effets seront individuellement déterminés dans l'acte de crédit, cette stipulation devra, sans doute, être observée, et, si elle ne l'est pas, la caution ne sera pas obligée. Mais il n'y a pas là une condition requise à peine de nullité de l'aval. S'il en était ainsi, les parties seraient gênées dans leurs opérations ; elles ne pourraient pas mesurer l'importance des effets aux besoins des circonstances dans lesquelles elles peuvent se trouver. D'ailleurs, le défaut de détermination des effets ne cause aucun préjudice à la caution. Elle ne sera jamais responsable, en cas de faillite du crédité par exemple, que pendant le temps convenu et jusqu'à concurrence de la somme indiquée dans l'acte d'ouverture de crédit.

Il suffit donc que la caution sache qu'elle garantit le paiement d'effets de commerce créés ou à créer, pour qu'elle puisse être considérée comme un donneur d'aval, et, en conséquence, être tenue d'une obligation commerciale. Il suit de là que, si elle ignore l'existence actuelle ou future de ces effets, son obligation sera civile. Quant au point de savoir dans quels cas la caution est censée ignorer ou savoir que des effets de commerce constituent un des éléments du crédit, c'est là une question de fait soumise à l'appréciation du juge.

Il n'est pas indifférent pour la caution d'avoir, soit la qualité de donneur d'aval, soit celle de simple caution. Les conséquences juridiques résultant de chacune de ces deux situations ne sont pas les mêmes : En effet, si la caution est donneur d'aval, elle peut opposer la déchéance des art. 165 et 168 C. comm., au porteur des effets de commerce qui, à défaut de paiement à l'échéance par le crédité, ne lui notifie pas le protêt et ne l'assigne pas en justice dans la quinzaine qui suit la date de ce protêt. Au contraire, si la caution n'est pas obligée en raison de l'aval, elle ne peut pas opposer la déchéance au porteur négligent.

Une seconde différence entre la situation du donneur d'aval et celle de la caution simple, résulte de l'application de l'art. 1328 C. civ., relatif à la certitude de la date des actes sous seing privé à l'égard des tiers. Voici l'hypothèse qui peut se présenter dans la pratique. La personne qui consent à cautionner le crédité est le conjoint de celui-ci. Le mari se fait ouvrir un crédit par un banquier et lui donne en garantie le cautionnement de sa femme. Quelque temps après, ayant besoin de fonds, il emprunte à un tiers au profit duquel il constitue une hypothèque sur son immeuble, puis il tombe en faillite. La femme est obligée de désintéresser le créditeur, mais comme elle a une hypothèque légale sur les immeubles de son mari, prenant rang à dater de son engagement (art. 2135 C. civ.), elle prétend être colloquée sur le prix de l'immeuble, avant le créancier hypothécaire dont la créance n'a pris rang qu'à partir de la date de l'inscription. Ce dernier conteste cette prétention en alléguant que la créance de la femme ne doit pas être préférée à la sienne, par la raison qu'elle n'a pas date certaine. C'est alors qu'il y a lieu de savoir si la femme est ou n'est pas tenue d'une obligation commerciale. Si elle a su qu'elle garantissait le paiement d'effets de commerce, son engagement constitue un aval et, par suite, l'art. 1328 C. civ. n'étant pas applicable, elle sera colloquée avant le créancier hypothécaire ; si, au contraire, elle s'est obligée purement et simplement à cautionner la dette de son mari, sans savoir que cette dette sera constatée par des effets de commerce, son obligation est civile et, en conséquence, sa créance n'a date certaine à l'égard du créancier hypothécaire qui est un tiers, que par l'accomplissement de l'une des formalités indiquées par l'art. 1328 C. civ. Si donc cette dernière disposition n'est

pas observée, le créancier hypothécaire sera colloqué avant la femme.

La qualité de donneur d'aval améliore donc la
situation de la caution, par la raison qu'elle lui
permet d'opposer la déchéance au porteur négligent et la dispense de se conformer à l'art. 1328
C. c.

C

Gage.

Très souvent, dans la pratique des affaires, le
banquier créditeur exige un gage en garantie du
crédit par lui ouvert. Ce gage peut consister soit en
des marchandises, soit en des titres qui les représentent, tels que : warrants, connaissements, lettres
de voitures, soit en titres au porteur nominatifs ou
mixtes, soit enfin, en effets de commerce.

Nous n'avons pas à rechercher ici de quelles manières le gage constitué se constate et par suite à
quelles conditions le privilège conféré par l'art. 2073
C. civ. peut être exercé. Nous dirons cependant que
le mode de constitution diffère suivant que le gage
est civil ou commercial. Dans le premier cas, qu'il
s'agisse d'une chose mobilière corporelle ou bien

d'une créance mobilière, la loi exige un acte authentique ou sous seing privé dûment enregistré contenant la déclaration de la somme due (art. 2074 et 2075 C. civ.). Seulement, lorsque le gage porte sur une chose mobilière corporelle, ces formalités ne sont requises qu'en matière excédant la valeur de cent cinquante francs, tandis que quand il porte sur une créance mobilière, elles sont nécessaires, même en matière n'excédant pas la valeur de cent cinquante francs. De plus, la constitution de gage d'une créance mobilière ne s'établit à l'égard des tiers, qu'au moyen d'une signification adressée au débiteur de la créance.

Dans le second cas, au contraire, la loi du 23 mai 1863 qui forme au Code de commerce les articles 91 à 93, distingue entre la constitution de gage d'une créance mobilière et celle de toute autre valeur mobilière. S'agit-il d'une créance mobilière, la loi commerciale renvoie à l'art. 2075 C. civ., de sorte que pour ce genre de gage, il n'y a pas de différence entre le droit civil et le droit commercial. Mais il en existe une profonde quand le gage porte sur d'autres titres. Alors l'art. 91 C. comm. renvoie à l'art. 109 du même Code, duquel il résulte qu'aucune forme spéciale n'est requise pour que le gage soit valablement constitué.

Mais comment les parties peuvent-elles savoir que

le gage donné pour sûreté d'un crédit ouvert doit être constitué suivant les règles du droit commercial ou selon celles du droit civil. L'art. 91 C. comm. nous renseigne à cet égard, il dit : « Le gage constitué soit par un commerçant soit par un individu non commerçant, pour un acte de commerce, se constate à l'égard des tiers comme à l'égard des parties contractantes, conformément aux dispositions de l'art. 109 du Code de commerce ».

Il faut donc rechercher pour savoir si les règles du droit commercial peuvent ou non être appliquées, quelle est la nature de l'opération en vue de laquelle le crédit a été ouvert. Le crédité est-il commerçant contractant pour les besoins de son commerce, on se reportera, pour constituer le gage, aux dispositions de l'art. 109, C. comm. et il en sera de même si le crédité fait acte de commerce, alors même qu'il ne serait pas commerçant. Est-il, au contraire, non négociant, ou bien négociant contractant en vue d'une opération civile, le gage ne pourra être valablement établi au profit du créancier que si les règles du code civil sont rigoureusement observées. Cette disposition de l'art. 91, C. comm., cadre bien avec l'opinion que nous avons adoptée sur le point de savoir à quel signe on reconnaît qu'une ouverture de crédit est civile ou commerciale ; et, il en résulte aussi une parfaite concordance avec la solution que nous avons admise à propos de la fixation du taux de l'intérêt.

Nous ne parlerons pas plus longuement de cette garantie. De plus amples explications nous feraient sortir de notre sujet. Nous noterons seulement, en terminant, que quand le gage porte sur des valeurs de bourse : titres au porteur, nominatifs ou mixtes, il est souvent stipulé dans l'acte d'ouverture de crédit que si les titres viennent à baisser de valeur, le crédité s'engage à fournir un supplément de garantie de manière que le créditeur soit toujours à l'abri de tous risques. Cette clause a pour effet d'amener la clôture du crédit si le crédité n'accomplit pas son obligation. Mais il faut pour cela que le créditeur lui notifie sa volonté de le fermer.

D

Dépôt.

Le client d'un banquier qui a des titres déposés chez lui peut affecter ces titres à la sûreté d'une ouverture de crédit. L'opération est certainement possible, mais alors, il y a transformation du contrat de dépôt en un contrat de gage par la raison que si le dépôt continuait à exister, le créditeur ne pourrait pas, en cas de faillite du crédité, faire vendre les titres et se payer sur le prix, mais serait tenu de

les garder indéfiniment, le contrat de dépôt ne con-
férant au dépositaire qu'un droit de rétention dans
l'hypothèse qui nous occupe. La cour de cassation (1)
a cependant considéré comme un dépôt, les actions
des mines de la Loire qu'un banquier avait achetées
pour le compte d'un client auquel il avait ouvert
spécialement un crédit à cet effet. Elle a de plus
validé la vente que le banquier avait faite de ces
actions et lui a reconnu un privilège. Nous croyons
que la cour suprême à mal jugé. Sa décision eût,
sans doute été bonne si elle avait donné à la garantie le nom de gage, mais, dès l'instant que, pour
elle, la sûreté était un dépôt, elle devait décider
que le crédité, ayant perdu par la vente son droit
de rétention, le prix des actions appartenait à la
faillite du crédité et qu'en conséquence le banquier
créditeur ne pouvait avoir que les droits d'un créancier chirographaire. Nous retrouverons d'ailleurs
cette hypothèse lorsque nous nous occuperons du
cas de faillite du crédité.

<h2 style="text-align:center">E</h2>

Hypothèque.

La garantie la plus usitée d'une ouverture de cré-

1. Cass. 10 décembre 1850. Sir., 51, 1, 243.

dit est assurément l'hypothèque. Son usage très-répandu se justifie par les services qu'elle rend. Avantageuse pour le crédité puisqu'à la différence du gage, elle laisse le bien grevé dans le patrimoine de celui-ci, elle est aussi utile pour le créditeur, en ce que, contrairement au cautionnement qui ne lui donne qu'un droit de créance, elle lui confère un droit réel.

A propos de l'hypothèque constituée pour sûreté d'un crédit ouvert, nous étudierons l'acte constitutif de l'hypothèque dans ses rapports avec l'acte d'ouverture de crédit. Nous examinerons ensuite les règles spéciales à l'inscription ; enfin, à cette occasion, nous nous demanderons quel rang il faut assigner à l'hypothèque établie à raison d'une ouverture de crédit.

I. — Acte constitutif de l'hypothèque.

L'acte constitutif de l'hypothèque ne doit pas être confondu avec l'acte d'ouverture de crédit. Celui-ci peut-être authentique ou sous-seing privé, ou même résulter d'un simple article porté au crédit du compte courant du crédité ; celui-là, au contraire, exige, en principe, l'intervention du notaire.

Le plus souvent, lorsque la garantie affectée à la sûreté du crédit est une hypothèque, l'acte authentique qui la constitue sert en même temps d'acte d'ouverture de crédit. Mais il peut arriver aussi que les deux actes soient distincts. Alors, l'acte d'ouverture de crédit peut être sous seing privé ; mais l'acte constitutif de l'hypothèque doit nécessairement être authentique, à peine de nullité de l'hypothèque, à moins cependant qu'il ne s'agisse d'une hypothèque maritime.

Dans cette dernière situation, les deux actes sont indépendants l'un de l'autre. Chacun d'eux se suffit à lui-même. Ils ne peuvent pas être combinés. Ainsi, le créditeur ne pourrait pas invoquer contre les tiers une clause qui serait dans l'acte d'ouverture de crédit et qui ne figurerait pas dans l'acte constitutif de l'hypothèque. Les clauses contenues dans l'acte de crédit sont, en effet, extensives ou restrictives des droits du créditeur et si elles pouvaient être opposées aux tiers ou si ces derniers pouvaient s'en prévaloir, il y aurait là un moyen de modifier les titres hypothécaires à l'aide d'actes sous seing privé, ce qui serait évidemment contraire au texte formel de l'art. 2127, C. civ.

La Cour de Pau a cependant décidé que l'acte sous seing privé d'ouverture de crédit doit être combiné avec l'acte constitutif d'hypothèque pour arriver à la fixation du droit hypothécaire. Son arrêt est ainsi conçu : « En ce qui touche la créance de Faurie et en particulier les éléments des divers comptes sur lesquels il se fonde. Attendu que pour savoir s'il devait être ouvert deux comptes de crédit entre Faurie et Penne dont l'un serait relatif à la somme de 100,000 francs garantie par l'inscription hypothécaire et l'autre relatif à celle de 250,000 francs garantie par la consignation des marchandises, il ne suffit pas de consulter l'acte public du 16 août 1836, constitutif de l'hypothèque, qu'il faut le combiner avec l'acte sous seing privé du 19 mars 1836, qui contient l'ensemble des conventions arrêtées entre les parties et qui détermine les parties et les conditions du crédit, que l'acte du 16 août n'a apporté aucune modification aux conventions insérées dans ce traité, qu'il n'en est, au contraire, que la réalisation, ainsi que l'exprime une clause formelle qui le termine et qu'il n'a été passé que pour donner l'existence légale à l'hypothèque déjà convenue par l'acte privé du 19 mars. Attendu qu'il résulte soit de l'ensemble des clauses de ce traité, soit du texte de chacune d'elles prises isolément que la somme de 350,000 francs que Faurie promit d'avancer à Penne au fur et à mesure de ses besoins, n'avait d'autre objet que d'assurer le roulement des usines, que bien que cette somme fût garantie jusqu'à concurrence de 100,000 francs par une hypothèque et jusqu'à concurrence de 250,000 francs sur des fers et fontes provenant des usines, elle n'en constituait pas moins un seul crédit ayant pour but une seule et même opération : qu'ainsi, il ne devait y avoir qu'une seule comptabilité et que Tennière et Dubois sont mal fondés dans leur prétention tendant à obliger Faurie à présenter un compte spécial aux avances faites sur la garantie hypothécaire. »

La Cour suprême (1) a, avec raison, cassé cet arrêt pour violation de l'art. 2127 C. civ. : « Vu l'art. 2127 C. civ., dit-elle, attendu qu'il résulte des faits établis par l'arrêt attaqué, que par acte authentique en date du 16 août 1836, Faurie s'est obligé à titre d'ouverture de crédit de tenir à la disposition de Penne et dame Penne une somme de 100,000 francs avec stipulation que la réalisation du crédit aurait lieu par la remise de sommes diverses, jusqu'à concurrence de 100,000 francs et, qu'à cet effet, il serait ouvert un compte courant spécial, que par le même acte Penne et dame Penne ont consenti une hypothèque jusqu'à concurrence de 100,000 francs. Attendu que, dans cet état, l'arrêt attaqué décide que, pour savoir si le crédit comprenait non seulement les 100,000 francs, mais encore les sommes énoncées dans un acte sous seing privé à la date du 19 mars de la même année, il ne suffit pas de consulter

1. Cass. 1er décembre 1852. Dalloz, 54, 1, 276.

l'acte du 16 août constitutif de l'hypothèque, mais qu'il faut le combiner avec les conventions du 19 mars qui contiennent l'ensemble des conventions arrêtées entre les parties et qui déterminent les clauses et conditions du crédit ; qu'en jugeant ainsi et en statuant sur cette base, l'arrêt attaqué a réglé les effets et l'étendue de l'hypothèque consentie par l'acte du 16 août d'après les dispositions de l'acte sous seing privé antérieur, qu'ainsi il a étendu l'hypothèque résultant de l'acte authentique à des conventions qui n'avaient été réglées que par un acte sous seing privé, qu'ainsi il a violé l'article précité... casse. »

Cet arrêt est conforme au texte de la loi. En effet, si le créditeur avait pu se faire colloquer sur le prix de l'immeuble jusqu'à concurrence de 350,000 francs, montant intégral du crédit ouvert, on se serait trouvé en présence d'une hypothèque constituée par acte sous seing privé pour une somme de 250,000 francs et par acte authentique pour une somme de 100,000 francs. L'arrêt que nous rapportons est aussi conforme aux principes de l'équité. Car les tiers n'avaient pas à consulter l'acte d'ouverture de crédit, mais seulement le titre hypothécaire et l'inscription.

Il y a d'autres cas dans lesquels le créditeur ne peut pas opposer aux tiers l'acte sous-seing privé d'ouverture de crédit. Il est, en effet, souvent stipulé dans cet acte que le créditeur se réserve le droit de prolonger le crédit pendant un certain temps après l'expiration du délai fixé par la convention. Si cette clause n'est pas insérée dans l'acte constitutif de l'hypothèque, le créditeur ne pourra pas invoquer son droit hypothécaire pour les créances nées après la prorogation, car, à l'égard des tiers, le crédit n'est pas susceptible d'être prolongé.

Les deux cas dont nous venons de parler aggravent la situation des tiers, parce qu'ils étendent les droits du créditeur. Mais il y en a aussi qui restreignent la garantie hypothécaire de celui-ci et qui, par suite, améliorent la situation des tiers. Ainsi, supposons que le crédit ouvert soit exclusivement réalisable en espèces, l'hypothèque ne garantira que les créances résultant d'un décaissement de numéraire et non pas celles qui pourraient naître, par exemple, d'un envoi de marchandises. Mais si l'acte constitutif de l'hypothèque ne mentionne pas cette restriction, cet acte rend au créditeur le droit que lui enlève l'acte d'ouverture de crédit; car c'est le titre hypothécaire qui délimite le droit des tiers. Ceux-ci ne sont pas trompés. Ne connaissant pas la clause restrictive, ils ne peuvent pas en tenir compte; et, s'ils ont le droit de repousser les conditions qui ne sont pas mentionnées dans le titre hypothécaire quand elles aggra-

vent leur situation, ils doivent aussi être obligés de
ne pas se prévaloir de celles qui l'améliorent lorsqu'elles ne sont pas insérées dans ce titre. Quant au
crédité, il n'est pas lésé non plus, quelle que soit la
nature de sa dette, il est toujours tenu de désintéresser le créditeur. Il résulte de ce que nous venons
de dire que toutes les créances du créditeur seront
garanties par l'hypothèque malgré la restriction
contenue dans l'acte d'ouverture de crédit.

II. Inscription.

L'inscription hypothécaire ne donne lieu, en matière d'ouverture de crédit, à aucune difficulté lorsque ce contrat est limité quant à la somme et quant
à la durée. Dans ce cas, en effet, les formalités requises par l'art. 2148 C. civ. se concilient bien avec
l'objet de notre étude. Mais il n'en est pas de même
lorsque le crédit est illimité soit quant à chacun de
ces deux éléments soit quant à l'un d'eux seulement.

Si le crédit ouvert est illimité quant à la somme,
l'inscription le transforme en crédit limité. Car, aux
termes de l'article 2148 C. civ. il est indispensable,
pour que l'inscription soit valable et, par suite, confère un rang au créditeur, que le montant de la

créance éventuelle de celui-ci soit indiqué dans cette inscription. C'est là un principe exigé par la loi dans l'intérêt des tiers et dans celui du crédité. Il faut, d'une part, que ce dernier puisse tirer de son immeuble tout le parti possible, et d'autre part il est nécessaire que les tiers soient exactement renseignés sur l'importance du crédit qu'ils peuvent accorder au débiteur. Il ne peut donc pas exister d'ouverture de crédit illimitée quant à la somme, qui soit garantie par une hypothèque parce que l'inscription détruit la clause contenue à cet effet, dans l'acte de crédit. Il suit de là que si les avances atteignent le montant de la somme que mentionne l'inscription, le crédité ne pourra pas réclamer de nouvelles avances sous prétexte que, d'après la convention, le crédit est illimité.

 — L'article 2148 C. civ. n'exige pas seulement que l'inscription fasse mention de la somme que le créditeur compte avancer au crédité, il requiert, en outre, qu'elle indique la date de son exigibilité. L'accomplissement de cette formalité est, assurément, incompatible avec une ouverture de crédit dont la durée n'est pas préalablement déterminée. Aussi, pensons-nous que l'inscription serait nulle si elle ne contenait aucune indication à cet égard, quand bien même elle énoncerait le montant des avances probables. Mais il n'est pas nécessaire que l'inscription relate une date précise. Il suffit que les tiers puissent être approximativement renseignés, et ils le seront s'ils connaissent l'opération en vue de laquelle le crédit a été ouvert. Si, par exemple, le créditeur a consenti l'ouverture de crédit à un entrepreneur de travaux publics en vue de travaux déterminés, les tiers seront suffisamment renseignés, car ils auront à leur disposition tous les éléments nécessaires pour calculer, d'une manière approximative, le temps pendant lequel les travaux dureront.

L'étude de l'inscription dans ses rapports avec l'ouverture de crédit nous conduit à examiner la question suivante : Quel rang faut-il assigner à l'hypothèque constituée à raison d'un crédit ouvert ?

L'hypothèque une fois établie pardevant notaire, le banquier créditeur se rend au bureau du conservateur des hypothèques pour prendre inscription sur l'immeuble grevé, puis il attend ou le porteur des lettres de change sur lui tirées par son client, auxquelles il a promis de faire bon acceuil jusqu'à concurrence du crédit ouvert, ou que le client se présente lui-même à sa caisse pour recevoir tout ou partie de la somme mise à sa disposition. Il peut se faire que le client ne fasse pas immédiatement usage du crédit et que, en conséquence, le jour de l'inscription soit assez éloigné de celui de la première avance.

Cela posé, l'hypothèque prendra-t-elle rang du jour de l'inscription ou du jour de la réalisation des avances? Le problème présente de l'intérêt dans le cas où le client a constitué sur l'immeuble affecté une nouvelle hypothèque au profit d'un tiers prêteur qui a pris inscription dans l'intervalle de temps séparant le jour de la première inscription de celui de la première avance. En supposant le client tombé en faillite, et l'immeuble insuffisant pour désintéresser les deux créanciers, il faudra décider lequel des deux sera colloqué le premier sur le prix de l'immeuble vendu. Si l'hypothèque du banquier prend rang du jour de l'inscription, c'est lui qui passera le premier, si, au contraire, elle ne compte que du jour de l'avance, ce sera le prêteur. Comment la question est-elle résolue?

· Aujoud'hui, il est de jurisprudence constante (1) que l'hypothèque date du jour de l'inscription; mais, dans la doctrine il y a eu et il y a encore controverse sur ce point. Dans notre ancien droit Pothier décidait que l'hypothèque ne devait dater que du jour de la réalisation des deniers par la raison qu'avant cette époque, le crédité n'étant pas encore débiteur, on ne comprenait pas qu'une hypothèque existât sans la dette qu'elle était destinée à garantir. Cette

1. Rouen, 3 août 1864. Sir. 66, 2, 127.

solution pouvait, à la rigueur, se justifier dans notre ancienne France si l'on réfléchit que nos anciens ne pratiquaient pas la publicité et par suite, ne connaissaient pas l'inscription.

De nos jours, M. Troplong (1) a soutenu que l'existence de l'hypothèque constituée pour sûreté d'une ouverture de crédit est soumise à la condition : si le crédité fait usage du crédit. Comme il y a là, d'après lui, une obligation contractée sous condition potestative de la part du crédité, il en conclut que l'hypothèque ne pourra prendre naissance qu'au moment de la réalisation des avances, c'est-à-dire au moment de l'accomplissement de la condition puisque la condition potestative ne produit pas d'effet rétroactif.

Certains auteurs (2) ont admis la même solution mais en basant leur raisonnement sur celui de Pothier. Ils prétendent qu'une dérogation à la règle : *prior tempore potior jure* est imposée par la logique, qu'une hypothèque, droit accessoire, ne peut exister sans un droit principal et que le banquier ne devenant créancier qu'à partir du paiement, il est juste que l'hypothèque ne prenne rang qu'au fur et à mesure des avances successivement réalisées.

Nous croyons que ces diverses solutions doivent

1. Troplong, *Priv. et Hyp.*, tome 2, n° 479.
2. Toullier, VI, n° 546.

être repoussées et nous pensons avec la jurisprudence que l'hypothèque consentie en garantie d'un crédit ouvert doit prendre rang du jour de son inscription sur les registres du conservateur.

Mais à l'appui de cette opinion, on n'a pas toujours invoqué des arguments bien concluants. On a soutenu que le banquier est créancier sous condition suspensive, que la condition, c'est-à-dire le paiement, ayant un effet rétroactif au jour du contrat (art. 1179 C. civ.), il suit de là que l'hypothèque date du jour de l'inscription et non du jour du paiement. Ce système se concilie bien avec la règle : *prior tempore potior jure*; il aboutit, en outre, à une conclusion semblable à la nôtre. Mais nous estimons que si la conclusion est bonne, l'argument invoqué pour y conduire doit être écarté. En effet, le tort de ce système est de confondre la condition avec l'élément essentiel à l'existence d'une obligation. Le paiement effectué par le banquier n'est pas une condition mais l'acte qui constitue le prêt. Tant que les espèces n'ont pas été comptées, il n'y a pas de prêt. Donc le système admis aujourd'hui ne peut pas s'expliquer par la rétroactivité de la condition.

On a cru aussi trouver un argument à l'appui de notre solution dans l'art 4. de la loi du 10 juin 1853 relative aux sociétés de crédit foncier. Cet article est ainsi conçu : « L'hypothèque consentie au profit d'une société de crédit foncier par le contrat conditionnel de prêt prend rang du jour de l'inscription, quoique les valeurs soient émises postérieurement.» Comme on le voit, il n'est pas question dans ce texte d'une ouverture de crédit mais d'un contrat conditionnel de prêt. La société dit à l'emprunteur : « Je consens à vous prêter la somme que vous demandez si telle condition s'accomplit ». Quelle est donc cette condition à laquelle est subordonnée l'existence du contrat de prêt ? Pour la découvrir, il faut savoir que les sociétés de crédit foncier ne peuvent prêter que sur première hypothèque et que l'absence d'inscription n'implique pas toujours qu'un immeuble est libre de toutes charges hypothécaires, les hypothèques légales : celle de la femme mariée, celle du mineur et de l'interdit étant, en principe, dispensées d'inscription (art. 2135 c. civ.) Aussi, ce n'est qu'après avoir procédé à la purge des hypothèques que la société est renseignée sur l'importance du crédit à accorder à l'emprunteur. Il suit de là que la condition dont il s'agit n'est autre que la découverte d'hypothèques légales. Si la procédure de la purge révèle une hypothèque légale, la société ne prêtera pas car la condition est défaillie. Si, au contraire, il ressort de la purge que l'immeuble n'est pas grevé d'hypothèques légales, alors le contrat se consolidera car la condition est accomplie, et, comme

la condition accomplie a un effet rétroactif au jour
du contrat, l'hypothèque datera du jour de l'inscription et non de celui du paiement. Mais ce raisonnement ne peut pas être appliqué à l'objet de
notre étude parce que la réalisation du crédit ne peut
pas, nous l'avons vu, être considérée comme une
condition, mais doit l'être comme un élément essentiel à la formation du contrat.

Voici maintenant les raisons pour lesquelles nous
nous rallions à l'opinion de la jurisprudence qui
fait dater l'hypothèque du jour de l'inscription.
Tout d'abord, cette solution est absolument conforme
aux besoins de la pratique. Comme l'a fort bien fait
remarquer la Faculté de droit de Strasbourg lors de
l'enquête administrative de 1841, il serait contraire
à l'intérêt du crédit de donner à l'hypothèque la date
des avances successivement réalisées ; on enlèverait
ainsi à la convention son caractère propre qui fait
d'elle un moyen de crédit spécial, distinct de l'hypothèque ordinaire. Si, en effet, l'hypothèque ne
prenait rang que du jour des avances au fur et à
mesure de leur réalisation, le banquier qui a ouvert
un crédit à la condition que son droit hypothécaire
ne fût pas entravé, serait autorisé à se faire délivrer
avant le paiement de chaque avance, un extrait du
registre des inscriptions qui aurait pour but de le
renseigner sur la situation hypothécaire de l'immeu-

ble grevé. Car l'hypothèque ne datant que du jour du paiement, rien n'empêcherait le crédité de constituer au profit d'un tiers, dans l'intervalle de deux avances, une nouvelle hypothèque, laquelle serait suivie d'une inscription qui rendrait illusoire celle prise ultérieurement par le créditeur. Or, serait-il bien pratique d'obliger le crédité, chaque fois qu'il aurait besoin de recourir à la caisse du banquier, à présenter à celui-ci un extrait du registre des inscriptions ? serait-il surtout bien pratique d'imposer la même obligation à tous les porteurs de lettres de change tirées par le crédité sur le créditeur ? Non évidemment. Mais ce serait pourtant là une conséquence logique découlant du principe qui consisterait à dire que l'hypothèque prend rang du jour de la réalisation des avances, car le créditeur serait en droit de refuser les fonds si le crédité ne justifiait pas que le gage n'a pas été diminué.

En second lieu, la jurisprudence est, selon nous, en tous points conforme au droit. Le crédité, en effet, n'est pas tenu d'une obligation conditionnelle comme l'enseignent les partisans de l'opinion contraire, mais d'une obligation future. Au moment où il contracte, il s'engage à restituer à l'avenir, à des échéances qui, souvent, sont indiquées dans l'acte de crédit, les sommes qu'il recevra en raison de cet acte. Or il n'est pas contraire au droit que la garantie d'une obligation future précède celle-ci « *prece-dere obligationem aut sequi potest* » disent les Insti-tutes de Justinien (1). D'ailleurs, notre Code civil donne dans son article 2135 une solution semblable à la nôtre dans certains cas analogues à celui qui nous occupe. Ainsi, l'hypothèque du mineur et de l'interdit sur les immeubles de leur tuteur date du jour où celui-ci entre en fonction ; et cependant il arrive qu'à ce moment le mineur et l'interdit n'ont encore qu'une créance éventuelle. De même, il peut se faire que l'hypothèque de la femme mariée sur les immeubles de son mari prenne rang du jour de la célébration du mariage, bien qu'à cette époque la femme ne soit pas encore créancière. C'est ce que la jurisprudence décide lorsque le mari, au cours du mariage, s'est immiscé dans l'administration des biens paraphernaux de la femme.

En outre, notre solution ne fait tort à personne. Les tiers qui voudront traiter avec le crédité seront avertis par l'inscription. Ils sauront que le crédit ouvert pouvant être épuisé, ils seront primés sur le prix de l'immeuble grevé jusqu'à concurrence de la somme portée dans l'inscription.

Enfin, nous verrons que l'opinion à laquelle nous nous rallions est pleinement confirmée par l'art. 5

1. *Inst.*, p. 3, III, XX.

p. 3 de la loi du 23 août 1871 relative à l'enregistrement.

DEUXIÈME CAS

*Les garanties ont été consenties et constituées pendant
la période suspecte*

Le crédité, nous le supposons, a été déclaré en
faillite par jugement du tribunal de commerce en
date du 1er mai 1891, et par suite d'un autre jugement rendu postérieurement, la date de la cessation
des paiements a été reportée au 1er février de la
même année. Pendant cet intervalle de temps, ou
dans les 10 jours qui l'ont précédé, qu'on appelle la
période suspecte, le crédité s'est fait ouvrir un crédit en échange duquel il a constitué une garantie.
Quelle est la valeur de cette garantie ; est-elle nulle
de droit ou seulement annulable ?

Pour résoudre cette question, il importe de distinguer, ainsi que nous l'avons fait précédemment,
entre les différentes sûretés qui peuvent garantir un
crédit ouvert. Nous écarterons, toutefois, l'hypothèse du cautionnement par la raison que le crédité
qui procure au créditeur, pendant la période suspecte, une caution garantissant les avances réalisées
ou à réaliser, accomplit un acte qui ne saurait être

l'objet d'une contestation. En agissant ainsi, le crédité ne diminue pas le gage de ses autres créanciers, car il ne grève guère son patrimoine d'aucune charge. Le cautionnement fourni est donc un acte qui ne cause aucun préjudice à la masse. La caution qui aura été obligée de payer pour le crédité insolvable sera, il est vrai, subrogée dans les droits du créditeur (art. 1251, 3° C. civ.) mais elle ne sera jamais que, comme lui, créancière chirographaire, produisant à la faillite au lieu et place de celui-ci. Il convient, au contraire, d'étudier ce qui adviendrait si la garantie consistait soit en une hypothèque, soit en un gage, soit enfin en une cession de créance.

A. — *Hypothèque*

Deux hypothèques peuvent se présenter ; 1° l'hypothèque a été consentie et constituée en même temps que le crédit a été ouvert, 2° elle a été consentie et constituée après l'ouverture du crédit.

1° *L'hypothèque a été consentie et constituée au moment de l'ouverture du crédit.* — Dans cette hypothèse, l'art. 446, 4° C. comm., ne s'applique pas, car l'hypothèque est concomittante à la naissance de la créance du créditeur, elle en est la condition ; sans cette garantie, le créditeur n'aurait pas prêté. Si la loi déclare nuls de droit certains actes accomplis en temps suspect c'est qu'elle les présume frauduleux. Or, en quoi consisterait la fraude dans notre hypothèse ? Les autres créanciers du crédité ne sont pas lésés, le droit de préférence accordé au créditeur est au contraire très légitime car, en venant en aide au débiteur, il les sauve, peut-être, d'un péril imminent. Mais si l'hypothèque ainsi acquise n'est pas nulle de droit, le juge a cependant le pouvoir de l'annuler parce que les actes accomplis pendant la période suspecte peuvent toujours être annulés quand ils ne sont pas nuls de droit. (Art. 447, C. comm).

2° *L'hypothèque a été consentie et constituée après l'ouverture du crédit.* — L'art 446-4°. C. comm. est alors pleinement applicable, car l'hypothèque a été consentie et constituée pour une dette antérieurement contractée. Elle n'est plus, comme dans l'hypothèse précédente, la condition du prêt. Le créditeur ne remplace pas, dans le patrimoine du crédité la valeur de l'hypothèque par une valeur équivalente en numéraire. Nous sommes en présence d'un créancier qui voyant le mauvais état des affaires de son débiteur, a sollicité de lui une garantie pour améliorer sa position au préjudice de la masse. De créancier chirographaire qu'il était, il a voulu devenir créancier hypothécaire pour primer ses cocréanciers, c'est ce que la loi a cru devoir empêcher en frappant

de nullité un acte destiné à rompre l'égalité qui doit
exister entre tous les créanciers. La jurisprudence
est en ce sens (1).

B. — *Gage.*

Lorsque la garantie d'une ouverture de crédit
porte sur un gage, il faut appliquer les règles que
nous venons d'exposer à propos de l'hypothèque. Le
gage sera nul de droit s'il a été consenti et constitué pour un crédit ouvert antérieurement à la convention et à la constitution de gage (art. 446-4° C.
comm.) Il sera, au contraire, annulable s'il a été con-
comittant à la naissance de la créance éventuelle du
créditeur.

Nous signalerons seulement quelques particula-
rités relatives à cette garantie. Si la sûreté du crédit ouvert consiste en une hypothèque, la constitution de celle-ci a toujours une date certaine puisqu'elle est faite par devant notaire. Mais cette date
n'existe pas quand la garantie du crédit porte sur
un gage parce que la constitution de gage peut, en
principe, s'opérer par la remise de la chose entre
les mains du créditeur (art. 91-1° C. comm. et 109
C. comm.) Dès lors, comment savoir que le gage a

1. Cass. 8 mars 1854. Sir., 56, 1, 170.

ou n'a pas été consenti et constitué au moment où le crédit a été ouvert ? Il y a là, évidemment, une source de fraude. Aussi l'ordonnance de 1673 exigeait-elle, dans ce cas, un acte enregistré. Mais comme la loi de 1863 a supprimé cette formalité, il s'ensuit que la fraude ne peut pas être facilement découverte, ce sera au juge à la rechercher par tous les moyens possibles.

Une seconde particularité a trait à la substitution du gage. Le crédité qui a fait une dation en gage en échange d'une ouverture de crédit peut-il, pendant la période suspecte, reprendre la chose qu'il avait d'abord engagée et la remplacer par une autre de même valeur ? L'affirmative paraît évidente. Cependant, il a été jugé que la chose reprise devenait le gage commun de tous les créanciers et que la nouvelle constitution de gage était nulle de droit par application de l'art. 446-4° C. comm. On disait qu'on ne devait pas tenir compte des considérations d'équité devant un texte aussi formel que l'art. 446. C. comm.

Cette solution a été nettement repoussée, et avec raison, par la Cour de cassation (1). Tout d'abord, en effet, l'art. 446 C. comm. n'est pas applicable car ce texte ne parle pas des substitutions de gage et,

1. Cass. 12 août 1867. Sir., 68, 1, 38.

en matière du nullité, tout est de rigueur. En second lieu, si le gage nouveau était nul de droit, la masse s'enrichirait au détriment d'autrui puisque la chose primitivement donnée en gage est rentrée dans le patrimoine du débiteur. Pour ne pas être en contradiction avec l'équité, il faudrait, tout au moins, si le nouveau gage était nul de droit, laisser subsister l'ancien. Enfin, la substitution ne cause aucun préjudice à la masse; il doit lui être indifférent que le privilège s'exerce sur une chose plutôt que sur une autre du moment que les gages sont de même valeur, tandis qu'au contraire, la substitution peut être très avantageuse pour le débiteur qui trouve une bonne occasion de vendre le premier gage.

Il nous reste, pour terminer sur ce point, à examiner une dernière particularité relative au cas où le gage est représenté par un titre des magasins généraux. Pendant la période suspecte, le crédité a endossé au profit du créditeur soit le récépissé, soit le récépissé et le warrant, soit enfin le warrant seul. Quelle est la valeur de ces actes? sont-ils nuls de droit ou simplement annulables? La solution de la question dépend du point de savoir si l'endossement de ces titres peut être considéré comme un paiement en effets de commerce.

Parmi les titres transmissibles par voie d'endossement, il y en a qui, comme les lettres de change et les billets à ordre, constituent le porteur créancier d'une somme d'argent et qui en conséquence, jouent le rôle de monnaie courante. Ce sont ces titres que vise l'art. 446-3°, par les mots : « tous paiements faits autrement qu'en espèces ou effets de commerce ». Il y en a d'autres tels que les connaissements et les lettres de voiture qui ne donnent au porteur qu'un droit de gage sur des marchandises. Dans quelle catégorie faut-il placer le récépissé et le warrant ?

Le récépissé doit certainement être classé dans la seconde catégorie, car, lorsque le crédité transmet par voie d'endossement le récépissé au créditeur, il ne le rend pas créancier d'un somme d'argent payable à une époque déterminée, mais propriétaire des marchandises représentées par ce titre. Il y a là un paiement par vente, c'est-à-dire une dation en paiement nulle de droit aux termes de l'art. 446-3°, C. comm., même lorsqu'elle a été faite pour acquitter une dette échue.

Quant au warrant, nous pensons qu'une distinction s'impose. Le crédité est-il lui-même déposant et transmet-il le warrant au créditeur en garantie du crédit ouvert, le crédité constitue, dans ce cas, un gage, car le créditeur n'acquiert pas le droit de recevoir une somme d'argent mais de se faire délivrer des marchandises. Il résulte de là que l'art. 446-4°, C. comm. sera applicable et que l'endossement sera nul de droit ou seulement annulable suivant que la transmission aura ou n'aura pas eu lieu en même temps que le crédit aura été ouvert. Au contraire, le crédité a-t-il reçu le warrant d'un tiers déposant qui le lui a endossé, la situation n'est alors plus la même, le crédité est un prêteur, il est créancier d'une somme d'argent et lorsqu'il endosse, à son tour, le titre à l'ordre du créditeur, il ne fait que céder à celui-ci contre le tiers sa créance de somme d'argent. Par conséquent, le warrant entre dans ce cas, dans la première catégorie de titres, il est assimilé à de la monnaie courante comme la lettre de change et le billet à ordre, et il s'ensuit que le crédité qui l'endosse à l'ordre du créditeur fait un paiement qui ne sera pas nul de droit s'il a été destiné à acquitter une dette échue.

C. — *Cession de créance.*

Pendant la période suspecte, un entrepreneur a obtenu d'un banquier une ouverture de crédit en échange de laquelle il a cédé sa créance contre le propriétaire des travaux, quel sera le sort de cette cession en supposant qu'il y ait contestation entre le banquier cessionnaire et le syndic sur le point de savoir si elle est nulle de droit ou seulement annulable?

Voyons, tout d'abord, l'intérêt de la question. Si la cession est nulle de droit, la créance est restée dans le patrimoine de l'entrepreneur et, par suite, dans l'actif de la faillite ; d'où il résulte que le banquier, au lieu d'avoir un droit exclusif au montant de la créance, sera créancier dans la faillite et n'aura, en cette qualité, qu'un simple dividende comme tous les autres créanciers chirographaires. Si, au contraire, la cession est seulement annulable, elle ne peut tomber qu'en vertu d'une décision du juge et cette décision ne peut être prise que s'il est prouvé que le banquier avait connaissance de la cessation des paiements au moment où il a traité avec l'entrepreneur. Si donc la cession n'est pas annulée, le banquier ne sera plus créancier dans la faillite, mais créancier personnel du propriétaire des travaux et, en conséquence, il aura une action directe contre ce dernier qui lui permettra de se faire payer intégralement sur le montant de la créance.

Au premier abord la prétention du syndic semble bien fondée. Elle paraît, en effet, conforme à l'art. 446 3° C. comm. aux termes duquel « sont nuls de droit tous paiements… par transports… pour dettes non échues ». Or, que demande le syndic ? la nullité d'une cession de créance qui n'est pas autre chose qu'un paiement par transport, car, en cédant sa créance, l'entrepreneur paie et se libère envers le banquier créditeur. De plus, il semble que les mots ; « pour dettes non échues » peuvent trouver ici également leur application puisqu'au moment où le banquier a contracté avec l'entrepreneur, celui-ci n'était pas encore devenu débiteur, la promesse de prêt n'étant même pas réalisée.

Cette solution a été admise par la cour de Paris (1) dans un arrêt infirmant un jugement en sens contraire du tribunal de Dreux (2). Cet arrêt est ainsi conçu : « La cour, considérant que les actes notariés passés aux dates des 12 juillet et 12 octobre 1863 dont l'appelant ès-nom demande la nullité constituent, évidemment, entre les parties contractantes, Lecomte et Lauvernier, des paiements par voie de transport, au profit de Lecomte, de dettes non encore échues, que ces actes ont été faits par Lauvernier débiteur, le premier dans les dix jours qui ont précédé l'époque déterminée par le tribunal de commerce comme étant celle de la cessation de ses paiements et le second, postérieurement même à cette époque, qu'en effet, il est reconnu entre les parties que l'époque de la cessation des paiements de Lauvernier a été souverainement fixée au 16 juillet 1863, qu'il suit de là qu'aux termes de l'art. 446 C. comm. les actes dont il s'agit étant nuls et sans effet relativement à

1. Paris, 24 février 1866. Sir., 68, 1, 365.
2. Dreux, 14 mars 1865. Sir., 68, 1, 365.

la masse des créanciers. Considérant qu'au moyen de ce qui précède, il devient sans objet d'examiner les autres moyens de nullité proposés par l'appelant ès-nom contre les actes en question. Infirme, déclare nuls et de nul effet relativement à la masse des créanciers les actes notariés reçus aux dates des 12 juillet et 12 octobre 1863. »

Mais la Cour suprême (1) a, avec raison, cassé cette décision. Voici les motifs de son arrêt : « La Cour, vu les art. 443, 446, C. comm., 1690 et 2075, C. civ. Attendu, en fait, que par les actes des 12 juillet et 12 octobre 1863, il a été convenu entre les parties que Lecomte ouvrirait à Lauvernier un crédit illimité en compte courant, qu'en remboursement de ses avances, Lecomte serait chargé de faire le recouvrement des mandats qui seraient délivrés à Lauvernier en paiement des travaux dont celui-ci s'était rendu adjudicataire pour le compte du département d'Eure-et-Loir et que, pour garantir l'exécution de ses engagements, Lauvernier a cédé à Lecomte toutes les sommes qui pourraient lui être dues par le département, que ce transport a été notifié au payeur général et au receveur général par exploits des 12 juillet et 16 octobre 1863 et que ce n'est que par jugement du 25 février 1864 que Lauvernier a

1. Cass. 24 juin 1868. Sir., 68, 1, 385.

été déclaré en état de faillite dont l'ouverture a été reportée au 16 juillet 1863 par autre jugement du 28 avril 1864. Attendu, en droit, que le failli n'étant, d'après l'art. 443 C. comm., dessaisi de l'administration de ses biens que par le jugement déclaratif de la faillite, les actes qu'il a passés avec des tiers, avant ce jugement, sont réputés valables, sauf les exceptions prévues par l'art. 446 du même Code. Attendu qu'aux termes de cet article 446, les paiements par voie de transport, les hypothèques et les nantissements consentis par le failli depuis la cessation de ses paiements et dans les dix jours qui l'ont précédée ne sont annulés de plein droit que lorsqu'ils ont eu pour objet des dettes antérieurement contractées, que cet article cesse d'être applicable lorsque les transports, les hypothèques et les nantissements ont été consentis par le failli en même temps que la dette qu'ils sont destinés à garantir et dont ils forment une condition essentielle, qu'il suit de là qu'en déclarant nuls les actes dont il s'agit par application de l'art. 446, l'arrêt attaqué a violé ledit article ainsi que les autres articles ci-dessus visés... Casse. »

Nous approuvons complètement les considérants de cet arrêt, bien qu'ils ne soient pas conformes au texte même de l'art. 446-4°, C. comm., qui, en ce qui concerne les garanties qu'il frappe de nullité quand elles ont été constituées, pendant la période suspecte, pour dettes contractées antérieurement à leur constitution, ne vise que l'hypothèque conventionnelle ou judiciaire, l'antichrèse et le nantissement, mais ne parle pas du transport. S'il est vrai qu'en matière de nullité tout est de rigueur, il convient aussi de rechercher plutôt l'esprit que la lettre de la loi ; or, il ressort clairement de l'espèce que nous rapportons que l'entrepreneur a voulu, non pas faire un paiement, mais donner une garantie au banquier en échange du crédit ouvert. Il faut donc assimiler la cession à l'hypothèque, à l'antichrèse et au gage et dire qu'elle ne sera pas nulle de droit si elle a été consentie et opérée au moment de l'ouverture du crédit.

TROISIÈME CAS.

Les garanties ont été consenties avant la période suspecte et constituées pendant cette période.

Le crédité dit à son banquier: « En échange des fonds que vous m'avancez, je vous promets un gage ou une hypothèque. » Puis, quelques jours après, pendant la période suspecte, il met le créditeur en possession du gage ou il constitue l'hypothèque. Sommes-nous là en présence d'un acte nul de droit ou seulement annulable. La jurisprudence est divisée sur ce point. Nous venons de voir que la garantie affectée à la sûreté d'un crédit ouvert est nulle de droit quand elle a été consentie et constituée postérieurement à la naissance de la créance éventuelle du créditeur.

Il y a cependant un cas dans lequel l'art. 446, C. comm., n'est pas applicable, alors même que l'ouverture de crédit précéderait la constitution de la garantie. Il en est ainsi lorsque le crédit ouvert est joint à un compte courant.

Les parties travaillent en compte courant. Des avances ont été fournies et portées au débit du crédité. Puis ce dernier consent et constitue, pendant la période suspecte, une sûreté quelconque, une hypothèque, par exemple, au profit du créditeur. Cette sûreté garantira non seulement les avances ultérieures, mais encore celles qui étaient déjà inscrites au débit du compte au moment de la constitution de l'hypothèque.

Il en est ainsi parce que, tant que le compte court, il n'y a ni créance ni dette, mais seulement des articles de crédit et de débit qui forment un tout indivisible et qui se compensent pour donner naissance à un solde. C'est à ce solde que l'hypothèque est affectée. La jurisprudence est en ce sens (1).

1. Cass. 20 décembre 80, 81, 1, 162.

Dans une première opinion admise par la Cour de cassation (1) à propos d'une constitution de gage, on dit qu'en mettant, pendant la période suspecte, le créancier en possession du gage promis, le débiteur exécute une obligation, qu'il paie une dette échue et que les paiements de dettes exigibles ne tombent pas sous le coup de l'art. 446, C. comm. ; que la mise en possession du gage, de même que l'inscription hypothécaire, sont des formalités de publicité dérivant d'actes valables qui doivent pouvoir être accomplies même après la cessation des paiements. On reconnaît, il est vrai, que les parties peuvent s'entendre pour laisser le bien engagé dans le patrimoine du débiteur de manière à faire jouir celui-ci d'un faux crédit. Mais on fait observer que si la fraude est prouvée, l'art. 447, C. comm., est alors applicable. On ajoute que le syndic de la faillite du débiteur ne doit pas avoir le droit d'anéantir une sûreté sur laquelle le créancier était autorisé à compter. Enfin, on dit que si la constitution de gage était nulle par cela seul que la mise en possession a été opérée pendant la période suspecte, le créancier gagiste serait traité à deux points de vue plus rigoureusement que le créancier hypothécaire. En effet, la constitution de gage serait frap-

1. Cass. 20 janvier 1886. Sir., 86, 1, 305.

pée d'une nullité de droit, tandis que l'inscription hypothécaire n'est soumise qu'à une nullité purement facultative pour le juge. En second lieu, le créancier gagiste serait privé de la sûreté à lui consentie dans le cas où la cessation des paiements surviendrait, par exemple, le lendemain de la constitution ; au contraire, la constitution d'hypothèque n'est atteinte par la nullité facultative de l'art. 448 2° C. comm., que si le créancier hypothécaire a pris inscription plus de quinze jours après la constitution d'hypothèque.

Nous ne croyons pas devoir nous rallier à cette opinion. Nous préférons décider, ainsi que l'a fait, d'ailleurs, la Cour de Paris (1), que la sûreté, gage ou hypothèque, constituée pendant la période suspecte pour dettes contractées au moment où elle a été promise, est nulle de droit. En effet, l'opinion que nous combattons a le tort, suivant nous, de confondre la promesse de gage avec la constitution de cette garantie. Sans doute, le système contraire au nôtre serait bien fondé si le gage était un contrat consensuel au lieu d'être un contrat réel, car, dans ce cas, il serait vrai de dire que la mise en possession n'est qu'une formalité de publicité et que la constitution de gage a lieu au moment où la dette

2. Paris, 7 juillet 1886. Sir., 87, 2, 67.

prend naissance. Mais telles ne sont pas les règles du droit sur ce point. Le contrat étant réel et non pas consensuel, il s'ensuit qu'il n'est formé que lors de la mise en possession, que cette mise en possession constitue bien l'exécution d'une obligation d'un paiement, mais l'exécution d'une obligation dérivant d'une promesse de gage et non pas d'un contrat de gage, c'est-à-dire, d'une constitution de gage. C'est donc la promesse de gage qui est concomittante à la naissance de la créance du banquier créditeur et non pas la constitution de cette sûreté. Celle-ci n'apparaît que pendant la période suspecte, ce qui la soumet à l'art. 446 4° C. comm., dont la portée des mots ne saurait être changée, étant donné que nous sommes en matière de nullité.

En second lieu, le système que nous essayons de réfuter a, selon nous, le tort d'assimiler la constitution de gage à l'inscription hypothécaire. Il y certainement une analogie entre ces deux actes juridiques au point de vue de la publicité. Ainsi, la mise en possession est la publicité du gage comme l'inscription est la publicité de l'hypothèque. Mais, cette ressemblance mise à part, une différence profonde les sépare. La première est un élément essentiel duquel dépend l'existence même du contrat, tandis que la seconde n'est qu'une simple formalité à défaut de laquelle l'hypothèque n'en existe pas moins. L'inscription annonce un contrat qui est déjà né, la mise en possession donne, au contraire, naissance à un contrat. On ne peut donc pas appliquer les mêmes règles juridiques à des éléments de droit aussi dissemblables. Ce n'est pas à l'inscription hypothécaire que correspond la mise en possession du gage, c'est à la constitution d'hypothèque, c'est-à-dire à l'acte passé par devant notaire. Si nous mettons ces deux actes sur la même ligne, nous constat... que les règles applicables à l'un sont également applicables à l'autre. Ainsi, la constitution d'hypothèque opérée au temps suspect sera nulle de droit aussi bien que la constitution de gage, lorsqu'elle ne sera que l'exécution d'une promesse d'hypothèque concomittante à la naissance d'une créance.

On a pourtant essayé de valider ces constitutions de gage ou d'hypothèque en donnant date certaine à la promesse, c'est-à-dire, en la faisant enregistrer. Mais ce moyen d'échapper à la nullité ne saurait être invoqué attendu que l'art. 1328, C. civ., n'est pas nécessairement applicable en matière commerciale.

Enfin, si la constitution frauduleuse d'un gage ou d'une hypothèque opérée pendant la période suspecte en raison d'une prétendue promesse n'était sanctionnée que par l'art. 447, C. comm., on peut penser que l'application de ce texte à ce cas ne se

présenterait pas souvent, la fraude devant être prononcée. Avec la nullité de droit, la fraude n'est pas
possible et, d'ailleurs, l'esprit de la loi, en notre matière, est plutôt préventif que répressif.

DEUXIÈME PARTIE.

Réalisation de l'ouverture de crédit.

Réaliser une ouverture de crédit, c'est procurer directement, ou indirectement au crédité les fonds qui lui ont été promis pour qu'il puisse mener à bonne fin l'opération qu'il dirige. La réalisation de l'ouverture de crédit est donc l'exécution de l'obligation du créditeur, l'acquittement d'une dette dont il est tenu envers son client et qui est sanctionnée, ainsi que nous l'avons dit plus haut, au profit de ce dernier, par une action en dommages-intérêts. Les règles relatives à la réalisation de l'ouverture de crédit peuvent se grouper autour des trois questions suivantes. Dans la première, on peut se demander de quelle manière s'opère la réalisation ; dans la seconde, quels en sont les effets ; et enfin, dans la troisième, comment elle se prouve. Nous étudierons successivement ces trois questions en consacrant à chacune d'elles un chapitre spécial.

CHAPITRE PREMIER.

COMMENT S'OPÈRE LA RÉALISATION DE L'OUVERTURE DE CRÉDIT.

La pratique des affaires nous révèle l'existence de trois modes de réalisation de l'ouverture de crédit, qu'elle soit civile ou commerciale, ou bien qu'elle soit ou ne soit pas garantie par une sûreté réelle ou personnelle. Tantôt, le créditeur verse les fonds entre les mains du crédité lui-même qui, en échange de ces avances, lui souscrit des billets à ordre ou lui fait escompter des lettres de change ou autres valeurs négociables de portefeuille. D'autres fois la réalisation consiste, non pas comme dans le cas précédent, en un décaissement d'espèces, mais en la restitution d'effets de commerce que le crédité avait endossés à l'ordre du créditeur antérieurement à l'ouverture du crédité. Tantôt enfin, le créditeur exécute bien son obligation en déboursant du numéraire, mais au lieu de le compter, comme dans la première hypothèse, au crédité lui-même, il le remet aux porteurs de lettres de change ou de chèques sur lui tirés par le crédité ou par un tiers pour le compte de celui-ci.

Il va de soi que l'obligation du créditeur peut être acquittée uniquement au moyen d'un de ces trois modes de réalisation. Mais, très souvent, le crédit étant ouvert par compte courant, il arrive que ces trois modes se rencontrent simultanément dans la même ouverture de crédit et que, suivant les circonstances, le crédité tire sur le créditeur, tour à tour des lettres de change ou des chèques, ou bien lui présente des traites à l'escompte, ou bien enfin lui souscrit des billets à ordre. Ainsi, le crédité veut-il effectuer un paiement, il tirera un chèque ou une lettre de change sur le créditeur et l'endossera à l'ordre de son créancier qui ira, en temps utile, en recevoir le montant chez le tiré. A-t-il, au contraire, besoin d'une certaine quantité de numéraire, il se présentera lui-même ou par l'intermédiaire d'un mandataire muni d'un chèque à la caisse du créditeur et lui souscrira en échange des espèces des billets à ordre ou lui fera escompter des lettres de change. Mais comme chacun de ces différents moyens de réalisation est régi par des règles qui lui sont propres, nous les étudierons séparément. Nous examinerons ensuite, pour terminer notre premier chapitre, si, dans le cas où l'ouverture de crédit est garantie par une sûreté quelconque, le créditeur qui veut rentrer dans le montant de ses avances en cédant par voie d'endossement les effets dont il est porteur, transmet, en même temps, la sûreté affectée au crédit ouvert.

I. Premier mode de réalisation.

Le créditeur verse les fonds entre les mains du crédité lui-même.

C'est ce qu'on appelle, dans la pratique, la réalisation par avances directes. Il est évident que le créditeur pourrait se contenter de mentionner sur ses livres les versements par lui effectués. Cela suffirait, nous le verrons, pour en établir la preuve, surtout si le crédit a été ouvert en vue d'une opération de commerce. Il pourrait, en conséquence, attendre que le crédité lui restituàt les avances soit aux diverses échéances stipulées dans l'acte d'ouverture de crédit, soit à l'expiration du délai fixé par la convention. Mais ce n'est pas, en général, ainsi qu'il procède. Il cherche plutôt un moyen facile de rentrer à sa volonté dans ses fonds pour le cas où il en aurait besoin avant que le crédité ne les lui eût remboursés, et c'est pour atteindre ce but qu'il se fait souscrire des billets à ordre par le crédité ou exige qu'il lui présente des lettres de change à l'escompte quand bien même le crédit serait garanti par une des sûretés que nous avons étudiées dans notre première partie. Examinons donc successivement ces deux cas.

PREMIER CAS.

Le créditeur se fait souscrire des billets à ordre par le crédité en échange des avances qu'il lui procure.

Cette manière d'opérer est particulièrement usitée lorsque le crédité est un entrepreneur. Celui-ci, en effet, s'adresse de préférence au banquier de sa localité, ce qui exclut, en principe, l'emploi de la lettre de change comme moyen de réalisation. Car, le créditeur ne peut pas autoriser son client à faire traite sur lui puisque dans notre législation, la lettre de change doit être tirée d'une place sur une autre. De plus, il est rare que le crédité ait des traites à présenter à l'escompte, attendu que, le plus souvent, le maître des travaux sur lequel il pourrait tirer n'est plus son débiteur mais celui du banquier créditeur auquel il a cédé sa créance en garantie du crédit ouvert. Au surplus, le créditeur lui escomptera difficilement d'autres effets, étant donné que, en général, les clients d'un entrepreneur n'acquittent pas régulièrement leurs dettes ou, tout au moins, ne se libèrent qu'à longue échéance. Ce sont donc ordinairement des billets à ordre que le créditeur se fait souscrire en échange des sommes avancées au crédité qui exerce la profession d'entrepreneur.

Cela posé, deux situations pourront se présenter. Ou bien, suivant les conventions relatées dans l'acte d'ouverture de crédit, le crédité fera immédiatement usage du crédit tout entier, ou bien, il ne le prendra que par fraction. Dans le premier cas, il souscrira à l'ordre du créditeur une série de billets à ordre dont les échéances seront échelonnées périodiquement pendant toute la durée du crédit. Dans le second, il souscrira un ou plusieurs billets au fur et à mesure des versements qui lui seront effectués. Dans ces deux situations, les billets sont, d'après les conventions, renouvelables à leur échéance, c'est-à-dire que le crédité n'est pas tenu de les acquitter en espèces, mais de procurer au créditeur en échange du billet échu un autre billlet payable à une échéance ultérieure. S'il n'en était pas ainsi, le crédité ne bénéficierait pas du crédit qui lui est ouvert, puisqu'il paierait un acompte avant le terme fixé pour la restitution des avances. Le crédité serait cependant obligé de réserver bon accueil aux billets qu'il a souscrits si le créditeur, ayant besoin de rentrer dans ses fonds, les avait mis en circulation. Mais alors, le créditeur devrait faire à son client la somme nécessaire pour qu'il les acquittàt. Autrement, ainsi que nous venons de le dire, le créditeur apporterait une restriction à l'étendue du crédit qu'il a accordé, il reprendrait d'une main ce qu'il a donné de l'autre, car, en principe, le crédité qui donne un acompte sur le montant du crédit qu'il a reçu, ne peut pas se le faire verser à nouveau, à moins, toutefois, que le crédit ouvert ne soit accompagné d'un compte courant. Dans ce cas, en effet, le paiement des billets à l'échéance ne diminue pas les avantages que le crédité peut tirer du crédit, attendu que l'existence d'un compte courant lui permet de reprendre après avoir payé. Si donc le crédit est ouvert par compte courant, il n'est pas absolument nécessaire que les billets soient renouvelables pour que le crédité puisse profiter des avantages que confère l'ouverture de crédit. Il suffit que le créditeur soit à découvert du montant du crédit dans l'intervalle de temps qui sépare le dernier versement de la première échéance.

DEUXIÈME CAS

Le créditeur reçoit du crédité des effets de commerce à l'escompte en échange des sommes qu'il lui avance.

Cette hypothèse implique évidemment que l'ouverture de crédit se combine avec le compte courant, car en remettant, en échange d'une avance, des lettres de change ou autres effets de commerce à l'escompte chez le créditeur, le crédité ne prend pas seulement l'engagement de rembourser ainsi qu'il le fait lorsqu'il souscrit des billets à ordre ; il fait plus, il exécute une obligation, il donne au créditeur l'équivalent de ce qu'il reçoit. Car, celui-ci, devenu, par l'endossement, cessionnaire de la créance représentée par chacun de ces effets, est appelé à rentrer, à l'échéance, dans le montant de la provision fournie aux tirés ou aux souscripteurs, c'est-à-dire dans les fonds qu'il a déboursés au crédité. Chaque paiement d'un de ces effets équivaut donc à un acompte donné par un tiers pour le compte du crédité : et comme en l'absence d'un compte courant, ce dernier ne peut pas faire de nouvelles remises et, par suite, en recevoir la contre-valeur sous certaines déductions dont nous parlerons plus loin, il en résulte qu'il ne peut exister ici d'ouverture de crédit s'il n'y a pas en même temps compte courant. Ce qui caractérise, en ce cas, l'ouverture de crédit, c'est la faculté que doit avoir le crédité de présenter des effets à l'escompte au fur et à mesure que ceux qu'il a remis précédemment sont échus et acquittés par les débiteurs. Si le crédité n'a pas ce droit, on ne se trouve pas en présence d'une ouverture de crédit, mais d'une simple opération d'escompte. Le compte courant est donc une condition essentielle de l'existence de l'ouverture de crédit par voie d'escompte.

Le créditeur devant être remboursé par des tiers, on comprend qu'il prenne toutes ses précautions pour n'être pas trompé et pour éviter autant que possible les risques de l'insolvabilité des débiteurs. Aussi les actes d'ouverture de crédit contiennent-ils souvent des clauses qui autorisent le créditeur à ne pas escompter tous les effets qui lui seront présentés et à n'admettre à l'escompte que ceux qui réuniront certaines conditions limitativement déterminées. Ainsi, il est ordinairement stipulé que le montant de chaque effet ne devra pas s'élever au-dessus de telle somme, ou qu'ils seront à échéance ne dépassant pas trois mois, ou bien qu'ils devront ne pas être payables dans des localités où les recouvrements sont difficiles et sur lesquelles, par conséquent, le change est élevé, ou bien enfin, que les débiteurs principaux ou subsidiaires de ces effets seront d'une solvabilité notoire. La première de ces conditions est requise pour que le créditeur soit toujours en mesure de faire face aux demandes du crédité et la seconde pour qu'il puisse rentrer à bref délai dans ses fonds. La troisième le met à même de se renseigner facilement sur la solvabilité des débiteurs tout en lui assurant une négociation peu coûteuse. Enfin, par la quatrième, il se met à l'abri des risques résultant du défaut de paiement à l'échéance ainsi que de ceux provenant de la création d'effets de complaisance.

Mais il arrive fréquemment que les actes d'ouverture de crédit ne contiennent sur le point qui nous occupe qu'une seule et unique clause. Il est dit que le créditeur n'escomptera que les effets qu'il jugera à sa satisfaction. C'est là, suivant nous, une clause qui tombe sous le coup de l'art. 1174 C. civ. et qui, en conséquence, rend nulle l'ouverture de crédit ainsi que la garantie qui peut y être affectée. Car, dans ce cas, le créditeur est débiteur et son obligation est contractée sous une condition potestative de sa part. En se réservant, en effet, le droit de n'escompter que les valeurs qu'il jugera à sa satisfaction, il se rend par cela même libre de n'en trouver aucune à sa convenance et de les refuser toutes. Son engagement n'est pas réel et sérieux. Il dépend de sa volonté et même de son caprice de le remplir ou de le laisser sans exécution. L'obligation du créditeur est donc nulle ainsi que la sûreté qui le garantit, lorsqu'il la contracte sous la condition de n'admettre à l'escompte que les effets qu'il jugera à sa satisfaction.

Si, en fait, le créditeur avait consenti à escompter

des effets, ce n'est pas à dire pour cela que cet acte serait une ouverture de crédit; il n'y aurait là qu'une simple opération d'escompte, puisque le créditeur resterait libre de ne pas escompter les valeurs qui lui seraient ultérieurement présentées. Seulement, nous pensons que la sûreté stipulée garantirait le paiement de ces effets; car, s'il est vrai de dire qu'elle est nulle en tant qu'elle est attachée à une ouverture de crédit nulle, il n'est cependant pas douteux qu'elle ait été consentie pour garantir le paiement des effets escomptés.

On voit donc que la clause qui permet au créditeur de ne prendre à l'escompte que les valeurs qu'il trouvera à sa satisfaction est destructive de l'ouverture de crédit et qu'elle met, par cela même, le crédité à la merci du créditeur. Celui-ci, en effet, peut, s'il le veut, se soustraire impunément à l'exécution d'une obligation sur laquelle le crédité a le droit de compter et causer à ce dernier un préjudice considérable en l'empêchant de faire honneur à ses engagements.

Un tel inconvénient serait certainement évité si à une clause aussi vague et aussi ambiguë on substituait les conditions nettes et précises que nous avons indiquées plus haut et qui se trouvent souvent contenues dans les actes d'ouverture de crédit. Lié par de telles clauses, le créditeur ne pourrait pas méconnaître son engagement. Il serait tenu d'escompter les valeurs qui réuniraient toutes les conditions insérées dans l'acte, et dès l'instant que les effets seraient revêtus de bonnes signatures, que leur négociation ne serait pas trop coûteuse et que leurs échéances ne dépasseraient pas trois mois, il ne pourrait pas les refuser, ou du moins, son refus, au lieu de rester inattaquable comme dans l'hypothèse que nous critiquons, serait alors sanctionné par une action en dommages-intérêts au profit du crédité.

II. Second mode de réalisation.

Le créditeur restitue au crédité des billets à ordre souscrits antérieurement à l'ouverture du crédit.

Ce mode de réalisation implique évidemment que le crédité est débiteur du créditeur depuis une époque antérieure à l'ouverture de crédit et que sa dette est constatée par des billets à ordre qui sont encore, nous le supposons, dans le portefeuille du créancier. Il implique en outre que ces billets sont échus et que le débiteur, se trouvant dans une situation embarrassée, va trouver son créancier à l'effet d'obtenir de lui une prorogation d'échéance. Le créancier consent à la lui accorder, mais à la condition qu'il lui ouvrira un crédit qui comprendra la créance prorogée et qui sera garanti par une sûreté quelconque, par exemple par une hypothèque. Ceci convenu, le créditeur restitue au crédité les anciens billets et s'en fait souscrire d'autres pour les remplacer.

Cette combinaison donne lieu à l'examen d'une question importante qui s'y rattache étroitement. La restitution des anciens billets équivaut-elle à une nouvelle avance de fonds, à la réalisation du crédit ouvert ? Le crédité est-il réputé, en recevant les anciens billets, avoir acquitté son ancienne dette et avoir reçu de nouveau une somme égale en échange des renouvellements ? En d'autres termes, le créditeur a-t-il, tout en rendant service à son débiteur, avantagé sa situation en transformant au moyen d'une novation sa créance chirographaire en une créance hypothécaire ? Telle est la question à l'étude de laquelle nous arrivons maintenant. Nous croyons que pour la résoudre, il est nécessaire de distinguer les deux cas suivants : 1° Le crédité est déclaré en faillite. 2° Le crédité n'est pas déclaré en faillite.

PREMIER CAS.

Le crédité n'est pas déclaré en faillite.

La restitution des anciens billets équivaut à une

avance nouvelle dont les renouvellements sont la couverture. En effet, par suite de cette opération qui évite un déplacement inútilo de numéraire, le créditeur est censé recevoir le montant de sa créance puis le verser à nouveau dans la caisse du crédité à titre d'avance faite en vertu de l'ouverture de crédit. D'où il résulte que l'ancienne créance qui était chirographaire se trouve remplacée par une autre qui est hypothécaire. Rien dans nos lois ne s'oppose à la validité d'une telle combinaison, bien qu'en fait les parties n'y aient recours que pour donner au créditeur un droit de préférence sur les autres créanciers. Car ces derniers, ayant saisi la foi de leur débiteur, sont soumis à toutes les fluctuations que subit son patrimoine. Ils ne peuvent pas critiquer une aliénation à titre onéreux ou même à titre gratuit, à plus forte raison n'ont-ils pas le droit de contester une simple constitution de droit réel. La restitution des anciens billets donne donc naissance à une nouvelle créance garantie par une hypothèque dont la validité ne saurait être mise en doute.

DEUXIÈME CAS.

Le crédité est déclaré en faillite.

Ici, la situation peut ne pas être la même. Si la

date de la cessation des paiements remonte à une époque antérieure à l'ouverture de crédit, il nous parait certain que le raisonnement que nous avons exposé dans le premier cas ne peut pas être tenu dans le second. Que suppose-t-on, en effet, dans la précédente hypothèse? qu'à l'ancienne dette est substituée une dette nouvelle par suite d'un paiement fictif suivi d'une restitution fictive d'espèces. Or, accompli pendant la période suspecte, un tel acte est certainement nul de droit, puisque l'art. 446 3°, C. comm. déclare tels tous paiements pour dettes échues faits autrement qu'en espèces ou effets de commerce. Les paiements qui ne sont pas nuls de droits sont ceux qui sont effectués réellement en espèces ou effets de commerce. C'est pour ceux-là seulement que la loi a créé une exception, et comme les exceptions ne peuvent pas être étendues d'un cas à un autre, il s'ensuit que les paiements fictifs sont nuls de droit comme les dations en paiement. L'ancienne dette subsiste donc et la novation ne s'opérant pas il se trouve que malgré l'existence des renouvellements, l'hypothèque est constituée pour une dette antérieurement contractée, ce qui la rend aussi nulle de droit aux termes de l'art. 446 4° C. comm. A l'appui de notre raisonnement nous invoquons non-seulement le texte de la loi, mais encore l'équité. Si la novation s'opérait, l'hypothèque, concomitante à la naissance de la nouvelle créance, ne serait pas nulle de droit. Dès lors, rien n'empêcherait le débiteur de se servir de l'ouverture de crédit pour avantager un créancier au détriment des autres. Un créancier voyant que les affaires de son débiteur périclitent, trouverait là un moyen de se soustraire aux dispositions si équitables de l'art. 446 3° et 4° C. comm. et, par suite, de s'assurer le paiement intégral de sa créance. La constitution d'hypothèque serait, il est vrai, soumise à l'art. 447 C. comm.; mais cet article n'est pas inexorable et son application est subordonnée à l'existence d'un fait qui n'est pas toujours facile à prouver : la connaissance de la cessation des paiements de la part du créancier. Au surplus, si l'art. 446 n'était pas applicable, l'ouverture de crédit serait souvent détournée de son but. Au lieu de faciliter le crédit et de simplifier les comptes, elle deviendrait pour les créanciers ou les débiteurs de mauvaise foi, un instrument propre à éluder la loi ; et il en résulterait que cette institution n'inspirant plus confiance, perdrait peu à peu toute l'importance que justifient les immenses avantages qu'elle peut procurer.

La jurisprudence actuelle admet la solution que nous venons d'indiquer. Mais il n'en a pas toujours été ainsi. La cour de Rouen (1), appelée à se pro-

1. Rouen, 3 août 1864. Sir., 66, 2, 127.

noncer sur notre question, a décidé, dans un arrêt en date du 3 août 1864, que l'ouverture de crédit opérait novation et que, en conséquence, l'hypothèque constituée pour sûreté de ce crédit garantissait les renouvellements de billets antérieurement souscrits. Voici l'espèce : Un sieur Aubert fils, débiteur d'une dame veuve Bougourd pour une somme de 40,000 francs, lui avait souscrit des billets à ordre jusqu'à concurrence de ce chiffre. Ces billets n'ayant pas été payés à l'échéance, la dame veuve Bougourd se les fit renouveler par son débiteur à qui elle ouvrit un crédit hypothécaire. Peu de temps après, Aubert fils étant déclaré en faillite, la date de la cessation de ses paiements fut fixée à une époque antérieure à l'ouverture de crédit et le syndic fut, par cela même, amené à contester la validité de l'hypothèque, alléguant qu'elle avait été constituée pour une dette antérieurement contractée (art. 446 4° C. comm.). La cour donna cependant gain de cause à la dame Bougourd en motivant ainsi son arrêt : « Attendu que, par acte passé devant M. Hervieu, notaire à Cormeilles, le 28 août 1862, Madame veuve Bougourd a ouvert au sieur Aubert fils, sous le cautionnement solidaire du sieur Aubert père, un crédit de 50,000 francs. Attendu que Madame Bougourd est admise à la faillite Aubert fils pour 16.561 fr. 44 c. sous réserve d'une somme de 960 pour droits d'enregistrement et d'hypothèque. Attendu que c'est en vain que le syndic de la faillite du sieur Aubert fils prétend qu'avant l'ouverture de crédit Madame Bougourd était créancière d'environ 40,000 francs et que sa créance ne se compose en majeure partie que de renouvellements de cette ancienne somme. Attendu en effet que la dette préexistante a été payée par des opérations nouvelles et que dès lors elle demeure éteinte. Attendu qu'il est constant pour le tribunal que ce qui a eu lieu était bien dans l'intention des parties, qu'ainsi une nouvelle dette est substituée à l'ancienne ».

La cour de Rouen admet donc qu'une nouvelle créance est substituée à l'ancienne parce que la dette préexistante a été payée par des opérations nouvelles. Mais c'est là, suivant nous, une affirmation purement gratuite qu'il aurait fallu tout d'abord démontrer, ce que n'a pas fait la cour de Rouen. Quelles sont donc les opérations qui ont éteint la dette préexistante ? Ce ne sont pas, assurément, des paiements réels et effectifs, puisqu'au jour de l'échéance, le débiteur était déjà insolvable. Ce ne peut donc être que des opérations qui ne sont pas des paiements véritablement effectués en espèces ou effets de commerce. Or, de telles opérations sont nulles de droit lorsqu'elles sont accomplies pendant la période suspecte, et la volonté des parties ne saurait, en ce cas, s'opposer à celle du législateur (art. 6 C. civ.). L'ancienne dette subsistait donc et la prétention du syndic étant bien fondée, la dame veuve Bougourd n'aurait dû être admise à la faillite Aubert fils que pour une somme de 16,561 fr. 44 c. comme créancière hypothécaire, sauf à se présenter comme créancière chirographaire pour le montant des billets souscrits avant l'ouverture du crédit, c'est-à-dire pour 40,000 fr. environ.

Cette solution de la cour de Rouen était conforme à celle qu'avait donnée, en pareil cas, la cour de cassation (1) dans un arrêt rendu le 2 juin 1863. Mais la cour suprême (2) prévoyant sans doute les abus que sa jurisprudence allait engendrer et se basant d'ailleurs sur la lettre même de la loi, décida, dans un arrêt en date du 17 mars 1873, que l'hypothèque constituée pour sûreté d'un crédit ouvert pendant la période suspecte ne s'attachait pas aux renouvellements de billets antérieurement souscrits. L'affaire sur laquelle elle avait à se prononcer était la suivante : Le comptoir d'escompte d'Annecy était porteur de billets souscrits par un sieur Morand. Ces billets étant restés impayés à l'échéance, le comptoir d'escompte les restitua au

1. Cass. 2 juin 1863. Sir., 63, 1, 335.
2. Cass. 17 mars 1873, Sir., 74, 1, 244.

souscripteur contre des renouvellements qui furent garantis par l'hypothèque affectée à un crédit ouvert pour la circonstance. Mais quelque temps après, Morand fut déclaré en faillite ; et, comme la date de la cessation de ses paiements fut reportée à une époque antérieure à l'ouverture du crédit et à la constitution d'hypothèque, le syndic trouva juste de demander, dans l'intérêt de la masse, la nullité de l'hypothèque, étant donné qu'elle avait été consentie pendant la période suspecte pour une dette antérieurement contractée. La cour rendit un arrêt en faveur du syndic. « Attendu, dit-elle, que l'art. 446 déclare nulle et de nul effet relativement à la masse lorsqu'elle a été consentie par le débiteur depuis l'époque déterminée par le tribunal de commerce comme étant celle de la cessation de ses paiements, toute hypothèque conventionnelle constituée sur les biens du débiteur pour dette antérieurement contractée. Attendu, en fait, que par acte authentique du 21 mars 1867, Morand a consenti hypothèque sur ses immeubles pour garantir un crédit ouvert à son profit par le comptoir d'escompte, qu'il résulte des documents versés au procès, souverainement constatés et appréciés par l'arrêt attaqué, qu'aucuns deniers n'ont été versés dans l'actif de Morand en exécution de cet acte et que l'hypothèque avait pour but et pour effet de

garantir le paiement de billets souscrits par Morand
à l'ordre de Machard, endossés par ce dernier au
profit du comptoir d'escompte d'Annecy, protestés
faute de paiement à l'échéance et dont le comptoir
d'escompte était porteur au 21 mars 1867, que
l'hypothèque concédée dans ces circonstances garantissait des dettes antérieurement constatées, que
d'un autre côté, l'époque de l'ouverture de la faillite
de Morand a été fixée au 1ᵉʳ décembre 1866 aux
termes d'un jugement du tribunal de commerce
d'Annecy du 9 juillet 1870 et d'un arrêt de la cour
d'appel de Chambéry du 24 mars 1871 ; que, par
suite, l'arrêt attaqué (de la cour de Chambéry du
21 mai 1872) en prononçant la nullité de l'hypothèque consentie au profit du demandeur en cassation suivant acte du 21 mars 1867, loin de violer
les articles du code civil invoqués par le pourvoi,
a fait, au contraire, une juste application de l'art.
446 C. comm. Rejette. »

Bien que la décision de la cour de cassation soit à
nos yeux bien fondée, elle ne nous paraît cependant
pas exempte de toute critique, car elle ne contient
aucun argument en ce qui concerne l'idée de la
novation. La cour se borne à dire qu'aucuns deniers
n'ont été versés dans l'actif de Morand en exécution
du crédit ouvert. Mais on aurait pu lui objecter que
Morand était censé recevoir du comptoir d'es-

compte en échange des renouvellements et à titre
d'avance nouvelle la somme dont il était primitivement débiteur, et que, par conséquent, l'hypothèque
n'était pas constituée pour une dette antérieurement contractée mais pour une dette qui naissait
en même temps qu'elle. Il ne suffisait donc pas de
constate que l'hypothèque était nulle, il fallait
aussi démontrer qu'il y avait bien dette antérieurement contractée par la raison que, l'ancienne dette
n'étant pas éteinte, l'hypothèque ne pouvait s'appliquer qu'à elle. Cette réserve mise à part, la
solution de la cour suprême est éminemment
équitable.

III. Troisième mode de réalisation.

*Le créditeur verse les fonds entre les mains de tiers por-
teurs de lettre de change sur lui tirées par le crédité
ou par un tiers pour le compte de ce dernier.*

Nous avons vu que, dans les deux premières manières de réaliser l'ouverture de crédit, le créditeur
versait les fonds, soit réellement, soit fictivement, entre les mains du crédité lui-même. Dans ce troisième
mode, la réalisation ne s'opère plus de la même façon :
le créditeur s'engage à faire honneur aux lettres de
change qui lui seront présentées et dont les échéances

sont souvent indiquées dans l'acte d'ouverture de
crédit. Ces lettres de change peuvent être tirées soit
par le crédité lui-même, soit par un tiers pour son
compte. Cette dernière hypothèse se présente notamment lorsque le crédité se fait expédier des marchandises et donne mandat à l'expéditeur de tirer
pour son compte sur le créditeur. Dans le premier
cas, il est nécessaire que les parties ne soient pas
domiciliées dans la même localité, puisque la lettre
de change doit être tirée d'un lieu sur un autre (art.
110 1° C. comm.). Dans le second, il n'y a rien là
d'essentiel en ce qui concerne les parties, il suffit
seulement que la règle soit observée par le créditeur
et par le tiers qui tire pour le compte du crédité.

Mais l'obligation du créditeur ne résulte pas uniquement de l'engagement qu'il a pris de payer les
traites du crédité ou celles tirées pour le compte
de celui-ci au fur et à mesure qu'elles se présente-
ront. Pour que le créditeur soit obligé au paiement
de ces lettres, il faut qu'il les ait préalablement acceptées. C'est pour cela que, dans l'usage, quand l'ouverture de crédit se réalise au moyen de lettres de
change, on dit qu'il y a crédit par acceptation. L'acceptation peut évidemment être donnée sur la lettre
elle-même ainsi que cela a lieu d'ordinaire. Mais en
matière d'ouverture de crédit, il y a un cas dans lequel le créditeur qui n'a pas revêtu la lettre de son

acceptation, se trouve néanmoins dans la même situation que s'il avait accompli cette formalité. Non pas que nous soutenions que la lettre de change puisse, en principe, être acceptée par acte séparé, par exemple au moyen d'une lettre missive, car une pareille théorie serait en contradiction avec la disposition de l'art. 122 2° C. comm., duquel il résulte que « l'acceptation est exprimée par le mot accepté ». Mais, nous le répétons, il y a en matière d'ouverture de crédit un cas dans lequel le créditeur est considéré comme ayant accepté, bien qu'en réalité, il n'ait pas mis son acceptation sur le titre. Ce cas se présente quand l'ouverture de crédit est confirmée par une lettre qu'on est convenu d'appeler communément lettre de crédit. Il arrive, en effet, que le créditeur confirme au crédité, par une lettre à lui adressée, l'obligation qu'il a contractée de payer ses traites ou celles qui seront tirées pour son compte. Comme le crédité fait, en ce cas, usage de cette lettre pour augmenter son crédit et acquérir la confiance des tiers avec lesquels il traite, la jurisprudence (1) protège ces derniers lorsqu'ils ont, de bonne foi, et sur le vu de la lettre de crédit, escompté les traites du crédité ou en ont tiré pour son compte. En conséquence, elle décide que, dans cette circonstance, le défaut d'acceptation

1. Rouen, 19 mars 1861. Sir., 61, 2, 510.

des lettres de change n'empêche pas le créditeur d'être tenu de les payer. Elle apporte ainsi, avec raison suivant nous, dans l'intérêt des tiers, une dérogation à l'art. 122 2° C. comm., car elle considère la lettre de crédit comme une acceptation faite d'avance par le créditeur de réserver bon accueil à toutes les traites du crédité ou à celles tirées pour le compte de ce dernier. Nous retrouverons, du reste, cette hypothèse lorsque nous parlerons de l'extinction de l'ouverture de crédit. Nous verrons que, par application du principe admis par la jurisprudence, la révocation de l'ouverture de crédit n'est pas opposable aux tiers escompteurs ou tireurs de bonne foi, alors même que les lettres de change n'ont pas été acceptées par le créditeur, lorsqu'elle a lieu après l'escompte ou l'émission de ces lettres.

L'acceptation, qu'elle soit faite d'avance ou au fur et à mesure de l'émission des traites, implique évidemment l'existence d'une provision. L'art. 117 1° C. comm. nous dit en effet : « L'acceptation suppose la provision ». Il semble cependant qu'il n'y en a pas en notre matière, puisque le crédité, tireur ou donneur d'ordre, n'a pas fourni au créditeur l'équivalent du montant des traites. Pourtant il est certain que la provision existe lorsque l'ouverture de crédit est réalisable par voie d'acceptation. Qu'est-ce, en effet, que la provision ? C'est la créance que le tireur ou le donneur d'ordre a contre le tiré. Or, ici, le crédité est créancier du créditeur en raison de la promesse à lui faite par ce dernier. Il y a donc bien provision dans le cas qui nous occupe. Seulement ce n'est pas une provision qui repose sur un élément matériel comme cela arrive quand un vendeur tire sur son acheteur ; c'est une provision qui a pour contre-partie l'obligation du créditeur, c'est-à-dire la promesse de prêt.

Il résulte de là que le créditeur paie à découvert lorsqu'il acquitte sa dette, et que, par suite, il n'a pas la ressource que lui procure les deux modes de réalisation étudiés précédemment, et qui consiste en la facilité de rentrer à volonté dans ses fonds. Car lorsque le crédit est réalisé par voie d'escompte, le créditeur a entre les mains l'équivalent des sommes qu'il avance ; et il en est de même quand il se fait souscrire des billets à ordre. Ici, au contraire, le créditeur ne reçoit rien en retour des traites qu'il acquitte. Aussi, dans la pratique, est-il souvent stipulé dans l'acte d'ouverture de crédit, que le crédité devra, avant l'échéance de chaque traite, en fournir la contre-valeur en billets à ordre par lui souscrits ou en d'autres effets présentés à l'escompte. Alors, on peut dire que, dans ce cas, la provision ne consiste plus en la créance résultant de la promesse de prêt, mais en celle qui a pour objet les billets souscrits ou les effets escomptés. Ces clauses sont, ici, indispensables si le créditeur veut se réserver le moyen de rentrer, en cas de besoin, dans les sommes par lui déboursées. Nous sommes ainsi amenés à l'étude de notre quatrième point qui est commun à tous les modes de réalisation de l'ouverture de crédit.

IV.

Le créditeur qui négocie les effets de commerce à lui remis en couverture d'un crédit ouvert, transmet-il, par le seul fait de l'endossement aux tiers porteurs cessionnaires de ces titres, la garantie qui peut avoir été constituée pour sûreté de ce crédit ?

Il va de soi que si la sûreté consiste en un cautionnement, le tiers porteur pourra l'invoquer, puisque la caution, en répondant pour le crédité, s'est obligé à désintéresser le porteur quel qu'il soit qui se présentera à l'échéance. Il est aussi évident que quand la garantie porte sur un gage, le tiers porteur pourra s'en prévaloir s'il a été régulièrement mis en possession du gage ou d'un titre qui le représente, et cela sans qu'un nouvel écrit soit nécessaire, dans le cas où l'ouverture de crédit est civile.

Toutefois, la mise en possession ne saurait être pratiquée quand le créditeur a endossé les effets de commerce au profit de plusieurs tiers porteurs. Car

il est impossible que tous soient nantis de l'objet
du gage et celui-ci ne peut pas être divisé (art. 2083,
C. civ.). Conséquemment, il peut arriver que le créditeur conserve le gage en qualité de tiers détenteur ;
mais pour qu'il en soit ainsi, il faut qu'il ait la confiance des tiers porteurs, parce qu'ayant le gage entre les mains, il a par cela même la facilité de le
vendre en fraude de leur droit ou de le donner à son
tour en garantie d'une dette. Cette fraude est d'autant plus à craindre que, si elle était commise, les
tiers porteurs ne pourraient pas revendiquer le gage
du chef du crédité, étant donné que l'acheteur de
bonne foi serait ici protégé par la maxime « en fait
de meuble, la possession vaut titre » (art. 2279, C.
civ.). Aussi est-il souvent convenu dans la pratique
que quand le créditeur transmet les effets de commerce à plusieurs tiers porteurs, le gage sera déposé entre les mains d'un notaire qui sera considéré
comme tiers détenteur.

Pourtant, ce résultat si préjudiciable aux intérêts
des tiers porteurs ne serait pas à redouter si la chose
donnée en gage était une créance mobilière non constatée par des titres au porteur. Nous verrons, en
effet, que la jurisprudence (1) admet que l'hypothè-

1. Cass. 15 mars 1825. Sir., 38, 1, 209 ; Cass. 21 février
1838. Sir., 38, 1, 209 ; Cour de Colmar, 29 mars 1852. Sir.,
54, 2, 487 ; Trib. de Cour du Hâvre, 31 août 1866. Jurisp.
du Hâvre, 67, 1, 131.

que se transmet de plein droit aux tiers porteurs
par le seul fait de l'endossement, tant entre les parties qu'à l'égard des tiers. Si telle est sa décision
quand il s'agit de l'hypothèque dont la constitution
est subordonnée à l'existence d'un acte authentique,
à plus forte raison doit-elle être la même lorsqu'il
n'est question que d'une créance mobilière qui peut
être constatée par acte sous seing privé. Il suit de
là que si l'ouverture de crédit est garantie par une
créance mobilière donnée en gage, l'endossement
des effets opéré au profit des tiers porteurs suffira,
à lui seul, pour leur transmettre en même temps
cette sûreté *erga omnes*. Si donc le créditeur resté
détenteur, en vertu de la volonté des tiers porteurs,
de la créance donnée en gage, la cède frauduleusement à un tiers même de bonne foi ou la lui constitue en gage, la transmission primitive sera opposable à ce tiers alors même qu'il aurait signifié au
débiteur la cession ou la dation en gage conformément aux dispositions contenues dans les art. 1690
et 2075, C. civ. Car la garantie ayant suivi les effets,
le créditeur porterait, s'il en disposait, une grave
atteinte aux droits des tiers porteurs.

Cette solution ne nous paraît pas conforme à
l'équité. En effet, lorsque le créditeur cède ou engage collusoirement la créance dont il est détenteur, on se trouve en présence de deux catégories

différentes de tiers dont chacune invoque exclusivement le bénéfice de la garantie. D'une part, ce sont les tiers porteurs des effets que le créditeur a endossés à leur profit ; d'autre part, c'est le nouveau créancier victime de la fraude. La jurisprudence préfère sacrifier les droits de ce dernier pour que les tiers porteurs ne subissent aucun préjudice, c'est là une solution bien conforme à sa théorie, mais qui lèse étrangement le tiers de bonne foi qui a cru que le créditeur était propriétaire de la créance donnée en gage. Car aucune négligence n'est imputable à ce tiers. Il était d'autant plus autorisé à croire que la créance appartenait au créditeur que non seulement le titre se trouvait entre les mains de celui-ci, mais encore qu'aucune signification n'avait été, avant la sienne, adressée au débiteur de la créance. En outre, ce dernier ignore absolument qu'il y a des tiers porteurs, il ne les connait pas et n'a aucun moyen juridique de les connaître ; et, si le débiteur principal n'acquitte pas sa dette à l'échéance, le débiteur accessoire ne pourra faire mieux que de désintéresser le créancier duquel il a reçu une signification. Le résultat serait le même si le créancier victime de la fraude était cessionnaire de la créance au lieu d'être créancier gagiste. Si maintenant nous supposons que les tiers porteurs non payés se présentent après l'acquittement de la dette par le débiteur de la créance cédée ou donnée en gage, nous serions nécessairement amenés, si nous adoptions le système de la jurisprudence, à décider que le débiteur sera tenu de payer une seconde fois. Car, avec le système de la jurisprudence, il faut, ou bien sacrifier les droits du nouveau créancier, ou bien forcer le débiteur à payer deux fois, résultat évidemment inadmissible et contraire aux règles de l'équité. Aussi ne croyons-nous pas devoir nous rallier à la décision qu'admet sur ce point la jurisprudence. Nous pensons bien avec elle que l'endossement des effets suffit à lui seul pour transmettre, *inter partes*, aux tiers porteurs le bénéfice de la créance donnée en gage au créditeur, mais nous estimons qu'il n'a pas cette vertu à l'égard des tiers. Ainsi, suivant nous, pour que la transmission de la créance donnée en gage soit opposable aux tiers, il est indispensable que les tiers porteurs se soumettent à la formalité exigée par l'art 2075, C. civ. Le débiteur étant prévenu, la fraude que nous signalons plus haut n'est plus possible, le tiers de bonne foi est désormais à même de l'éviter. On nous objectera peut-être que les effets transmis étant à ordre, l'art. 2075, C. civ., est inapplicable. Sans doute, cela est vrai pour les souscripteurs ou les tirés puisqu'ils s'engagent d'avance à se libérer entre les mains du porteur qui se présentera à l'échéance. Mais on ne

peut pas dire que cela soit exact à l'égard du débiteur accessoire qui ignore l'existence des effets, ou
du tiers de bonne foi qui observe régulièrement les
formalités requises pas la loi. Il est donc essentiel,
pour que la transmission de la créance donnée en
gage soit opposable au débiteur de cette créance et
au tiers qui croit que le créditeur a le droit d'en disposer librement, que les tiers porteurs aient obser-
vé, lors de l'endossement des effets, la règle énoncée par l'art. 2075, C. civ.

Une difficulté analogue à celle que nous venons
d'étudier se rencontre lorsque la garantie consentie
pour sûreté du crédit ouvert consiste en une hypothèque. D'après la jurisprudence, l'hypothèque
passe de plein droit aux tiers porteurs avec les effets endossés à leur profit alors même qu'elle n'est
pas mentionnée dans ces effets et que les tiers porteurs ont pu en ignorer l'existence. A l'appui de sa
solution, la jurisprudence invoque la disposition
contenue dans l'art. 1692, C. civ., aux termes duquel : « La vente ou cession d'une créance comprend
les accessoires de la créance tels que caution, privilège, hypothèque ». Elle dit en outre que si l'hypothèque ne passait pas aux tiers porteurs, elle n'ap-
partiendrait plus à personne et qu'il doit être indifférent au crédité que le droit hypothécaire soit
exercé par le créditeur lui-même plutôt que par un

tiers. Certes, nous ne voyons pas qu'il soit contraire à l'équité d'admettre cette manière de voir en ce qui concerne les rapports des parties entre elles. Pour le crédité qui a souscrit des billets à ordre, par exemple, il n'y a rien d'anormal à ce que le droit hypothécaire soit exercé par le porteur des billets, puisqu'il s'est obligé à désintéresser ce dernier à l'échéance. Mais il y aurait, selon nous, grand danger pour les tiers à décider que, même à leur égard, l'endossement suffit pour opérer la transmission de l'hypothèque. Avant d'examiner les inconvénients que suscite cette solution et qui mettent en lumière son mal fondé, il nous faut tout d'abord écarter un argument qui a été, jadis, invoqué à tort contre la décision de la jurisprudence par un jurisconsulte très-distingué, M. Cabantous. Le savant auteur nous dit que si le crédité qui a consenti l'hypothèque veut vendre son immeuble, le tiers porteur ne sera pas à même de se faire adresser les notifications à fin de purge, étant donné qu'il n'est pas connu du tiers détenteur. Il conclut de là que si l'on se ralliait à la manière de voir de la jurisprudence, il faudrait décider que le tiers porteur a le droit d'attaquer en délaissement le tiers détenteur qui s'est libéré entre les mains du créditeur. Ce raisonnement ne nous semble pas exact. Car le tiers détenteur qui veut dégrever l'immeuble dont il est dé-

venu propriétaire n'adresse pas les notifications de
la purge au domicile réel du créditeur, mais au domicile élu par celui-ci dans l'inscription. Il suit de
là que le tiers porteur a la facilité d'exercer son droit
hypothécaire ; et, pour que la purge ne soit pas faite
à son détriment, il n'a qu'à se mettre en rapport
avec la personne chez laquelle le créditeur a fait
élection de domicile. Si donc le tiers porteur a été
négligent, il ne pourra pas exercer son droit de
suite. Ce qui fait que cette première critique de
M. Cabantous n'est pas fondée, c'est que l'art. 2148,
C. civ., donne au tiers porteur le moyen d'empêcher le tiers détenteur de se libérer entre les mains
du créditeur.

La solution de la jurisprudence ne peut donc pas
ici causer préjudice au tiers détenteur.

Mais si la décision de la jurisprudence ne porte
pas atteinte aux droits de l'acquéreur de l'immeuble hypothéqué, nous croyons cependant qu'elle nuit
au droit des tiers dans le cas suivant signalé par
M. Cabantous. L'éminent jurisconsulte suppose que
le créditeur est de mauvaise foi et qu'après avoir
endossé au profit d'un tiers porteur les effets souscrits par le crédité, il donne à ce dernier mainlevée
frauduleuse de l'hypothèque. Il suppose, en outre,
qu'après la radiation de l'inscription, le crédité consent une nouvelle hypothèque au profit d'un tiers.

Il ressort clairement de cette hypothèse, que nous nous trouvons en présence de deux prétentions rivales : celle du tiers porteur bénéficiaire de l'hypothèque primitive et celle du tiers titulaire de la nouvelle. Laquelle des deux sera préférée à l'autre? Faudra-t-il ne considérer que l'inscription existante, ou bien sera-t-il plus équitable de ne tenir compte que du droit du tiers porteur? Dans le premier cas, c'est le tiers porteur qui est lésé, dans le second, au contraire, ce sont les droits du nouveau créancier hypothécaire qui sont sacrifiés.

La cour de cassation (1) s'est prononcée en faveur du tiers porteur dans un arrêt en date du 15 mars 1825 cité par M. Cabantous; et, à une époque plus récente, le tribunal de commerce du Hàvre (2) a adopté la même solution dans un jugement par lui rendu le 31 août 1866 dont voici l'espèce : Un sieur Jean, dit Chéry, avait ouvert sous affectation hypothécaire un crédit à un sieur Lechevalier et s'était fait souscrire par lui des billets qu'il avait ensuite endossés à l'ordre d'un sieur Morisse contre remboursement des sommes avancées à Lechevalier. Une fois rentré dans ses fonds, et avant l'échéance des billets que Morisse avait escomptés sous la foi de la garantie hypothécaire, Chéry donna mainlevée

1. Cass. 15 mars 1825. Sir., 38, 1, 209.
2. Trib. du Hàvre, 31 août 1865. Jurisp. du Hàvre, 67, 1, 131.

de l'hypothèque à Lechevalier qui constitua ensuite un nouveau droit hypothécaire au profit d'un sieur Foubert. Les billets étant restés impayés à l'échéance, Morisse voulut exercer le droit hypothécaire qui lui avait été transmis par voie d'endossement avec les billets; mais le conservateur des hypothèques se refusa à faire droit à sa prétention, par la raison que l'inscription de l'hypothèque qu'il invoquait avait été valablement radiée et qu'une nouvelle hypothèque avait été, depuis, consentie au profit d'un tiers de bonne foi.

Le tribunal de commerce du Hàvre donna gain de cause à Morisse. Il déclara que la mainlevée de l'hypothèque n'était pas opposable à ce dernier étant donné que l'endossement des effets avait suffi pour lui transmettre l'hypothèque même à l'égard des tiers, et qu'en conséquence Chéry n'avait plus eu le droit à partir de l'endossement de disposer de celle-ci. Il suit de là que le sieur Foubert qui était autorisé à compter sur la sûreté à lui consentie s'en vit refuser le bénéfice et n'eut plus que les droits d'un simple créancier chirographaire.

Un tel résultat est la conséquence logique du système admis par la jurisprudence. Il porte atteinte à un droit régulièrement acquis, et en cela, il nuit au crédit par la raison que le titulaire d'une hypothèque n'a pas la certitude de pouvoir invoquer cette sûreté.

C'est là un inconvénient fort grave auquel, sans doute, on peut remédier au moyen d'une cession de l'hypothèque faite par acte authentique conformément à la disposition contenue dans l'art. 2152 C. civ. Mais, outre qu'il y a là une formalité gênante et coûteuse pour les parties, il est aussi possible que le créditeur ait intérêt à ne pas se défaire de la grosse de l'acte constitutif d'hypothèque, cela arrive, notamment, quand l'ouverture de crédit est accompagnée d'un compte-courant ou lorsque le créditeur conserve en portefeuille une partie des effets à lui souscrits par le crédité au lieu de les mettre tous en circulation. Dans le premier cas, en effet, le crédité après avoir désintéressé le tiers porteur à l'échéance a la faculté de recourir à la caisse du créditeur, ce qui rend alors celui-ci de nouveau créancier ; et, dans le second, la créance se divise entre le cédant et le cessionnaire. On comprend donc que dans ces deux hypothèses la garantie reste entre les mains du créditeur, la grosse de l'acte authentique lui étant aussi utile qu'au crédité.

C'est lorsque l'ouverture de crédit présente l'un de ces deux caractères que les tiers de bonne foi ont à redouter la mainlevée frauduleuse de l'hypothèque dont le tiers porteur est devenu titulaire. Car, pour ce dernier, d'après la jurisprudence, l'hypothèque subsiste malgré la radiation de l'inscription, et il se trouve que le créancier hypothécaire inscrit postérieurement à cette radiation croit être investi d'une garantie certaine alors qu'en réalité il n'en a pas du tout ou du moins une qui est primée par celle du tiers porteur.

Il y aurait bien un moyen de déjouer cette fraude : ce serait de ne rendre la cession de la créance hypothécaire constatée par des titres à ordre opposable aux tiers que moyennant une signification adressée par le tiers-porteur au conservateur des hypothèques. Mais dans l'état actuel de notre législation, une telle signification ne produirait aucun effet ; le conservateur se refuserait à la mentionner en marge de l'inscription par la raison que la loi subordonne à l'existence d'un acte notarié les mentions relatées sur les registres des hypothèques et nous supposons, précisément, que par suite de circonstances que nous avons indiquées plus haut, la cession de la créance hypothécaire n'a pas été faite en la forme authentique. L'intervention du législateur est donc nécessaire pour que le créancier hypothécaire inscrit postérieurement à la mainlevée frauduleuse n'ait pas à craindre d'être trompé. En conséquence, le législateur pourrait décider que la transmission de l'hypothèque ne sera pas opposable aux tiers de bonne foi si elle n'a pas été signifiée au conservateur des hypothèques. Il pourrait, en outre, obliger ce dernier à mentionner la signification en marge de l'inscription alors même que la cession du droit hypothécaire n'aurait pas été faite par un acte authentique. S'il en était ainsi, le créancier hypothécaire inscrit après la mainlevée de l'hypothèque serait complètement rassuré. Car de deux chose l'une ; ou bien, il serait averti par la signification que l'immeuble sur lequel le crédité veut lui donner un droit est déjà grevé d'hypothèque, ou bien la signification faisant défaut il pourrait compter bénéficier de la garantie à lui consentie.

Ce moyen de rassurer les tiers a été mis en vigueur par le législateur belge dans une loi du 15 avril 1889 qui modifie l'art. 80 *in fine* de la loi hypothécaire belge. Dans cette loi toute récente le législateur belge a pour but de mettre fin, en matière d'ouverture de crédit, aux déceptions résultant des actes de mainlevée d'hypothèque, ou autres. Seulement, au lieu de protéger le nouveau créancier hypothécaire, ainsi que le fait notre jurisprudence, il vient secourir le tiers porteur. D'après lui, la mainlevée frauduleuse porte atteinte au droit de ce dernier et non pas à celui du nouveau créancier hypothécaire. Nous préférons sur ce point la solution de notre jurisprudence ; car pour donner une mainlevée d'hypothèque valable, il faut être titulaire de l'hypothèque. Or, au moment où le créditeur la consent, le droit hypothécaire ne lui appartient plus du tout, ou tout au moins ne lui appartient plus en entier. Le droit du tiers porteur doit donc subsister malgré la mainlevée ultérieure de l'hypothèque.

Cette différence mise à part, la loi belge du 15 avril 1889 est éminemment rationnelle. Le droit qu'elle donne au tiers porteur de faire opposition à la mainlevée de l'hypothèque empêche bien des mécomptes et favorise le crédit d'une manière considérable. Il serait à désirer qu'en France, une loi conçue dans cet esprit vînt mettre un terme aux fraudes que peuvent commettre les créditeurs de mauvaise foi. Voici d'ailleurs le passage de cette loi belge qui concerne la transmission du droit hypothécaire.

« Le créditeur conserve vis-à-vis des tiers le droit de disposer de l'hypothèque même si des obligations imputables sur le crédit sont représentées par des titres négociables. Toutefois le porteur de ces titres peut, par une opposition, suspendre les effets des actes de mainlevée ou autres, qui porteraient atteinte à son droit.

L'opposition doit être signifiée au conservateur des hypothèques et au créditeur et contenir l'élection de domicile dans l'arrondissement.

Le conservateur la transcrira en marge de l'inscription, et mention de cette transcription sera faite au bas de l'original de l'exploit. L'opposition n'aura effet que pendant deux ans, si elle n'est renouvelée; il pourra en être donné mainlevée par simple exploit.

Notons pour terminer, qu'il était inutile d'exiger que l'opposition fût signifiée au créditeur. Celui-ci, en effet, n'a pas besoin d'être averti de la transmission de l'hypothèque, puisqu'il en est l'auteur. Il suffisait de prévenir le conservateur des hypothèques.

Nous venons de voir que l'intervention du législateur est nécessaire pour protéger les tiers de bonne foi contre la mainlevée frauduleuse de l'hypothèque constituée pour sûreté d'un crédit ouvert, nous allons essayer de montrer maintenant que cette intervention aurait aussi sa raison d'être pour préserver le tiers porteur d'une fraude que les praticiens considèrent comme étant le plus puissant argument à invoquer contre le principe de la transmission de plein droit de l'hypothèque par le seul effet de l'endossement. Les banquiers disent, en effet, que quand des effets de commerce leur sont présentés à l'escompte par un créditeur et que le paiement de ces effets est garanti par une hypothèque il ne tiennent aucun compte de cette sûreté, alors même qu'elle serait mentionnée sur les effets, si elle ne leur est cédée par acte authentique et s'ils ne peuvent se faire délivrer la grosse de l'acte constitutif d'hypothèque. Ils basent leur manière de voir, non pas sur la possibilité d'une mainlevée frauduleuse de l'hypothèque, puisque celle-ci ne leur est pas opposable, mais sur l'incertitude dans laquelle ils sont d'être payés intégralement malgré l'existence de la sûreté, par la raison qu'ils n'ont aucun moyen de savoir si, avant de leur avoir endossé les effets de commerce, le créditeur n'en a pas mis d'autres en circulation, dont le montant a déjà épuisé le droit hypothécaire.

La prudence que manifestent ici les banquiers est, suivant nous, bien légitime. Il importe toutefois, afin qu'elle ne soit pas exagérée, de déterminer quel genre d'effets de commerce peuvent être l'occasion d'une telle fraude. Nous pensons que les tiers porteurs ne seront pour ainsi dire, jamais trompés quand les effets de commerce à eux endossés seront des billets à ordre souscrits par le crédité, car il est bien évident que ce dernier n'en souscrira pas pour une somme supérieure à celle qu'il doit et que mentionne d'ailleurs l'inscription hypothécaire. Une souscription de billets n'ayant pas de cause réelle le rendrait *particeps fraudis* sans qu'il retirât aucun profit de cette malversation.

A notre avis, la fraude n'est possible que dans le

cas où le créditeur, pour se faire rembourser ses avances, tire directement des lettres de change sur le crédité et les fait ensuite escompter par des banquiers alors qu'elles n'ont pas été préalablement revêtues de l'acceptation du tiré. Là, les tiers porteurs peuvent avec raison craindre un tirage exagéré de lettres de change qui réduise presque à néant leur droit hypothécaire; et l'on comprend à merveille que, dans cette circonstance ils ne considèrent pas l'hypothèque constituée pour sûreté du crédit ouvert comme étant la garantie des effets endossés à leur ordre.

C'est là un inconvénient qui cause un immense préjudice au crédit. Si, en effet, les banquiers pouvaient être certains que l'hypothèque affectée au paiement des lettres de change qu'ils escomptent garantira intégralement leurs créances, ils ne se préoccuperaient pas de la solvabilité personnelle du tireur et du tiré, et le créditeur trouverait ainsi un moyen plus facile de rentrer dans ses fonds.

La signification adressée au conservateur des hypothèques dont nous avons parlé plus haut permettrait d'obtenir ce résultat satisfaisant pour le créditeur et pour les tiers-porteurs. Ces derniers auraient à quoi s'en tenir. La mention relatée en marge de l'inscription leur indiquerait combien de lettres de change ont été mises en circulation avant celles qui leur sont endossées et quel est le montant de chacune d'elles. Le même but peut, du reste, être atteint au moyen de la formalité contenue dans la loi belge que nous venons de citer; car il résulte clairement de la rédaction de la loi que le législateur belge n'a pas visé exclusivement la mainlevée frauduleuse de l'hypothèque.

CHAPITRE II

Ainsi que nous l'avons dit dans notre première partie, l'ouverture de crédit, une fois réalisée, se transforme en prêt. Au contrat d'ouverture de crédit succède un contrat de prêt, et il résulte de là que le créditeur devient de débiteur créancier, et qu'à l'inverse, le crédité devient de créancier débiteur. La réalisation de l'ouverture de crédit a donc pour effet de constituer le crédité débiteur en vertu d'un contrat de prêt. Nous allons examiner dans ce chapitre quelles obligations incombent au crédité après la réalisation de l'ouverture de crédit. Elles sont au nombre de trois. Le crédité doit tout d'abord, rembourser les sommes qui lui ont été avancées. Il doit, en second lieu, payer l'intérêt de ces sommes ou l'escompte des effets par lui remis en couverture de celles-ci. Il doit enfin payer, en sus de l'intérêt ou de l'escompte, un droit de commission. Etudions successivement chacune de ces trois obligations.

PREMIÈRE OBLIGATION

Le crédité est obligé de rembourser le montant des avances qu'il a reçues.

Cette obligation donne lieu aux deux questions suivantes : 1° comment le crédité peut-il effectuer le remboursement des sommes qui lui ont été avancées. 2° à partir de quel moment est-il libéré ?

PREMIÈRE QUESTION

Comment le crédité peut-il effectuer le paiement des sommes qu'il est tenu de rembourser ?

Il le peut de deux manières différentes : 1° en espèces; 2° en effets de commerce présentés à l'escompte.

1° *Le crédité rembourse en espèces.* — Lorsque le crédité se libère ainsi, il va de soi qu'il doit payer en espèces ayant cours légal au moment de la restitution ou en billets de la Banque de France. Nous n'avons pas à entrer ici dans le détail de ces deux questions qui ne sont pas spéciales à l'ouverture de crédit. Nous nous demanderons seulement, à propos du remboursement en espèces, si le crédité n'a pas le droit de se libérer partiellement en donnant au créditeur un acompte sur le montant de sa dette. Nous ne nous plaçons pas pour résoudre la question à l'expiration du délai pendant lequel le crédit a dû rester ouvert. Car, dans cette hypothèse, le principe énoncé dans l'art. 1244-1°, C. civ., est pleinement applicable, que l'ouverture de crédit soit simple ou qu'elle soit accompagnée d'un compte-courant. Un paiement partiel ne peut pas plus, en effet, être effectué sur le solde du compte courant que sur le montant véritable des avances. Nous supposons, au contraire, que le crédité veut rembourser, pendant le délai de l'ouverture de crédit, une partie des sommes qui lui ont été avancées. Le peut-il? Nous pensons que la question doit être résolue par une distinction. Si l'ouverture de crédit est simple, le créditeur n'est pas tenu de recevoir un paiement partiel. Pour que cela ait lieu, il faut qu'il y consente. Le crédité est donc, dans ce cas, comme dans le précédent, soumis à la règle posée par l'art. 1244 1° C. civ. Mais qu'arriverait-il si le créditeur avait accepté des acomptes, le crédité pourrait-il les reprendre? Nous ne le croyons pas; et, s'il voulait, comme il en a le droit, rembourser avant le terme, le montant intégral des avances, il serait obligé, pour emprunter de nouveau, de se faire ouvrir un nouveau crédit et de constituer au profit du créditeur une nouvelle

garantie. Si maintenant nous envisageons l'hypothèse d'une ouverture de crédit accompagnée d'un
compte courant, la situation n'est plus la même. Le
crédité bénéficie alors des règles spéciales du compte
courant ; et, en conséquence, rien ne l'empêche de
faire des remboursements partiels pour les reprendre
à nouveau et les restituer ensuite. En outre, s'il arrivait, en fait, que le crédité eût remboursé le montant de toutes ses avances, il aurait le droit d'en
réclamer de nouvelles pourvu que la date de l'arrêté définitif du compte ne fût pas encore arrivée.
Au surplus, une nouvelle sûreté ne serait pas, dans
ce cas, nécessaire pour garantir les nouvelles avances, l'ancienne suffirait, car, ayant été consentie
pour garantir le solde définitif du compte, elle n'a
pas été éteinte par le remboursement intégral effectué pendant la durée de ce compte.

II. *Le crédité rembourse en effets de commerce présentés à l'escompte.* — Nous avons démontré dans
notre précédent chapitre que, dans ce cas, l'ouverture de crédit était toujours accompagnée d'un
compte courant. Comme il n'y a rien ici de spécial à
ce mode de libération nous nous contenterons de le
mentionner pour nous en occuper dans notre seconde question à l'étude de laquelle nous arrivons.

DEUXIÈME QUESTION

A partir de quel moment le crédité est-il libéré ?

Nous n'avons pas besoin d'indiquer le moment précis de la libération quand le crédité rembourse en espèces. Il va de soi que le crédité est libéré à partir du paiement, soit qu'il verse les fonds entre les mains du créditeur lui-même, soit qu'il les verse entre celles de tiers porteurs de lettres de change sur lui tirées ou de billets à ordre par lui souscrits. Mais la question présente une difficulté dans le cas où le crédité, pour acquitter tout ou partie de sa dette, remet des effets de commerce à l'escompte chez le créditeur. Le paiement ainsi effectué n'est pas libératoire ; car le crédit donné à raison de la remise n'est pas définitif mais subordonné à l'acquittement des effets par les débiteurs de ces derniers. Si donc les effets ne sont pas payés à l'échéance, le créditeur aura contre le crédit une action qui se traduira sur ses livres par un débit porté au compte de son client.

C'est là un effet de la clause ou condition sauf encaissement dont l'examen n'entre pas dans le cadre de notre étude mais dont nous dirons cependant quelques mots. Cette clause a pour effet, en notre matière, non pas de dispenser le créditeur de verser les fonds promis au crédité ou dans l'actif de sa faillite, mais de lui procurer le moyen de devenir son créancier. Car en présentant les effets à l'escompte, le crédité en a reçu la contrevaleur, et si son compte courant a été crédité du montant des effets réunis, il a été aussi débité de celui des espèces fournies. Dès lors, si la clause sauf encaissement n'était pas applicable, on devrait dire que le créditeur n'a pas d'action contre le crédité puisque le compte est soldé et qu'en matière de compte courant, les effets remis deviennent la propriété du récepteur et sont, par suite, mis à ses risques.

On évite cet inconvénient au moyen de la clause sauf encaissement qui est sous-entendue dans tous les comptes courants et qui donne au créditeur le droit de débiter le compte du crédité du montant des effets restés impayés à l'échéance, ce qui le constitue créancier du crédité.

SECONDE OBLIGATION

Le crédité est obligé de payer l'intérêt des sommes qu'il a reçues ou l'escompte des effets par lui remis en couverture de celles-ci.

Nous avons vu, dans le chapitre II de notre première partie, que la loi du 3 septembre 1807 et celle du 12 janvier 1886 étaient applicables à l'escompte comme à l'intérêt. Nous avons dit également que la fixation du taux de l'intérêt et de l'escompte dépendait de la nature de l'opération faite par le crédité. Nous ne reviendrons pas sur ces deux points, et nous étudierons celui de savoir si, en matière de crédit ouvert par compte courant, les intérêts se capitalisent lors de l'arrêté périodique du compte, alors même que cet arrêté aurait lieu avant l'expiration d'une année. La raison de douter vient de ce que, dans ce cas, le compte courant est, le plus souvent, simple et non pas réciproque. Les deux parties ne tiennent pas, en effet, respectivement le compte courant l'une de l'autre comme cela se voit ordinairement entre banquiers. Ici, c'est le banquier créditeur qui, en général, ouvre le compte ; le crédité n'a pas, de son côté, la contre-partie de ce compte. Celui-ci mentionne, évidemment, sur ses livres, les sommes qu'il reçoit du créditeur et celles qu'il lui rembourse, mais ce ne sont là que de simples opérations de comptabilité et non pas les éléments d'un compte courant véritable. Dès lors, le banquier créditeur est-il en droit, bien que le crédité ne tienne pas de compte courant, de capitaliser et de rendre productifs d'intérêts, des intérêts qui sont compris dans le solde du compte et dont l'échéance remonte à moins d'une année ? Sur ce point,

la solution de la jurisprudence n'a pas toujours été
la même. A une époque qui n'est pas encore très
éloignée de la nôtre, vers 1855 (1), la jurisprudence
décidait que l'art. 1154, C. civ., conservait tout son
empire en matière de compte courant simple et notamment lorsqu'il s'agissait d'une ouverture de crédit. La capitalisation des intérêts ne pouvait se produire qu'autant que le compte courant fût réciproque, et, de plus, à la condition qu'il existât entre
commerçants et que la volonté de capitaliser fût
clairement manifestée par les parties. Aujourd'hui,
toutes ces restrictions n'existent plus. Les règles du
compte courant restent intactes. Elles ne fléchissent
plus suivant que les parties contractantes sont ou ne
sont pas commerçantes. Ce sont, au contraire, les
parties qui se soumettent aux conséquences qu'elles
produisent d'après les usages du commerce. En outre, la jurisprudence ne distingue plus entre le
compte courant simple et le compte courant réciproque. On ne voit pas pourquoi la nature du compte
varierait parce qu'une seule des deux parties fait des
avances à l'autre. Si, d'ailleurs, l'on compare l'un à
l'autre le compte courant simple et le compte courant réciproque, on ne trouve entre eux que des dif-
rences de fait. Quant à la volonté de capitaliser, elle

1. Cour de Bourges (arrêt du 14 février 1854). Sir., 54, 2, 531.

16

est intimement liée à la convention relative à l'existence du compte courant. Si le crédité consent expressément ou implicitement à ce que le crédit lui soit ouvert par compte courant, il n'est pas nécessaire que la volonté de capitaliser soit clairement exprimée. Mais nous croyons qu'il serait injuste de se prévaloir, à son égard, des règles propres au compte courant s'il avait ignoré l'existence de ce compte. La jurisprudence a eu à s'occuper d'hypothèses dans lesquelles le client repoussait la capitalisation des intérêts sous prétexte qu'il n'avait pas consenti à ce qu'un compte courant lui fût ouvert. Elle a admis implicitement la solution que nous venons de donner. Si, dans l'espèce visée par la Cour d'Orléans (1), dans son arrêt du 27 février 1881, le client s'est vu obligé de subir la capitalisation des intérêts, c'est qu'il avait accepté tacitement le compte courant en recevant, sans protester, les arrêtés de compte périodiques. Nous ajouterons que la décision devrait être la même si le crédité effectuait des remboursements partiels au lieu de restituer intégralement la somme formant le montant du crédit. En remboursant partiellement, il est, en effet, réputé se conformer aux règles spéciales du compte courant.

1. Orléans, 27 février 1881. Sir., 82, 2, 245.

TROISIÈME OBLIGATION

Le crédité est obligé de payer un droit de commission sur le montant de chacune des avances à lui faites.

Nous avons constaté, dans notre première partie, que la loi du 12 janvier 1886 n'avait pas occasionné la suppression du droit de commission, étant donné que l'adjonction de ce droit à l'intérêt constituait pour les banquiers un avantage supérieur à la stipulation d'un intérêt dépassant le taux légal. Il nous faut maintenant revenir sur le droit de commission pour examiner s'il peut être valablement perçu, d'abord sur le solde reporté à nouveau du compte courant qui accompagne l'ouverture de crédit, ensuite sur les renouvellements de billets à ordre souscrits par le crédité.

Le point de savoir si un droit de commission peut être légitimement perçu sur le solde du compte courant reporté à nouveau, n'a pas toujours été résolu de la même manière par la jurisprudence D'après d'anciens arrêts (1), le banquier qui, au lieu de réclamer au crédité le solde qui lui est dû, consent à

1. Cass. 5 décembre 1854. Sir., 55, 1, 30; Cour d'Angers 1ᵉʳ 1868. Sir., 68, 2, 348.

le reporter à nouveau dans un autre compte, ne fait pas autre chose qu'accorder à son client une prolongation de crédit. N'ayant fait aucune démarche, n'ayant pris aucun soin pour procurer au crédité les sommes dont il a besoin, le créditeur ne peut pas prétendre à un droit de commission dont la perception implique des soins pris et des frais supportés. Mais d'après la jurisprudence la plus récente (1) à l'opinion de laquelle nous nous rallions, le report à nouveau constitue une nouvelle avance. Le banquier créditeur est réputé avoir reçu du crédité le montant du solde et lui en avoir fait de nouveau l'avance. D'où il résulte qu'un droit de commission est dû à raison de ce nouvel emprunt comme il le serait si le créditeur, au lieu de continuer à travailler en compte courant avec le crédité, avait contracté avec une autre personne. Du reste, si, après avoir remboursé, le crédité voulait se faire ouvrir un nouveau crédit par un autre banquier, il serait tenu de lui payer un droit de commission sur le montant des sommes que lui procurerait ce nouveau créditeur.

Une autre question relative à la perception du droit de commission s'élève à propos des renouvellements de billets à ordre souscrits par le crédité. Nous avons eu l'occasion de voir qu'en échange des

1. Cour de Bourges, 14 mai 1873. Sir., 74, 2, 108 ; Req. 11 février 1877. J. Pal., 78, p. 1041.

sommes qu'il reçoit le crédité sous dit souvent des
billets à ordre au profit du créditeur. Un droit de
commission peut-il être perçu lorsque ces billets
sont renouvelés à l'échéance ? Nous pensons qu'il
est nécessaire de faire une distinction. Si le crédit
est ouvert par compte courant nous croyons qu'un
droit de commission peut être valablement perçu à
chaque renouvellement de billet. En effet, les billets
à ordre souscrits par le crédité peuvent être payables à leurs échéances, cela n'est pas contraire à
l'intérêt de ce dernier puisqu'après les avoir acquittés, il a la facilité de se présenter à la caisse du créditeur pour y recevoir de nouveaux fonds. Mais alors,
il est tenu de payer un droit de commission. Si nous
supposons qu'au lieu de rembourser les billets, il
demande au créditeur de les lui renouveler, celui-ci
lui consent par cela même une nouvelle avance qui
justifie la perception d'un droit de commission. Le
crédité est réputé payer le montant des billets puis
le recevoir ensuite. Dès lors, le créditeur serait lésé
s'il ne lui était pas dû, dans ce cas, un droit de commission. Au contraire, lorsque l'ouverture de crédit
n'est pas jointe à un compte courant, un droit de
commission ne saurait être pris sur les renouvellements par la raison que les billets à ordre souscrits
par le crédité sont renouvelables dans l'intérêt du
créditeur, c'est-à-dire pour qu'il puisse, en les négo-

ciant, rentrer facilement dans ses fonds. Le renouvellement, dans l'ouverture du crédit simple, n'est
pas l'équivalent d'une avance nouvelle, car un paiement partiel effectué avec le consentement du créditeur ne pourrait pas être suivi d'une reprise de
fonds. Mais si l'on comprend qu'un droit de commission ne puisse pas être valablement perçu sur des
renouvellements faits pour faciliter au créditeur la
négociation des billets à ordre à lui souscrits, on
conçoit, par contre, qu'un droit de rentrée soit par
lui prélevé lorsqu'au lieu de mettre les billets en
circulation, il les a gardés en portefeuille jusqu'à l'é-
chéance sur la demande que lui en a faite le crédité,
postérieurement à leur remise. La cour de Rouen
lui a refusé ce droit bien à tort, suivant nous, dans
son arrêt en date du 27 mars 1847, car en consentant à conserver des effets en portefeuille jusqu'à
l'échéance, le créditeur s'est privé d'un capital qu'aurait pu lui procurer la négociation de ces effets et
dont il aurait, peut-être, tiré ensuite un bon parti.
Ce qui fait que la cour de Rouen n'a pas cru devoir
valider la perception du droit de rentrée, qui n'est,
à vrai dire, qu'un véritable droit de commission auquel on donne un nom approprié à la nature de
l'opération dont il s'agit, c'est qu'elle a considéré le

1. Rouen, 27 mars 1847. Sir., 48, 2, 485.

droit de commission, non pas comme un supplément d'intérêt, ainsi que nous l'avons dit dans notre première partie, mais comme la rémunération de peines et de soins réels occasionnés par des débours effectifs.

CHAPITRE III

COMMENT SE PROUVE LA RÉALISATION DE L'OUVERTURE DE CRÉDIT.

Un certain laps de temps peut séparer la date de l'ouverture de crédit de celle de sa réalisation. Il peut aussi arriver que le crédité ne fasse pas un usage immédiat du montant intégral de la somme affectée à ses besoins, soit parce qu'il ne juge pas nécessaire d'opérer ainsi, soit, parce que d'après les conventions relatées dans l'acte, le crédit n'est réalisable que par fraction. Il résulte de là que le créditeur peut ne pas être créancier de la somme entière par lui mise à la disposition du crédité, à l'époque où un évènement, comme la faillite ou la déconfiture de celui-ci, entraîne l'extinction de l'ouverture de crédit, et donne lieu à la convocation de tous les créanciers. Dès lors, comme, en ce cas, il n'est pas certain que le crédité ait utilisé le crédit tout entier, une contestation peut survenir entre le créditeur et les autres créanciers, relativement au chiffre des avances réellement procurées au crédité. Ces derniers peuvent, en effet, admettre qu'un crédit a bien été ouvert au profit de leur débiteur, mais il peut aussi se faire qu'ils prétendent que ce crédit n'a pas été réalisé pour la somme que réclame le créditeur ou même qu'il n'a pas été réalisé du tout. Etant donnée cette situation, comment le créditeur prouvera-t-il que le montant de sa créance correspond bien à celui des avances par lui faites ? La loi met divers modes de preuve à sa disposition. Il peut invoquer soit la preuve par témoins, soit la preuve par écrit, soit enfin les présomptions de fait. Seulement, l'étendue de ces modes varie suivant que l'on se trouve en présence d'une ouverture de crédit civile ou d'une ouverture de crédit commerciale. Etudions donc ces trois moyens de preuve en délimitant l'emploi que le créditeur peut en faire selon qu'il a ouvert le crédit à un commerçant ou à un non-commerçant.

I. Preuve testimoniale.

Si le crédit a été ouvert à l'occasion d'une opération commerciale, le créditeur peut, suivant la disposition contenue dans l'art. 109 C. comm. prouver par témoins qu'il a avancé la somme pour laquelle il se porte créancier à la condition, toutefois, que le tribunal l'autorise à faire usage de ce genre de preuve. Dans

ce cas, les dispositions restrictives de l'art. 1341 C.
civ. ne sont pas applicables : le créditeur peut prouver par témoins l'existence de sa créance alors même
qu'elle excéderait 150 francs et quand bien même
on lui opposerait un écrit contraire à sa prétention.
Si, au contraire, le crédit a été consenti à propos
d'une opération civile, le créditeur est obligé de se
conformer aux règles du droit civil. Il ne lui est
permis d'invoquer la preuve testimoniale qu'en matière ne dépassant pas 150 francs, et même, il ne peut
pas en faire usage contre un écrit qui contredit sa
demande (art. 1341, C. civ.).

II. — Preuve par les présomptions de fait

A la preuve testimoniale se rattache la preuve par
les présomptions de fait. La loi donne au juge le
pouvoir de reconnaître l'existence de la créance du
créditeur alors même que celui-ci n'a aucun témoin
qui puisse en affirmer la sincérité. Mais pour qu'il
en soit ainsi, il est tout d'abord nécessaire que la
preuve testimoniale soit possible et, ensuite, il faut
que les présomptions soient graves, précises et con-
cordantes (art. 1353 C. civ.). Il suit de là que quand
l'ouverture de crédit est commerciale, le juge peut
toujours baser sa décision sur les présomptions que

sa conscience lui inspire ; tandis qu'au contraire, lorsque l'ouverture de crédit est civile, il ne peut, pour ainsi dire, jamais faire usage de ce genre de preuve, étant donné que la créance du créditeur est presque toujours supérieure à 150 francs.

III. — Preuve par écrit.

Elle est de beaucoup plus importante que la précédente, c'est d'elle que le créditeur se prévaudra le plus souvent. La loi distingue encore ici entre le cas où le créditeur veut faire la preuve contre un commerçant et celui où il veut la faire contre un non-commerçant. Dans la première hypothèse, le créditeur trouve un moyen de preuve dans ses livres qui font ici foi en sa faveur par la raison que l'exactitude de ce qu'ils mentionnent peut être facilement vérifiée à l'aide de ceux que, de son côté, le crédité est aussi obligé de tenir. Mais les livres du créditeur ne suffiraient pas à prouver qu'il est créancier si le crédité était un non commerçant. L'art. 1329, C. civ. dit, en effet, à propos de cette seconde hypothèse, que « les registres des marchands ne font point, contre les personnes non marchandes, preuve des fournitures qui y sont portées ». C'est, du reste, un principe de raison que nul ne peut se créer un titre à lui-même ; l'assertion écrite de l'intéressé ne

méritant pas plus de confiance que son assèrtion
verbale. Les livres du créditeur ne pourraient même
pas servir de commencement de preuve par écrit de
manière à rendre possible la preuve testimoniale ;
car, aux termes de l'art. 1347, C. civ., un commencement de preuve par écrit est un acte qui émane
de celui contre lequel l'action est intentée. Or, ici,
l'acte émane du demandeur. Cependant, les livres du créditeur ne sont pas absolument dénués
d'efficacité dans l'hypothèse dont nous nous occupons. Les derniers mots de l'art. 1329, C. civ.
ainsi conçu « sauf ce qui sera dit à l'égard du serment » permettent, en effet, au juge de déférer à
l'une ou à l'autre des parties le serment supplétoire
(art. 1367, C. civ.)

Les livres ne sont pas le seul moyen de preuve
par écrit dont le créditeur peut se prévaloir pour
faire reconnaître le bien fondé de sa prétention :
le compte courant, les simples articles de comptabilité ne sont pas les seuls titres que la loi met à
sa disposition dans ce but. Les billets à ordre souscrits, les lettres de change acceptées, les effets de
commerce escomptés sont autant d'écrits qui attes-
tent l'existence de la créance du créditeur ; que le
crédité soit commerçant ou non commerçant, ces
titres peuvent lui être opposés comme moyen de
preuve, seulement nous devons noter que les billets

à ordre souscrits par le crédité non commerçant
doivent être revêtus d'un bon ou d'un approuvé. Suivant la disposition de l'art. 1326 c'est, si ces billets
ne sont pas écrits en entier de sa main.

Les titres dont nous venons de parler peuvent
servir de preuve contre le crédité, cela n'est pas
douteux. Mais le créditeur peut-il s'en prévaloir
contre les tiers ? Si nous nous reportons à la disposition contenue dans l'art. 1328 C. civ., nous y
voyons que les actes sous seing privé ne peuvent
être opposés aux tiers qu'à la condition d'avoir
reçu date certaine. Cette règle est, en principe, applicable en matière commerciale comme en matière
civile. Toutefois, lorsqu'il s'agit d'une opération de
commerce, le juge a un pouvoir discrétionnaire ; il
a le droit de déclarer que l'acte sera opposable aux
tiers alors même qu'il n'aurait pas acquis date certaine à leur égard. Ainsi lorsque l'ouverture de crédit a été consentie au profit d'un commerçant il
n'est pas absolument nécessaire que les effets de
commerce aient été enregistrés pour servir de
preuve à l'égard des autres créanciers du crédité ;
le juge a le droit de les considérer, suivant sa conscience, comme n'étant pas entachés de fraude. Il
n'en est pas de même quand le crédit a été ouvert
au profit d'un non-commerçant. La date certaine
est, dans ce cas, indispensable pour que les effets

puissent être opposés aux tiers. Des billets non enregistrés ne pourraient pas être admis dans l'ordre ouvert.

Ce que nous venons de dire au sujet de la date certaine est inapplicable aux articles passées sur les livres de commerce. Les tiers n'ont rien à redouter de cet état de choses. Car, d'une part, le législateur a subordonné la tenue des registres de commerce à des formalités ayant pour but d'empêcher les falsifications d'écritures ; et, d'autre part, ces registres ne font foi que dans le cas où le crédité est commerçant, c'est-à-dire quand le juge a le droit de ne pas tenir compte de la disposition de l'art. 1328 C. civ.

La preuve de la réalisation de l'ouverture de crédit à l'égard des tiers nous amène à l'étude d'une question qui a été, autrefois, l'objet d'une vive controverse. Elle est relative au cas où l'ouverture de crédit est garantie pour une hypothèque. Comme cette sûreté ne peut être constituée que par acte passé devant notaire, on soutenait que les quittances, ou d'une manière générale, les pièces constatant la réalisation des avances devaient être revêtues de la forme authentique comme l'avait été la constitution d'hypothèque elle-même. C'était, notamment, l'avis de M. Dalloz (1) ; et Merlin s'était rallié

1. *Rep. v. Hyp.*, p. 205, n. 20.

à cette manière de voir, déterminé qu'il avait été, par un passage de Ravid sur Perrier (1) ainsi conçu : « Le mandant et le mandataire avaient promis, celui-ci l'exécution du mandat, celui-là, l'indemnité ou d'autres conditions. Je croirais que, pour lors, le mandataire aurait hypothèque du jour de la procuration ; mais je n'admettrais cette hypothèque que pour les actes de la gestion qui seraient publics et dont la date serait certaine, parce que c'est une maxime en France qu'il ne doit pas dépendre de nous de faire des hypothèques par des actes sous seing privé, car ces actes n'ont jamais de date à l'égard des tiers. Il faut que les hypothèques soient avérées sans quoi nous les rejetons, parce nous préférons le droit public au droit particulier et que toutes nos lois portent leur attention à ne point souffrir que la foi publique soit trompée ni même exposée aux fraudes ». Mais Merlin ne tarda pas à reconnaître que cette théorie était une erreur (2) et nous comprenons fort bien les raisons qui l'ont déterminé à abandonner sa première opinion sur ce point.

Si, en effet, nous nous plaçons en présence d'une ouverture de crédit commerciale et accompagnée d'un compte-courant, nous sommes obligés d'admet-

1. Quest. 00, n. 31.
2. Quest. v. *Hyp.*, 83, n. 1, *in fine.*

tre que la théorie préconisée par M. Dalloz se heurte
à de graves difficultés pratiques. Car un crédit ouvert par compte-courant implique une série d'opérations dont les fluctuations continuelles changent
à chaque instant la situation des parties. Ce sont,
d'une part, des avances et des fournitures qui sont
portées au débit et, d'autre part, des remises et des
versements mentionnés au crédit. Si donc, il était
indispensable pour que le créditeur pût opposer
au tiers les avances par lui faites, que ces avances fussent constatées par des actes notariés, il
faudrait dire qu'il est impossible de constituer une
hypothèque pour sûreté d'un crédit ouvert. Aussi,
pour éviter une telle conséquence qui supprimerait
un élément considérable de crédit, la jurisprudence (1) a-t-elle décidé que la réalisation de l'ouverture de crédit pouvait être prouvée par acte sous
seing privé alors même que la garantie de ce crédit
consisterait en une hypothèque.

Mais ces actes sous seing privé ne devront-ils pas
cependant avoir reçu date certaine pour faire preuve
de la réalisation à l'égard des tiers? Nous ne pouvons mieux faire pour répondre à cette question,
que de renvoyer à ce que nous avons dit plus haut.
Comme nous supposons que l'ouverture de crédit

1. Cour de Douai, 17 décembre 1833. Dev. 34. 2. 279.

est commerciale, le juge pourra les considérer comme faisant preuve de ce qu'ils constatent s'il trouve qu'ils ne sont pas entachés de fraude, c'est-à-dire créés, par exemple, la veille de la faillite et antidatés.

Si maintenant, nous passons du point de vue commercial au point de vue civil, nous voyons que la situation est la même. Mais comme dans ce dernier cas, l'inconvénient du système est moins apparent étant donné que les opérations ne se succèdent pas aussi fréquemment dans une ouverture de crédit civile que dans une ouverture de crédit commerciale, nous laisserons de côté les conséquences pratiques qui en résultent et nous essaierons de démontrer que la théorie est contraire à la doctrine que nous repoussons.

Tout d'abord, rien dans la loi ne nous autorise à dire que chacune des avances doit, pour être prouvée, recevoir le secours de l'authenticité. Le législateur exige bien un acte authentique pour la constitution de l'hypothèque affectée à une créance conditionnelle et tout d'abord indéterminée (art. 2127, C. civ.), mais il n'en réclame pas pour les actes par lesquels se liquide cette créance éventuelle. Il n'y a aucun rapport entre la cause efficiente de l'hypothèque qui est la convention qui la constitue, et la liquidation de la créance qui la vivifie ; et, dire

qu'un acte authentique est nécessaire pour chacune
des pièces qui rend la créance certaine et déterminée, c'est faire la loi et non l'interpréter.

Mais on pourrait croire que si l'existence de chacune des avances n'est pas constatée par acte authentique, les parties seront à même de diminuer le gage
des tiers en exagérant la somme due, par la création de traites ou de billets à ordre antidatés. Ce
danger n'est pas à redouter, car les tiers n'ont pas à
s'occuper du montant réel des avances, mais de la
somme indiquée dans l'inscription. Si après la constitution d'hypothèque, ils ont traité avec le crédité,
ils ont été avertis par l'inscription que son immeuble
était éventuellement grevé d'hypothèque au profit
du créditeur pour une somme énoncée dans cette
inscription et que, par conséquent, ils n'avaient pas
à le considérer comme étant tout entier ieur gage.
Les tiers n'ont donc rien à craindre de ce que la
constatation de chacune des avances ne soit pas faite
au moyen d'un acte authentique. Mais comme, en
définitive, le chiffre véritable des sommes avancées
peut être inférieur à celui relaté dans les pièces pro-
duites, ils auront le droit de contester ces titres et
de les faire tomber par tous les moyens de droit
commun; mais ils ne pourront pas les faire écarter
par cela seul qu'ils ne seront pas rédigés en la forme
authentique.

TROISIÈME PARTIE

Clôture de l'ouverture de crédit.

Après la réalisation de l'ouverture de crédit, le crédité conserve les fonds à lui remis pendant un temps plus ou moins long, et il lesemploie à mener à bonne fin l'entreprise en vue de laquelle il a eu recours au créditeur. Pendant cet intervalle de temps, ses rapports avec ce dernier sont plus ou moins fréquents. Ils sont rares si l'ouverture de crédit est simple puisque, dans ce cas, le crédité ne peut pas faire de remboursements partiels. Ils sont, au contraire, très suivis, lorsqu'elle est jointe à un compte courant, car il se produit alors une fluctuation continuelle d'avances et de versements, de remises et de fournitures qui rendent tour à tour le créditeur créancier et débiteur du crédité. Puis, à un moment donné, le crédité acquitte sa dette ou devient insolvable ; ou bien, les opérations cessent et le compte est balancé par un solde final créditeur on débiteur. C'est à ce moment que nous devons nous reporter maintenant pour examiner les causes qui mettent fin à l'ouverture de crédit.

Nous ne parlerons pas longuement de tous les cas qui donnent lieu à l'extinction d'un crédit ouvert ; car il y a en qui ne présentent aucune difficulté sérieuse ou qui peuvent se rencontrer en des matières autres que celles dont nous nous occupons. Nous dirons donc, tout d'abord, que l'ouverture de crédit s'éteint de plein droit par la mort ou l'interdiction de l'une ou de l'autre des parties contractantes à la condition, toutefois, qu'elle soit accompagnée d'un compte courant, tandis qu'au contraire ces mêmes évènements ne l'empêchent pas d'exister lorsqu'elle est simple. Dans ce cas, en effet, l'art. 1122 C. civ. devient applicable par la raison que le crédit ouvert ne perd pas, quand à la forme, son caractère de promesse de prêt et qu'aucun texte de loi relatif à cette matière n'y déroge. L'ouverture de crédit simple ne s'éteint donc pas par la mort ou l'interdiction du crédité ou du créditeur, et, en conséquence les héritiers ou ayants-cause de celui-ci sont tenus de réaliser le crédit si leur auteur n'a pas exécuté son obligation ou de respecter le terme dans l'hypothèse contraire, comme, de leur côté lés héritiers ou ayant cause de celui-là ont le droit d'exiger l'avance des sommes promises ou d'invoquer le bénéfice du terme. C'est là une situation souvent gênante pour le survivant des contractants et principalement pour le créditeur ; car l'ouverture de crédit est un de ces contrats qui se forment fréquemment *intuitu personæ*, c'est-à-dire en considération des qualités morales et de l'habileté professionnelle de la personne qui en bénéficie. Aussi, dans la pratique des affaires, remédie-t-on, en général, à cet état de choses par l'insertion dans l'acte de crédit d'une clause d'après laquelle l'ouverture de crédit prendra fin par l'interdiction ou la mort de l'une ou de l'autre des parties contractantes, et cette clause est ici parfaitement légale, attendu que l'art. 1122 C. civ. n'est pas une disposition d'ordre public. A la mort ou à l'interdiction du crédité, il convient d'assimiler la dissolution d'une société de commerce. L'ouverture de crédit prend fin avec l'existence de la personne morale au profit de laquelle elle a été consentie ; et, l'on conçoit aisément qu'il en soit ainsi, que le crédit soit ou ne soit pas accompagné d'un compte courant. La Cour de Limoges (1) a fait une juste application de ce principe en décidant que l'hypothèque qui garantissait les avances faites à la société dissoute ne pouvait pas être invoquée en garantie de de celles consenties à une société nouvelle lors même que celle-ci continuerait la même exploitation et serait composée d'associés ayant figuré dans l'ouverture de crédit.

1. Limoges, 23 août 1873. Sir., 73, 2, 277.

Une autre cause d'extinction de l'ouverture de crédit est l'achèvement de l'opération. qui lui a donné naissance. Il est, en effet, parfois stipulé que le crédit prendra fin en même temps que l'entreprise en vue de laquelle il a été ouvert. Cette convention se comprend à merveille, car, il est certain que l'ouverture de crédit n'a plus sa raison d'être dès l'instant que le crédité a atteint le but qu'il se proposait. Il suit de là que si une garantie a été consentie au profit du créditeur, cette garantie ne pourra pas, l'entreprise une fois achevée, être étendue aux avances réalisées en vue d'une entreprise nouvelle, quand bien même le crédité n'aurait pas épuisé complètement la somme qui a été mise à sa disposition. Car, c'est un principe de droit et d'équité que, le principal n'existant plus, l'accessoire doit disparaître avec lui.

Une troisième cause d'extinction de l'ouverture de crédit est la volonté du crédité lorsque le crédit est illimité quant à la somme et quant à la durée. Cette hypothèse, usitée dans la pratique quand le crédité veut utiliser le crédit pour mener à bonne fin plusieurs opérations dont il ne prévoit pas la durée, se convertit presque toujours en une autre que nous étudierons bientôt et dans laquelle les parties ont fixé un terme. Il est, en effet, ordinairement convenu, dans ce cas, que le crédité devra prévenir le

créditeur trois ou six mois à l'avance de son intention de clore le crédit ouvert. Cette clause donne au
créditeur la facilité de prendre des engagements
pour l'avenir et lui permet, par cela même, de ne
pas laisser ses capitaux improductifs. Mais il importe de remarquer que si l'ouverture de crédit illimité peut prendre fin par la volonté du crédité, elle
ne pourrait pas s'éteindre par celle du créditeur.
Une telle convention tomberait sous le coup de
l'art. 1174, C. civ., aux termes duquel l'obligation
contractée sous une condition potestative de la part
du débiteur est nulle. Car, avec une clause de cette
nature, le crédité ne pourrait pas compter sur la
promesse du créditeur, étant donné que celui-ci serait en droit de la retirer même avant d'avoir réalisé
la première avance.

En quatrième lieu, l'ouverture de crédit cesse de
plein droit lorsque le crédité a diminué ou anéanti
par son fait la garantie qu'il a consentie pour sûreté
de ce crédit, c'est là une cause d'extinction qui se
justifie par la raison que le créditeur a pu ne se déterminer à ouvrir le crédit qu'en considération de la
sûreté qui lui était offerte. Si donc la garantie vient
à disparaître ou à être diminuée, le créditeur aura
le droit de réclamer immédiatement les avances réalisées ou de ne pas exécuter son obligation dans le
cas contraire. Ces deux conséquences sont des appli-

cations de la disposition contenue dans l'art. 1188
C. civ. d'après lequel le débiteur perd le bénéfice du
terme lorsqu'il a diminué ou anéanti la garantie
qu'il a constituée au profit de son créancier. En
effet, si la réalisation a été opérée, le crédité est
tenu de restituer les avances à la première réquisition du débiteur, et, dans l'hypothèse inverse, ce
dernier n'est pas obligé de fournir les fonds promis,
attendu qu'il aurait le droit de les reprendre aussitôt après en avoir déboursé le montant.

Mais les causes d'extinction de l'ouverture de crédit que nous venons d'énumérer ne sont pas les plus
importantes. Les principales peuvent se ramener à
trois, qui sont : 1° le terme fixé par les parties dans
la convention ; 2° la révocation ; 3° la faillite ou la
déconfiture de l'un ou de l'autre des cocontractants.
Chacune d'elles sera l'objet d'un chapitre spécial.

CHAPITRE I

CLOTURE DE L'OUVERTURE DE CRÉDIT PAR L'EXPIRATION
DU TERME FIXÉ PAR LA CONVENTION

A l'arrivée du terme stipulé dans l'acte de crédit, le créditeur établit la situation du crédité. Si celui-ci rembourse soit le montant intégral des avances, soit le solde du compte courant, tout est terminé. Si, au contraire, il ne se libère pas, ce peut être parce qu'il est insolvable ou bien parce que le créditeur consent à lui accorder une prorogation de crédit. C'est de cette dernière hypothèse que nous allons nous occuper dans ce chapitre, nous réservant d'examiner la première à propos du cas de faillite ou de déconfiture du crédité. Mais la prorogation d'un crédit ouvert ne présente de difficulté sérieuse qu'autant que ce crédit est tout à la fois accompagné d'un compte courant et garanti par une sûreté réelle, par exemple par une hypothèque. La question qui se pose alors est celle de savoir si la prorogation est opposable aux tiers, c'est-à-dire si le créditeur peut se prévaloir de l'hypothèque pour les avances par lui procurées après la prorogation. Essayons de la résoudre.

En principe, l'hypothèque constituée pour sûreté d'un crédit ouvert par compte courant ne garantit que les sommes avancées depuis l'époque de la confection de l'acte de crédit jusqu'au terme fixé par la convention, quand bien même les avances réalisées jusqu'alors seraient inférieures au chiffre du crédit et quelle que soit l'importance de celles qui auraient été faites ultérieurement. Ainsi, en admettant qu'aujourd'hui, 1er mai 1892, nous ouvrions par compte courant et sous affectation hypothécaire un crédit de 100,000 francs pour trois ans à Primus, notre client, nous ne pourrons nous prévaloir de l'hypothèque que celui-ci aura constituée à notre profit que pour les avances par nous faites jusqu'au 1er mai 1895, époque à laquelle le compte devra être balancé et arrêté, et non pour celles faites ultérieurement en vertu d'une prorogation du crédit par nous consentie, alors même que les avances réalisées pendant la durée de la prorogation ajoutées aux précédentes, ne dépasseraient pas ou seraient inférieures à 100,000 francs, montant du crédit primitivement ouvert.

Mais ce n'est là qu'une règle générale, car il y a des cas dans lesquels l'hypothèque garantit non seulement les opérations faites pendant la durée du délai fixé par la convention, mais encore celles réalisées postérieurement au terme convenu. En d'autres

termes, il y a des hypothèses dans lesquelles le créditeur peut opposer la prorogation du crédit aux
tiers, c'est-à-dire, aux autres créanciers du crédité
ainsi qu'au tiers acquéreur de l'immeuble hypothéqué. Nous allons rechercher quels sont ces cas, puis
nous nous demanderons ensuite si l'hypothèque qui
garantit le crédit peut s'étendre aux billets à ordre
souscrits par le crédité après l'expiration du terme
convenu.

En premier lieu, nous dirons que la prorogation
du crédit est opposable aux tiers quand ils n'ont pas
d'intérêt à la repousser. La jurisprudence nous fournit à cet égard, une espèce dans laquelle sont mises
en lumière la règle que nous avons indiquée plus haut
et la juste limitation qu'elle comporte : Par acte notarié du 5 février 1840, Jean Lemaître et Cⁱᵉ, banquiers, ouvraient par compte courant pour 6 ans, à
Bony, filateur, un crédit de 100,000 francs en garantie
duquel ils se faisaient consentir une hypothèque sur
la propriété des Capucins appartenant à Bony ; et,
par une clause formelle de l'acte, mentionnée dans
l'inscription, le compte courant devait être balancé
et arrêté le 5 février 1846. Mais il était arrivé qu'en
vertu d'une prorogation du crédit, les parties avaient
continué à travailler en compte courant jusqu'au 24
mars 1847, date du décès de Bony. Il s'agissait alors
de savoir si Jean Lemaître et Cⁱᵉ n'avaient le droit d'in-

voquer leur hypothèque que pour les avances réalisées jusqu'au 5° février 1846, ou bien si, l'étendant
aux opérations faites du 5 février 1846 au 24 mars
1847, ils pouvaient s'en prévaloir en garantie du
solde définitif du compte courant.

La cour de Rouen (1) appelée à se prononcer sur
ce point, s'est arrêtée à ce dernier parti. Voici les
raisons qui ont déterminé sa décision : « Le compte
courant, disait-elle, dans son arrêt, se compose d'un
ensemble d'opérations successives qui se tiennent
et s'enchaînent d'une manière indissoluble jusqu'à
sa clôture ; les versements et les remises qui forment
cet ensemble d'opérations ne sont que des élements
partiels du compte et ne peuvent jamais constituer
des payements dans l'acception légale de ce mot ;
la qualité de créancier ou de débiteur ne peut, par
la même raison, être fixée qu'autant que le solde
est définitivement arrêté, puisque le compte qui court
par la nature même de sa destination ne présente
aucune balance définitive; d'après les principes, il
est manifeste dans l'espèce qu'à la date du 5 février
1846, il n'y avait ni créancier ni débiteur puisque,
par une conséquence de la nouvelle convention des
parties, le compte n'avait pas cessé de courir à cette
date ».

1. Rouen, 9 janvier 1849. Dalloz, 52, 1, 86.

Ce sont bien là les règles du compte courant, et elles sont bien applicables aux parties contractantes. Mais il y avait, dans l'espèce, à tenir compte du droit des tiers c'est-à-dire des autres créanciers de Bony. Ceux-ci, en effet, en contractant avec le débiteur, ont considéré sa situation hypothécaire et ce n'est que parce qu'ils ne l'ont pas jugée dangereuse pour eux qu'ils ont consenti à devenir ses créanciers. En consultant l'inscription ils ont été avertis non seulement que le crédit ne s'élèverait pas au-dessus de la somme de 100,000 francs, mais encore qu'il devait s'arrêter au terme fixé. Ils avaient donc le droit de compter sur la limitation de ce crédit quant à son montant et quant à sa durée et c'est pourquoi une prorogation ne pouvait pas leur être plus opposable qu'un excédent d'avances.

Aussi l'arrêt de la cour de Rouen a-t-il été cassé. La cour suprême (1) a jugé que l'hypothèque d'un crédit ouvert par compte courant jusqu'à concurrence d'une somme déterminée avec stipulation que le compte serait balancé et arrêté après un certain temps, n'avait pas, entre les parties contractantes, les mêmes effets qu'à l'égard des tiers et que ces derniers avaient le droit de la repousser dans le cas où elle serait étendue à des opérations faites à une épo-

1. Cass. 22 mars 1852. Dalloz, 52, 1, 86.

que postérieure au terme fixé dans l'acte de crédit.

Mais il peut se faire que le solde du compte courant soit, à l'expiration de la prorogation, inférieur à celui qui aurait pu être constaté si l'on avait balancé et arrêté le compte au terme fixé par la convention. Le cas se présentait précisément dans l'espèce que nous commentons. Au 6 février 1846, Jean Lemaître et Cie étaient, en effet, créanciers de Bony pour une somme de 149,000 francs, alors qu'au 7 mars 1847, date du règlement définitif du compte, le solde en faveur du créditeur ne s'élevait plus qu'à la somme de 42,000 francs. Dès lors, quels inconvénients y avait-il pour les tiers à accepter la prorogation du crédit ouvert puisque cette prorogation augmentait la valeur de leur gage ou leur procurait dans l'ordre une collocation dont ils n'auraient pas pu bénéficier si le compte avait été balancé et arrêté au terme convenu, le solde d'alors absorbant complètement le crédit hypothécaire ? Nous pensons qu'il n'en existait pas et qu'il était équitable de suivre, en ce cas, sans réserve, les règles du compte courant. Nous verrons, cependant, que les tiers intéressés à écarter l'hypothèque s'opposaient à cette solution. Toujours est-il que la cour de Paris (1), devant laquelle la cour de cassation avait renvoyé l'affaire,

1. Paris, 21 décembre 1855. Dalloz, 52, 1, 86.

décida que les créanciers contestants n'avaient aucun intérêt à critiquer la prorogation puisqu'elle améliorait leur situation et qu'en conséquence ils devaient l'accepter comme les parties elles-mêmes, le
compte courant formant un tout inséparable et indivisible dont on ne peut détacher des articles pour
leur donner le caractère de paiements partiels.

Il résulte de tout ce que nous venons de dire que
la cour de Paris n'a pas fait autre chose que de confirmer, en fait, l'arrêt de la cour de Rouen dont elle
a modifié seulement les motifs. La cour de Paris, en
effet, a, comme celle de Rouen, décidé que le compte
n'avait pas cessé de courir jusqu'au décès de Bony;
mais, au lieu d'appliquer comme celle-ci à l'espèce
les règles du compte courant d'une manière absolue,
elle ne les a suivies que parce qu'elle a considéré
qu'elles ne causaient aucun préjudice aux tiers.

Reste à savoir s'il était bien vrai de dire que la
prorogation du crédit améliorait la situation des
créanciers contestants. Ceux-ci ne pouvait-ils pas
valablement soutenir que le compte s'étant arrêté,
à leur égard, au terme fixé dans l'acte de crédit, les
remises faites ultérieurement par le débiteur
devaient être imputées sur le solde qui aurait été
constaté si le compte avait été réellement balancé
et arrêté lors de l'expiration de ce terme ? Ne
pouvaient-ils pas, en conséquence, être admis à

prétendre que l'extinction de l'hypothèque s'étant produite par suite de ces remises opérées jusqu'à concurrence du solde fictif, les nouvelles avances n'étaient couvertes par aucune garantie et ne constituaient que des créances simplement chirographaires ?

A cette question, nous répondons négativement, car les règles qui ont trait à l'imputation des paiements sont inapplicables en matière de compte courant, notamment la règle d'après laquelle les paiements s'imputent sur la dette la plus ancienne et la plus onéreuse de préférence à une dette plus nouvelle et moins onéreuse. C'est là un principe constant adopté par les auteurs et sanctionné par la cour de cassation. Il est également certain que ce principe est opposable aux tiers. La cour suprème a eu l'occasion de se prononcer en ce sens à propos d'une espèce dans laquelle un tiers, qui avait cautionné, jusqu'à concurrence d'une certaine somme, le débit d'un compte courant, prétendait que les remises qui avaient suivi le cautionnement devaient être imputées sur le montant de la somme cautionnée. La cour de cassation a repoussé cette prétention en déclarant que le cautionnement ne s'attachait pas à une somme déterminée faisant partie du compte courant, mais au solde définitif de ce compte. Cette solution doit évidemment s'appliquer à l'hypothèque constituée pour sûreté d'un crédit ouvert par compte courant. L'hypothèque en effet, dans le cas qui nous occupe, ne pouvait garantir que le solde définitif du compte, et les tiers n'avaient pas le droit, pour l'écarter, de se prévaloir uniquement des remises faites postérieurement au terme fixé par la convention, sans tenir compte, en même temps, des versements ultérieurs opérés par le créditeur. Le débiteur était donc libéré, *erga omnes*, du montant de ses remises portées à son crédit moins le montant des avances nouvelles inscrites à son débit. En d'autres termes, le créditeur restant créancier du solde établi en sa faveur, c'est ce solde qui était garanti par l'hypothèque, et c'est bien là ce qui met en lumière l'intérêt évident que les tiers avaient à accepter la prorogation du crédit ; car, si cette prorogation ne leur eût pas été opposable, leur droit eût été nécessairement réglé au terme primitivement fixé par la convention sans qu'ils eussent pu invoquer aucune opération postérieure à cette date ; or, nous avons vu que la créance du créditeur absorbait alors tout le crédit hypothécaire.

Mais l'imputation des paiements n'était pas le seul moyen sur lequel les créanciers contestants s'appuyaient pour repousser l'hypothèque du créditeur. Ils alléguaient, en outre, qu'à partir du jour où le compte devait être balancé et arrêté, il s'était opéré une novation par changement de dette et qu'en conséquence, la créance du créditeur s'étant transformée en une créance nouvelle, celle-ci n'était pas affectée, comme l'ancienne, de la garantie hypothécaire. Nous pensons que cette prétention devait être repoussée comme la précédente, non pas que le compte courant fût exclusif de la novation, mais parce que, tout d'abord, la novation n'existait pas dans l'espèce et parce que, en outre, alors même qu'elle se fût opérée, l'hypothèque n'en aurait pas moins continué à garantir la créance du créditeur, étant donné que, dans les comptes courants, l'hypothèque n'est jamais attachée qu'au résultat définitif du compte. En effet, lorsque, dans un compte courant, la balance d'un arrêté de compte périodique est reportée à nouveau, il y a novation en ce sens que ce n'est plus le solde reporté qui est dû, mais le solde futur du compte nouveau ; mais ce report à nouveau n'implique nullement l'extinction de l'hypothèque. S'il en est ainsi quand il s'opère une véritable novation comment pourrait-il en être autrement lorsqu'il n'y en a pas. Car, la novation ne se présume point (art. 1273 C. civ.) et l'on ne saurait considérer comme telle une simple prorogation de compte réel, mais un arrêt de compte fictif fait par les tiers, dans leur intérèt, et dans le but unique de déterminer quel eût été, à un jour donné, le chiffre de la créance hypothécaire.

Donc les prétentions des tiers n'étaient pas mieux fondées sur le terrain de la novation que sur celui de l'imputation des paiements ; et l'on peut dire que la cour de Paris, en imposant aux créanciers contestants l'acceptation de la prorogation du crédit, leur procurait ainsi le seul moyen d'obtenir une collocation dans l'ordre ouvert, attendu que si leur situation eût été réglée à l'expiration du terme fixé par la convention, le créditeur eût absorbé à lui seul le droit hypothécaire tout entier, et que, dans ce cas, ils n'eussent pas pu invoquer une opération postérieure à ce terme, une telle prétention impliquant l'acceptation de la prorogation du crédit, avec obligation, en raison des règles relatives à l'indivisibilité du compte courant, de ne pas rejeter les opérations figurant au débit du compte pour ne se prévaloir que de celles portées au crédit de ce compte.

Nous venons de voir que la prorogation d'un crédit ouvert par compte courant est opposable aux tiers quand elle améliore leur situation, et qu'en conséquence l'hypothèque garantit les avances réalisées pendant sa durée. Ce n'est pas le seul cas dans lequel il en est ainsi. La prorogation de l'ouverture de crédit jointe à un compte courant peut encore être opposée aux tiers lorsqu'elle a été prévue dans l'acte de crédit et que, de plus, elle a été mentionnée dans l'inscription hypothécaire. En effet, quand le créditeur s'est réservé le droit de continuer le crédit après l'expiration du terme convenu, les tiers ne sont victimes d'aucune surprise. Ils sont avertis non seulement que l'immeuble est affecté d'une hypothèque pour sûreté d'un crédit dont la somme et la durée sont déterminées, mais encore que, suivant la volonté du créditeur, ce crédit peut être prolongé après l'expiration du terme fixé par la convention. Dès lors, il n'y a pas de raison pour ne pas leur opposer la prorogation mentionnée dans l'acte et dans l'inscription.

La cour d'Alger (1) s'est prononcée en ce sens dans une espèce dans laquelle le tiers auquel le créditeur opposait la prorogation était l'acquéreur d'un des immeubles hypothéqués; et en conséquence, elle a repoussé la prétention du créditeur par la raison qu'il n'était nullement question, dans les inscriptions, de la prorogation éventuelle du crédit. Elle a aussi fondé sa décision sur cette considération que l'acquéreur est bien l'ayant-cause du créditeur pour les actes antérieurs à la vente

1. Alger, 23 mars 1874. Sir., 74, 1, 355.

consentie à son profit mais non pour les faits et engagements postérieurs à cette vente qui sont, à son égard, *res inter alios acta.*

Arrivons maintenant à notre troisième question. L'hypothèque peut-elle valablement s'étendre aux billets à ordre souscrits par le crédité au profit du créditeur après l'expiration du terme fixé par la convention ; en d'autres termes, ces effets doivent-ils entrer dans le compte courant ou en être exclus ? Nous croyons qu'il est nécessaire de faire une distinction. Si, postérieurement à la limite du crédit, les billets à ordre ont été souscrits en échange d'avances nouvelles, ils n'entreront pas dans le compte courant et ne seront pas non plus garantis par l'hypothèque par la raison bien simple que ni le compte ni l'hypothèque ne peuvent avoir une étendue plus grande que celle que les parties leur ont assignée, à moins que, comme nous l'avons vu, le crédit ne soit prorogé en vertu d'une convention des parties, auquel cas, la prorogation serait valable entre elles, mais ne serait pas, en principe, opposable aux tiers. Si, au contraire, les billets à ordre émis après l'expiration du crédit ne sont que les renouvellements de ceux antérieurement souscrits pendant sa durée, ils devront être compris dans le compte courant et seront, en conséquence, affectés par l'hypothèque, mais à la condition que le créditeur établisse qu'ils représentent la créance hypothécaire constatée par les anciens billets. C'est là une preuve exigée par la cour de cassation (1) dans le but d'empêcher que l'hypothèque ne soit attachée à de prétendus renouvellements qui, en réalité, ne seraient que la contre-valeur d'avances nouvelles.

Mais le principe que l'hypothèque garantit les renouvellements faits postérieurement à la limite du crédit soulève une sérieuse objection. Nous avons vu qu'un créancier porteur de billets souscrits par son débiteur avant l'ouverture du crédit hypothécaire peut, au moment de cette ouverture, lui restituer ces billets en échange de renouvellements qui seront garantis par l'hypothèque. Nous avons constaté qu'il s'opère alors une novation par changement de dette de laquelle il résulte que le créditeur, de créancier chirographaire qu'il était, devient désormais créancier hypothécaire. Or, ici, peut-on dire, la situation est la même. Comme dans le cas précédent, le créditeur se fait souscrire par le crédité des billets à ordre, qui sont les renouvellements de billets antérieurs qu'il lui rend. Pourquoi donc n'y aurait-il pas novation ? Pourquoi donc l'hypothèque ne s'étiendrait-elle pas pour une raison identique à celle

1. Cass. 23 mars 1874. Sir., 74, 1, 355.

qui lui donne naissance dans l'hypothèse que nous venons de citer? Il est vrai qu'au lieu d'être question d'une créance chirographaire qui se transforme en une créance hypothécaire, il s'agit, au contraire, d'une créance hypothécaire qui dégénère en une créance simplement chirographaire. Mais, malgré cette différence, il y a toujours, dans un cas comme dans l'autre, substitution d'une dette à une autre, c'est-à-dire novation par changement de dette. D'ailleurs, peut-on ajouter, une extension de l'hypothèque au delà des limites fixées par la convention conduirait à soutenir que notre droit admet les hypothèques constituées par tacite reconduction, ce qui serait contraire aux termes mêmes de l'art. 2117 C. civ. qui exige un acte authentique. Dès lors, pourquoi l'hypothèque ne s'éteindrait-elle pas, avec les anciens billets, à la date de l'arrêté définitif du compte?

Nous croyons que, dans ce cas, l'idée de la novation doit être écartée. En effet, aux termes de l'art. 1273 C. civ. « La novation ne se présume point, il faut que la volonté de l'opérer résulte clairement de l'acte ». La novation doit donc résulter d'une volonté clairement exprimée par les parties ; en d'autres termes, celles-ci doivent avoir l'*animus novandi*, c'est-à-dire, l'intention d'opérer une novation. Ce point établi, est-il admissible qu'un créditeur hypothécaire, qui, après l'expiration du crédit, consent à accepter de son débiteur des renouvellements en échange de billets impayés, manifeste par cela même la volonté d'opérer une novation dont la conséquence serait la perte de son hypothèque? non assurément, il est impossible de trouver, en ce cas, l'*animus novandi* ; et, les juges à qui la cour suprême (1) donne, sur ce point, un large pouvoir d'appréciation, ne déclareront jamais, la cause des renouvellements étant prouvée, qu'un tel état de chose implique l'existence d'une novation et que, par suite, les nouveaux billets ne sont pas comme les anciens, garantis par l'hypothèque. Au contraire, lorsque les renouvellements sont faits au moment de l'ouverture du crédit hypothécaire en remplacement de billets à ordre souscrits antérieurement et dans le but d'y attacher l'hypothèque constituée pour sûreté de ce crédit, la novation se conçoit fort bien, car elle améliore la situation du créditeur en transformant sa créance chirographaire en une créance hypothécaire. Du reste, si le créditeur ne pouvait pas invoquer son hypothèque en garantie du paiement des billets renouvelés après l'expiration du crédit ouvert, comme il aurait pu s'en prévaloir en garantie du paiement des anciens, il serait victime de son indul-

1. Cass. 23 mars 1874. Sir., 74, 1, 355.

gence, car la loi serait plus rigoureuse pour lui que pour un créancier inflexible. En outre, le crédité pourrait demander à renouveler ses billets sous prétexte d'insolvabilité, mais en réalité dans l'intention d'éteindre ou d'amoindrir le droit hypothécaire du créditeur, de manière à favoriser, au détriment de ce dernier, un autre créancier hypothécaire qui, sans cette fraude, n'aurait pas été colloqué en ordre utile ou n'aurait obtenu qu'une collocation partielle.

La solution que nous venons de donner s'applique également quand l'ouverture de crédit n'est pas accompagnée d'un compte courant. Il n'y a pas de raison pour qu'il en soit autrement.

CHAPITRE II.

CLÔTURE DE L'OUVERTURE DE CRÉDIT PAR LA RÉVOCATION.

L'ouverture de crédit, qu'elle soit civile ou commerciale, ou qu'elle soit ou non accompagnée d'un compte courant, peut être révoquée pour cause d'inexécution des obligations contractées par le crédité. Celui-ci a pu, en effet, s'obliger à effectuer des remboursements partiels à des intervalles de temps plus ou moins rapprochés les uns des autres; ou bien enfin à lui procurer une sûreté réelle ou personnelle. L'inexécution de chacune de ces obligations constitue autant de causes de révocation du crédit ouvert. La révocation a lieu de plein droit. Il n'est pas nécessaire que le créditeur fasse, à cet égard, une demande en justice, ainsi que la loi l'exige quand il s'agit d'un contrat synallagmatique, ou d'un contrat unilatéral, lorsqu'il est à titre onéreux. Seulement il importe de remarquer que la révocation ne peut produire d'effet qu'autant qu'elle a été notifiée au crédité.

La révocation de l'ouverture de crédit donne lieu

à une difficulté sérieuse lorsque le crédit est réalisable en lettres de change tirées sur le créditeur ou sur un tiers par lui désigné. Il arrive souvent, en effet, dans ce cas, que le tireur crédité ne conserve pas les traites en portefeuille jusqu'à leurs échéances, mais les fait escompter par un tiers, généralement un banquier, qui se charge de les présenter en temps utile au tiré créditeur ou au tiers désigné pour s'en faire délivrer le montant. Dès lors, se pose la question de savoir si le créditeur, usant de son droit de révocation pour une des causes que nous avons indiquées plus haut, cette révocation n'est pas opposable au banquier escompteur devenu tiers porteur. Pour la résoudre, nous pensons qu'il importe de distinguer si le crédit a ou n'a pas été confirmé par une lettre qu'on est convenu d'appeler, dans l'usage, lettre de crédit. Le crédit a-t-il été confirmé, le créditeur ou le tiers désigné ne peut pas, en principe, opposer la révocation au tiers porteur quand bien même les lettres de change ne seraient pas par lui acceptées. Nous verrons, en effet, qu'en confirmant le crédit, le créditeur ou le tiers désigné s'engage d'avance à accepter et à payer les traites qui lui seront présentées en exécution du crédit ouvert. Au contraire, le crédit n'a-t-il pas été confirmé, le créditeur ou le tiers désigné se trouve dans la situation d'un tiré ordinaire et, en conséquence, il n'est tenu de réserver bon accueil aux lettres de change sur lui tirées, sans pouvoir opposer la révocation au tiers porteur, que s'il les a préalablement revêtues de son acceptation. Dans ces deux cas, nous appliquons purement et simplement le principe de droit commun contenu dans la maxime : « *Exceptio quæ obstabat cedenti non obstat cessionario ex causa onerosa* (1) ». Nous rechercherons donc quels sont les droits du tiers porteur en cas de révocation du crédit ouvert, en premier lieu, lorsque le crédit a été confirmé, et, en second lieu, lorsqu'il n'a pas été confirmé.

Crédit ouvert confirmé

Dans cette hypothèse, les droits du tiers porteur ne sont pas toujours les mêmes. Ils varient suivant que la révocation a eu lieu avant ou après que les lettres de change ont été escomptées par le tiers porteur. Examinons chacune de ces deux situations.

1° *La révocation est antérieure à l'escompte des lettres de change.* — Lorsque la révocation d'un crédit ouvert confirmé précède l'escompte des lettres de change tirées sur le créditeur ou le tiers désigné par le crédité, celui-ci ne peut plus valablement endos-

---

1. Casaregis : *Discursus legales de commercio*, 48, p. 19.

ser ces effets de commerce au profit d'un tiers. Ne pouvant plus faire usage du crédit, il ne saurait transférer à un tiers porteur des droits qu'il lui est interdit d'invoquer. De là, il résulte que la révocation antérieure à l'escompte des lettres de change est opposable au tiers porteur même de bonne foi pourvu, toutefois, que l'antériorité de la révocation sur l'escompte soit prouvée.

Comment donc prouvera-t-on que la révocation d'un crédit ouvert confirmé a eu lieu avant ou après l'escompte des lettres de change et à qui incombera le fardeau de cette preuve ? Le créditeur ou le tiers désigné s'étant engagé d'avance par la lettre de crédit à accepter et à payer, jusqu'à concurrence du montant du crédit, toutes les traites qui lui seront présentées à l'ordre du crédité, il nous paraît logique de décider que la preuve de l'antériorité de la révocation sur l'escompte soit mise à la charge du créditeur ; c'est, en effet, sur le vu de la lettre de crédit que le tiers porteur a contracté, c'est grâce à la signature dont cette lettre était revêtue qu'il a consenti à escompter les traites ; il a donc le droit de se considérer comme le créancier du créditeur ou du tiers désigné, tant que celui-ci ne lui prouvera pas que sa créance n'existe pas. Le créditeur ou le tiers désigné devra donc prouver qu'au moment où le crédité a fait escompter ses traites, le crédit était déjà révoqué.

Quant au point de savoir de quelle manière cette preuve sera établie, nous pensons qu'elle pourra l'être par tous les moyens possibles, tous les modes de preuve étant admis en matière commerciale (art. 109 c. comm.) et notamment par la copie de lettres, par le récépissé du télégraphe ou celui de la poste, si le créditeur, se servant de cette dernière, a eu le soin de faire recommander la lettre de révocation. Toutefois, l'emploi de ces moyens ne serait pas nécessaire en cas de faillite du crédité. Il suffirait de prouver, pour que le tiré ne fût pas obligé au paiement des traites, que celles-ci ont été escomptées après la date de la déclaration de faillite. Nous verrons, en effet, que la faillite est, comme la révocation, une cause d'extinction de l'ouverture de crédit.

Mais il peut se faire que le crédité fasse escompter ses traites dans l'intervalle de temps qui sépare le jour du départ de la lettre de révocation de celui de son arrivée à destination. Ainsi, il se peut qu'un négociant du Hâvre révoque le crédit le 1er juin et que la lettre de révocation n'arrive à New-York que le 10 du même mois. Dans ce cas la révocation sera-t-elle opposable au tiers porteur qui aura escompté le 5 février les lettres de change émises par le crédité ? S'il s'agissait de la formation d'un contrat, d'un contrat de vente par exemple, nous dirions que le contrat s'est formé au Hâvre au moment où l'acheteur a confié sa lettre à la poste, car, c'est alors que la volonté du vendeur et celle de l'acheteur ont concouru. Nous tiendrions le même raisonnement s'il était question de la confirmation d'une ouverture de crédit. Mais, ici, nous ne sommes pas en présence de la formation d'un contrat, mais de la résolution d'un contrat ; en d'autres termes, nous sommes dans l'hypothèse d'un *distractus* et non d'un *contractus*. Dès lors, nous ne pouvons pas, raisonnant par analogie, étendre à la révocation du crédit une règle qui s'applique à sa formation ; et nous pensons, en conséquence, que le crédité pourra valablement faire escompter ses traites par un tiers tant que la révocation ne lui sera pas parvenue. Si donc, la lettre de révocation arrive le 10 juin à New-York, le créditeur ne pourra pas opposer la révocation au tiers porteur qui aura escompté les traites avant cette date.

Si maintenant nous supposons que le crédité, agissant de mauvaise foi, antidate l'endossement des titres au mépris d'une révocation régulièrement notifiée, cette révocation n'en sera pas moins opposable au tiers porteur qui, dans ce cas, sera nécessairement, ou bien coupable de négligence, ou bien *particeps fraudis*. Mais comme la négligence ou la fraude ne se présume pas, il faudra que l'antidate soit prouvée par le créditeur.

2° *La révocation est postérieure à l'escompte des*

lettres de change. — Dans cette hypothèse, le crédit est bien révoqué *inter partes*, mais il ne l'est pas à l'égard des tiers; en d'autres termes, la révocation notifiée au crédité postérieurement à l'escompte des traites par lui émises, n'est pas opposable au tiers porteur, celui-ci, en effet, n'a consenti à escompter les lettres de change que sur le vu de la lettre de crédit en laquelle il était autorisé d'avoir la plus entière confiance. Il n'a pas suivi la foi du crédité mais celle du signataire de la lettre de crédit. D'où il résulte que le créditeur ou le tiers désigné ne peut pas, sous prétexte de révocation du crédit, se refuser à accepter et à payer les lettres de change à lui présentées par le tiers porteur quand bien même le crédité, abusant de la confiance du créditeur, n'aurait pas, ou aurait mal exécuté ses ordres. Le contrat passé entre le crédité et le créditeur n'intéresse pas le tiers porteur ; il est pour lui *res inter alios acta*. S'il n'en était pas ainsi, l'ouverture de crédit pourrait n'être qu'un piège tendu à la bonne foi des tiers et, en conséquence, elle perdrait la confiance qui fait toute sa force, étant donnée l'incertitude dans laquelle se trouverait le tiers porteur de se voir opposer par le créditeur ou le tiers désigné des contestations qu'il ne pouvait prévoir.

Le tribunal de commerce de Marseille (1) a cepen-

1. Tribunal de Marseille, 15 novembre 1860, jurisp. du Hàvre, 6,21, 177.

dant prononcé un jugement dans lequel il n'a pas tenu compte des droits du tiers porteur de bonne foi. La contestation qui faisait l'objet de son examen était la suivante. Les sieurs Raband frères et Cⁱᵉ négociants, avaient donné au sieur J. Odier, commissionnaire, l'ordre de faire des achats de sucre pour leur compte et lui avaient, en conséquence, ouvert un crédit confirmé de 25000 francs sur lequel ils lui avaient envoyé 10000 francs en effets de commerce avec autorisation de faire traite pour le solde. Le commissionnaire, suivant l'autorisation à lui donnée, tira des lettres de change qu'il présenta à l'escompte chez un banquier et que Raband frères et Cⁱᵉ, qui ne les avaient pas acceptées, refusèrent de payer sous prétexte qu'elles étaient supérieures au montant de leur achat, quoique rentrant dans la limite du crédit ouvert. Le tribunal repoussa la prétention du banquier tiers porteur en se fondant sur cette idée que l'ouverture de crédit et l'autorisation de faire traite ne constituaient pas, de la part des créditeurs, l'engagement d'accepter et de payer les lettres de change fournies par le crédité.

Nous croyons que ce raisonnement est mal fondé. Il serait exact, suivant nous, s'il s'agissait d'un crédit ouvert non confirmé puisque, dans ce cas, la condition du créditeur est celle d'un tiré ordinaire. Il serait encore exact, si la lettre de crédit, portant

autorisation de faire traite, contenait une clause restrictive obligeant le crédité à mesurer le montant de
ses traires à celui de ses envois. Mais en présence
d'un crédit confirmé purement et simplement, il
nous paraît plus logique de faire triompher le tiers
porteur parce que, d'une part, en escomptant les
lettres de change, ce tiers porteur a suivi la foi du
signataire de la lettre de crédit et parce que, d'autre
part, le créditeur signataire de la lettre, s'est engagé
d'avance à accepter et à payer les traites sur lui
tirées par le crédité en exécution du crédit ouvert.

Le tribunal de commerce du Hâvre et après lui
la cour de Rouen (1) confirme d'ailleurs notre manière de voir. Il s'agissait, dans l'espèce, de marchandises à expédier par Langlois et comp., de Calcutta, à Goerg et comp. négociants au Hâvre, qui
avaient ouvert à ces derniers un crédit chez Siordet,
Meyer et comp., banquiers à Londres. Ceux-ci avaient
confirmé le crédit ainsi qu'il suit. « Sur la demande
de MM. Goerg et comp. du Hâvre, nous avons beaucoup de plaisir à vous faire savoir qu'ils ont ouvert
chez nous un nouveau crédit de 8000 liv. sterl. contre
marchandises que vous êtes autorisés à leur expédier ;
en vous confirmant ce crédit, nous nous engageons
à reserver bon accueil pour leur compte à vos traites

1. Arrêt du 19 mars 1861. Sir., 61, 2, 510.

à 6 mois de vue jusqu'à concurrence de 8000 liv. sterl. pourvu que ces traites soient accompagnées des connaissements de la marchandise contre laquelle vous tirerez ». Les expéditeurs, après avoir fait charger la marchandise sur un navire et s'être fait délivrer par le capitaine les connaissements de celle-ci, présentèrent leurs traites à la banque d'Agra de Calcutta qui consentit à les escompter, sur le vu de la lettre de crédit, à la condition que les connaissements y fussent joints. La marchandise étant arrivée au Hàvre, il fut constaté que Langlois et comp., avaient mal exécuté les ordres de Goerg et comp., et, en conséquence, ceux-ci la leur laissèrent pour compte., avisant Siordet, Meyer et comp. de ne pas accepter les traites et de ne pas les payer. Sur le refus des banquiers de Londres d'accepter les lettres de change et de les payer à l'échéance, la banque d'Agra qui était porteur des connaissements fit vendre la marchandise sans formalité et assigna Siordet Meyer et comp. ainsi que Goerg et comp. leurs donneurs d'ordre comme débiteurs solidaires de la somme de 88.600,80 représentant la différence entre le prix de la marchandise vendue et le montant des traites.

La cour de Rouen donna gain de cause à la banque d'Agra, bien que les traites n'eussent pas été acceptées par les tirées et motiva ainsi son arrêt :

« Attendu que les deux traites des 6 et 11 novembre 1857, dont il s'agit au procès, pour être appréciées dans leurs conséquences légales, ne peuvent être prises isolément, qu'elles se rattachent et se lient intimement à la lettre d'ouverture de crédit de 8000 livres sterling annoncée à Langlois et comp. par Goerg et comp. le 8 août 1857 et confirmée le 26 du même mois d'août par Siordet, Meyer et comp. ; que lesdites traites, soit par leur texte précis et leurs conditions formellement exprimées, soit par la pensée commune de toutes les parties et enfin par la nature même de l'opération commerciale qu'elles devaient servir à réaliser, ne forment avec ladite lettre d'ouverture de crédit qu'une seule et même convention. Attendu que c'est sur la foi de ladite lettre de crédit présentée dans l'Inde aux bailleurs de fonds qui devaient intervenir pour le payement des marchandises achetées que ceux-ci devaient se déterminer à livrer leurs fonds et qu'ainsi ladite garantie était faite dans leur intérêt bien plus encore que dans l'intérêt de Langlois et comp. — Attendu que la banque d'Agra, établie à Calcutta, suivant ainsi la foi de Siordet, Meyer et comp. sur un acte signé et livré librement par eux précisément dans ce but, a évidemment par là, acquis tous les droits légitimes d'un tiers porteur de bonne foi et que la révocation du crédit de 8000 livres plus tard notifiée par lesdits sieurs Siordet, Meyer et comp. n'a pu enlever à la banque d'Agra des droits acquis avant ladite révocation de crédit... Adoptant, au surplus les motifs des premiers juges sur la reconnaissance du droit de créance de la banque d'Agra... confirme ».

La cour de Rouen a-t-elle bien jugé ? Nous le pensons. En vain les défendeurs objectaient-ils que la banque d'Agra n'avait aucune action directe contre eux puisque leurs signatures ne figuraient pas sur les lettres de change, qu'elle n'avait fait confiance qu'aux expéditeurs et que, ne pouvant avoir plus de droits qu'eux, elle était passible des mêmes exceptions. Nous répondons qu'en confirmant le crédit ouvert, Siordet, Meyer et comp. s'étaient engagés personnellement et d'avance à accepter et à payer les traites sur eux tirées par Langlois et comp. que la banque d'Agra n'avait consenti à escompter les traites que parce qu'elle avait cru et avait dû croire à la sincérité de l'engagement pris par les tirés, qu'en conséquence s'était à ceux-ci qu'elle avait fait confiance et non pas à Langlois et comp. ; qu'au surplus, acune exception ne pouvait être opposée, étant donné qu'au moment où elle était devenue cessionnaire des traites, aucune exception n'existait et que, quand bien même les tirés auraient eu une exception à opposer, ils n'auraient pu l'invoquer par la raison qu'ils avaient renoncé à s'en prévaloir par la confirmation du crédit ouvert.

Du reste, si le droit du tiers porteur était subordonné à l'absence de toute contestation entre le créditeur et le crédité, la mauvaise foi ne manquerait pas d'en susciter, et il résulterait de là, que les vendeurs crédités ne trouveraient bientôt plus personne pour escompter leurs traites et que, peu à peu, l'ouverture de crédit perdant toute sa valeur, le commerce serait privé d'un moyen puissant et énergique d'action.

On pourrait croire cependant que Siordet, Meyer et comp. et Goerg et comp. leurs donneurs d'ordre, étaient en droit d'opposer à la banque d'Agra une fin de non-recevoir résultant de l'inapplication des formalités requises pour la vente du gage ; que celle-ci, porteur des connaissements de la marchandise, était un véritable créancier gagiste, et qu'en cette qualité, elle était tenue d'offrir les connaissements aux personnes obligées au paiement des traites et de les sommer d'assister à la vente. C'est là, en effet, la règle de droit commun. Mais il faut remarquer que l'usage peut déroger à une loi qui n'est pas d'ordre public et que c'est précisément ce qui avait lieu dans l'espèce soumise à l'examen de la cour de Rouen. Suivant un usage constant de l'Inde, le porteur des connaissements est autorisé à vendre la mar-

chandise sans avis, sans sommation, sans consentement de qui que ce soit, et d'en imputer le prix sur
le montant des traites. Aussi la cour de Rouen s'est-
elle appuyée sur cet usage pour ne pas tenir compte
de la prétention des défendeurs.

La décision de la cour de Rouen nous indique la
solution qui devait être admise si le crédité tombait
en faillite après l'escompte des lettres de change
mais avant leur échéance. Cette situation n'empêcherait pas le créditeur ou le tiers désigné d'être
tenu envers le tiers porteur. Le paiement intégral
des lettres de change devrait être effectué par le tiré
dont le seul droit consisterait à se porter créancier
à la faillite du crédité. Cette solution est conforme
à la logique. Il ne faut pas perdre de vue, en effet,
que nous sommes ici dans l'hypothèse d'un crédit
ouvert confirmé, que le tiers porteur, en consentant
à escompter les traites du crédité, a suivi la foi du
tiré et que, lui enlever toute action contre celui-ci,
serait lui causer un préjudice qu'il n'avait pu prévoir. Cette solution est aussi conforme aux principes ; car, en matière de lettre de change la provision appartient au tiers porteur qui, par l'effet de
l'endossement, est devenu le créancier personnel
du créditeur ou du tiers désigné.

Crédit ouvert non confirmé

L'existence d'un crédit ouvert non confirmé réalisable au moyen de lettres de change, implique que le créditeur a voulu se mettre à l'abri des revendications des tiers porteurs de bonne foi. En effet, lorsque le banquier créditeur confirme le crédit, c'est à lui, nous l'avons vu, que le tiers porteur fait confiance, ce qui l'empêche de se soustraire à l'obligation d'accepter et de payer les traites sur lui tirées par le crédité. Mais ici, la situation est tout autre, le tiers porteur ne peut pas se prévaloir d'un engagement spécial pris d'avance et consistant à accepter et à faire bon accueil à des lettres de change. Il ne peut qu'invoquer les droits de son cédant, dont il prend la place. Or, comme le créditeur peut opposer à ce dernier l'exception résultant de la révocation du crédit, il s'ensuit qu'il peut aussi l'invoquer contre le tiers porteur à moins, toutefois, qu'il n'ait revêtu les traites de son acceptation.

L'hypothèse que nous visons ne se rencontre pas souvent dans la pratique lorsque le crédit ouvert est garanti par une sûreté réelle (gage, hypothèque ou antichrèse) ou bien par une sûreté personnelle (solidarité ou cautionnement) ; car avec de telles garanties, le créditeur n'a pas à redouter l'insolvabilité du tireur, et, conséquemment, il n'est pas nécessaire qu'il se mette à l'abri de l'action du tiers porteur en ne confirmant pas le crédit. Au contraire, l'ouverture de crédit non confirmée se présente fréquemment, soit quand aucune garantie n'est stipulée, ce qui peut arriver en cas d'ouverture de crédit consentie contre envoi de marchandises, soit surtout quand le crédité a recours à notre contrat moins pour se procurer des fonds que pour augmenter son crédit vis-à-vis des personnes avec lesquelles il traite. Dans le premier cas, les choses se passent comme s'il s'agissait d'une vente ordinaire dont le prix est réalisable au moyen de lettres de change tirées sur le créditeur. Dans le second, le banquier créditeur joue le rôle de mandataire du crédité. Cela étant, l'art. 2003 C. civ. devient applicable et par suite, les causes qui mettent fin au mandat, notamment la faillite du mandant crédité, donnent au créditeur le droit de fermer le crédit, partant, de repousser l'action des tiers porteurs même de bonne foi qui n'ont pas plus de droit que leur cédant.

CHAPITRE III.

CLOTURE DE L'OUVERTURE DE CRÉDIT PAR LA FAILLITE DE L'UNE OU DE L'AUTRE DES PARTIES CONTRACTANTES

Une dernière cause d'extinction de l'ouverture de crédit est la faillite de l'une ou de l'autre des parties contractantes. Si c'est le crédité qui est déclaré en faillite, le crédit est clos de plein droit par la raison que l'emprunteur, perdant le bénéfice du terme (art. 1188. c. civ.), serait obligé de restituer les avances aussitôt après en avoir reçu le montant. On nous objectera, peut-être, que la faillite ne résolvant pas les contrats, le créditeur doit être tenu d'exécuter son obligation et qu'il sera ensuite admis à produire dans la faillite comme créancier chirographaire, gagiste ou hypothécaire, suivant que le crédité aura ou n'aura pas constitué de sûreté à son profit. Mais cet argument ne nous semble pas bien fondé, car l'ouverture de crédit est un contrat dont l'existence est subordonnée à la confiance du créditeur en la solvabilité du crédité. Dès l'instant que la confiance n'existe plus, l'ouverture de crédit disparaît. C'est ce qui a été décidé à propos d'obligations émises par une société de commerce. Il a été jugé que les porteurs d'obligations non libérées n'étaient pas tenus d'effectuer, après la faillite de la société, les versements qu'ils s'étaient engagés à fournir lors de la souscription. Cette solution est identique à celle que nous visons en notre matière, et il n'y a pas de raison pour ne pas assimiler en ce cas le créditeur aux obligataires. Si, au contraire, c'est le créditeur qui tombe en faillite, il n'est pas absolument exact de dire que cet événement met fin à l'ouverture de crédit, ce sera vrai le plus souvent parce que le créditeur ne sera plus à même de répondre aux demandes de fonds du crédité. Mais le contraire peut cependant arriver, malgré la faillite, et en conséquence il peut se faire que le syndic, se trouvant en présence d'une opération avantageuse, juge à propos de la mener à bonne fin dans l'intérêt de la masse et du créditeur lui-même. Toutefois, comme cette situation est extrêmement rare, nous nous bornerons à la mentionner pour ne nous occuper exclusivement que de celle où il n'est question que de la liquidation de l'actif ou du passif du créditeur. Nous étudierons donc, tout d'abord, le cas dans lequel l'ouverture de crédit prend fin par la faillite du créditeur, puis ensuite celui dans lequel elle s'éteint par la faillite du crédité.

PREMIER CAS

Faillite du créditeur

Pour arriver à déterminer les droits respectifs des parties contractantes et de leurs ayants cause, il est nécessaire de considérer le créditeur, en premier lieu, comme créancier, et en second lieu, comme débiteur.

I. Le créditeur est créancier

Le créditeur failli étant dessaisi de l'administration et de la disposition de tous ses biens, ce n'est pas lui, mais le syndic qui exerce ses droits et actions. Ainsi, le syndic touche les billets à ordre souscrits par le crédité au profit du créditeur ou consent à leur renouvellement ; il reçoit le montant des effets remis à l'escompte au fur et à mesure de leur échéance ; il fait pratiquer la saisie des biens du crédité si celui-ci ne restitue pas les avances à lui consenties. En un mot, il poursuit tous les débiteurs du créditeur.

A propos de l'exercice par le syndic des droits et actions du créditeur, se pose une question relative

au cas dans lequel celui-ci a, pendant la période suspecte, endossé au profit d'un tiers des traites qu'il a
tirées sur le crédité ou des billets à ordre que ce
dernier lui a souscrits. Dans ce cas, le crédité doit-il
être considéré comme débiteur du créditeur failli
alors même qu'un tiers est devenu cessionnaire des
billets par lui souscrits ou des traites par lui acceptées ? Nous ne le pensons pas. Le syndic n'a pas le
droit de poursuivre le débiteur des effets dans le
but de s'en faire délivrer par lui le montant à l'é-
chéance, et de prétendre que le tiers porteur doit
être admis comme créancier dans la faillite du créditeur, car la doctrine et la jurisprudence décident
que la provision appartient au porteur et que, par
suite, le crédité n'est pas débiteur du créditeur failli
mais du cessionnaire de celui-ci. Il en est ainsi quand
bien même l'ouverture de crédit serait accompagnée
d'un compte courant. Il ne pas pourrait être allégué
que, dans ce cas, le tiers porteur n'est pas créancier
du crédité par la raison que le compte courant est
sujet à des variations continuelles et que, lors de
l'arrêté définitif du compte, il peut se faire que le
crédité ne soit pas débiteur du créditeur. Il suffit,
pour qu'il y ait provison et pour que le tiers porteur en devienne propriétaire, que le crédité soit, en
fait, débiteur du montant des effets au moment de
leur échéance. Si l'éventualité d'une dette intégra-

lement acquittée ou même inférieure à celle mentionnée sur les effets empêchait la provision de passer aux tiers porteur, ceux-ci seraient trop souvent déçus étant donné qu'ils ne savent pas toujours qu'il existe un compte courant entre le cédant et le débiteur.

Le syndic ne pourrait pas non plus soutenir que le transport des effets effectué pendant la période suspecte tombe sous le coup de l'art. 446 C. comm. Le tiers porteur a, en effet, nous le supposons, versé dans l'actif de la faillite la contre-valeur des effets. De plus, on ne peut pas dire qu'il y a là un paiement pour dette non échue, car le créditeur n'est pas débiteur du tiers porteur.

La faillite du créditeur donne lieu à une autre question qui peut se présenter lorsque le crédité a constitué pour sûreté du crédit ouvert une hypothèque ou un gage au profit du créditeur. Nous avons vu que la garantie passe de plein droit au tiers-porteur avec les effets endossés à l'ordre de ce dernier. Ce principe rappelé, il s'agit de savoir si le tiers-porteur ne perd pas sa garantie en prenant part au vote du concordat délibéré en faveur du créditeur failli. Nous croyons que le vote du concordat n'est pas de nature à faire perdre au tiers-porteur son droit sur la garantie affectée au paiement des effets dont il est cessionnaire. L'art. 508 C. comm. ne dit pas, il est vrai, en termes formels qu'il n'en est ainsi que quand la garantie est constituée sur les biens d'un tiers, mais cela résulte implicitement des textes qui le précèdent et de la matière contenue dans les sections II et III du chapitre VII du titre de la faillite, intitulées la première : « Des créanciers nantis de gage et des créanciers privilégiés sur les biens meubles », et la seconde : « des droits des créanciers hypothécaires et privilégiés sur les immeubles ». D'ailleurs, le législateur nous dit clairement dans l'art. 545 C. comm. que le créancier conserve son action contre les coobligés du failli malgré son vote au concordat ; et, si telle est sa décision en ce qui concerne les sûretés personnelles, il n'y a pas de raison pour qu'elle soit différente à l'égard des sûretés réelles consenties par un tiers. Au surplus, cette solution ne cause aucun préjudice à la masse puisque le droit de préférence du tiers-porteur n'est pas exercé sur les biens du failli créditeur mais sur ceux du crédité qui est un tiers vis-à-vis du tiers-porteur. Si, maintenant, l'on nous objectait que le tiers porteur, comptant sur l'efficacité de sa garantie, sera porté à être trop généreux et à accorder facilement le concordat, nous répondrions qu'il ne suffit pas que le concordat soit voté pour que le failli puisse s'en prévaloir, qu'il faut encore qu'il soit homologué par le tribunal de commerce. Si donc le tribunal reconnaît que la voix du tiers porteur créancier gagiste ou hypothécaire a été nécessaire pour l'obtention du concordat, il refusera l'homologation.

II. — Le créditeur est débiteur.

Lorsque nous parlons du créditeur débiteur, nous n'envisageons pas sa dette résultant de l'ouverture de crédit, puisque nous supposons que le syndic ne continue pas les opérations. Nous faisons allusion aux obligations du créditeur qui ont pour cause l'exécution des obligations du crédité. Ainsi, le créditeur peut être débiteur d'un prix de vente ou de la contrevaleur d'effets de commerce qui lui ont été remis par le crédité. Comment seront réglés les droits de celui-ci, en premier lieu, lorsqu'il est vendeur, en second lieu, lorsqu'il a fait au créditeur une remise en effets de commerce qui n'a pas été suivie d'avances ?

1° *Le créditeur est débiteur d'un prix de vente.* — Dans cette hypothèse, les droits du crédité vendeur varient suivant que le crédit a été ouvert à son profit ou au profit de l'acheteur.

A. *Le crédit a été ouvert au profit du vendeur.* — Cette situation implique que l'acheteur est autorisé à verser le prix de vente entre les mains du créditeur. Si après ce versement, le créditeur est déclaré en faillite, le vendeur ne peut plus poursuivre l'acheteur. Ce dernier s'est définitivement libéré par la raison que le banquier créditeur est ici le mandataire et, pour ainsi dire, le caissier du crédité vendeur.

B. — *Le crédit a été ouvert au profit de l'acheteur.* — Dans ce cas, les droits du crédité vendeur sont plus étendus que dans le précédent, car le banquier est un tiers désigné sur lequel le vendeur tire pour le compte de l'acheteur. Celui-ci pourra donc être poursuivi par le vendeur et il n'aura pas le droit de prétendre qu'il s'est valablement libéré en payant entre les mains du banquier avant la déclaration de faillite de ce dernier. En effet, pour le vendeur, le banquier n'est qu'un tiré subsidiaire, et du moment qu'il n'est pas payé à l'échéance, il est juste qu'il se retourne contre celui auquel il a expédié la marchandise, c'est-à-dire contre son mandant.

Il y a cependant un cas dans lequel le vendeur n'aura pas d'action contre l'acheteur, alors même que le banquier créditeur joue vis-à-vis de lui le rôle de tiré pour compte. Cela arrivera quand il tirera d'abord des lettres de change sur l'acheteur pour le montant de sa facture et fera ensuite traite sur le créditeur ou un tiers désigné pour le montant de cette même facture en lui endossant comme couverture ses lettres de change sur l'acheteur accom-

pagnées des connaissements ou de la lettre de voiture. Il peut se faire, en effet, que le créditeur
tombe en faillite après avoir reçu de l'acheteur, à
l'échéance, la contre-valeur des premières lettres de
change et avant que le vendeur qui les lui a cédées
n'ait fait traite sur lui pour se rembourser de la
couverture fournie. Alors, le vendeur ou son mandataire, n'aura pas d'action contre l'acheteur bien
que le créditeur soit le tiré pour compte de ce dernier. Celui-ci, en effet, s'est valablement libéré en
faisant bon accueil aux traites de son vendeur. Il
ignorait les rapports qui existaient entre le tireur et
le créditeur ; il ne connaissait pas la double création
de lettres de change et il était autorisé à penser que
si le banquier créditeur avait les traites du vendeur
entre les mains c'est qu'il lui en avait préalablement
versé l'équivalent en les lui escomptant. Il suit de
là que l'acheteur pourra se faire délivrer la marchandise alors même que la lettre de voiture ou les
connaissements seront restés entre les mains du
porteur des lettres de changes tirées sur le créditeur par le vendeur et ce tiers porteur n'aura que
le droit de se porter créancier chirographaire à la
faillite du créditeur.

Le tribunal de commerce du Havre a mis ce point
en lumière dans l'espèce suivante sur laquelle il a

eu à se prononcer (1). Hoffmann et C° de New-Orléans avaient expédié à Scribner et C° du Havre 301 balles coton par le navire Montebello et avaient tiré pour se rembourser des lettres de change sur Cousinery et C° de New-York auxquels ils avaient remis comme couverture leurs propres traites sur les acheteurs, accompagnées des connaissements à la marchandise. Après avoir désintéressé les vendeurs, Cousinery et C° passèrent les traites tirées sur les acheteurs, à Sulzer, Wart et C°, qui avaient ouvert un crédit à Scribner et C°, se réservant de faire traite ultérieurement sur leurs cessionnaires afin de rentrer dans les fonds par eux déboursés au profit des vendeurs. A l'échéance, Scribner et C° payèrent les traites qui leur furent présentées revêtues de l'endossement des vendeurs et de Cousinery et C°, puis, Sulzer, Wart et C°, les porteurs de ces traites, tombèrent en faillite avant l'échéance des lettres de change tirées sur eux par leurs cédants Cousinery et C°. Ces derniers se voyant lésés, voulurent alort empêcher Scribner et C° de prendre possession de la marchandise et se crurent d'autant plus en droit d'agir ainsi, qu'ils avaient entre les mains deux connaissements qui auraient dû se trouver entre celles des acheteurs. Mais comme Scribner et C° prétendaient, de leur

1. Jugement du 8 juillet 1874. Jurisp. du Hâvre, 74, 1, 197.

côté, avoir un droit exclusif sur la marchandise étant donné qu'elle constituait la provision des traites par eux payées, le tribunal de commerce du Havre nomma un séquestre judiciaire qui réalisa la marchandise et en versa le montant au crédit Hâvrais pour le compte de qui de droit. Les choses en restèrent là jusqu'à ce que le tribunal de commerce du Havre eût rendu un jugement par lequel il décida que le montant du net produit des 301 balles coton fût versé entre les mains de Scribner et C°.

Le tribunal de commerce du Havre a évidemment bien jugé. En effet, pour que Cousinery et C° eussent pu obtenir gain de cause, il eût fallu que Scribner et C° fussent obligés au paiement des lettres émises par Cousinery et C°; or, leurs signatures ne figuraient pas sur ces effets et l'on peut même supposer qu'ils en ignoraient l'existence. De plus les connaissements ne pouvaient être d'aucune utilité à Cousinery et C°, car ils étaient la garantie des traites tirées par le vendeur et non pas celle des traites créées par Cousinery et C°.

2° *Le créditeur est débiteur de la contre-valeur d'effets de commerce à lui remis par le crédité.* — Dans cette seconde hypothèse, il y a lieu de se demander si le crédité aura le droit de revendiquer les effets par lui remis au créditeur, ou s'il ne pourra que se porter créancier à la faillite parce qu'ils seront compris dans l'actif. C'est ce dernier parti qu'il devra prendre le plus souvent. Si, en effet, l'ouverture de crédit est accompagnée d'un compte courant, il est certain que le crédité ne pourra pas revendiquer par la raison que les effets remis en compte courant deviennent la propriété du récepteur. La revendication ne sera donc possible que si l'ouverture de crédit est simple, et encore, il faudra pour cela que l'endossement n'ait pas été translatif de propriété et que les effets se trouvent dans le portefeuille le jour de la déclaration de faillite.

DEUXIÈME CAS

Faillite du crédité.

C'est le cas qui se présente le plus souvent dans la pratique des affaires. Comme le créditeur, le crédité peut ne pas être seulement débiteur, il peut aussi avoir des créances. Examinons donc sa situation en tant que créancier, puis en tant que débiteur.

I. Le crédité est créancier.

Nous avons vu précédemment que la faillite du crédité met fin à l'ouverture de crédit. Mais, si cet événement anéantit l'obligation résultant de la promesse du créditeur, il n'éteint pas pour cela les obligations de celui-ci qui ont pour cause l'exécution des obligations du crédité. Supposons, en effet, que le crédité a fait au créditeur, avant la réalisation du crédit ouvert, une remise en effets de commerce en se réservant de faire ultérieurement usage du crédit. Le créditeur pourra-t-il se dispenser, si le crédité est déclaré en faillite, de verser la contre-valeur de la remise dans l'actif de la faillite? Le syndic n'aura-t-il pas le droit d'exiger l'équivalent des effets remis au créditeur? Nous croyons que, pour résoudre cette question, il est nécessaire de faire une distinction. Si l'ouverture de crédit est simple, il est certain que le syndic sera en droit de contraindre le créditeur à verser dans l'actif le montant des effets par lui reçus, et que, si ces effets ne sont pas payés à l'échéance, le créditeur ne pourra que produire comme créancier à la faillite. Toutefois, ce droit du syndic n'existerait pas si, par une clause formelle de l'acte de crédit, le créditeur était autorisé, en cas de non paiement des effets à l'échéance, à contrepasser par un débit, le crédit donné lors de la réception des effets. Si, au contraire, l'ouverture de crédit est accompagnée d'un compte-courant, la clause dont nous venons de parler est sous-entendue. Le syndic n'aura pas le droit de poursuivre le créditeur avant l'échéance des effets, et si, à cette époque, ces derniers restent impayés, le créditeur repoussera l'action du syndic et annulera par un débit la somme portée au crédit du compte en raison de la remise des effets. C'est là un effet de la clause ou condition sauf encaissement. Nous n'en parlerons pas plus longuement, étant donné qu'elle n'est pas spéciale à l'ouverture de crédit et qu'elle s'applique très rarement en notre matière, la réalisation des avances s'opérant, ordinairement, avant la remise des effets ou en même temps qu'elle.

II. Le crédité est débiteur.

Ici, l'étendue des droits du banquier créditeur varie selon qu'il a ouvert le crédit en exigeant ou en n'exigeant pas de garantie. S'il ne s'est pas fait constituer une sûreté soit réelle, soit personnelle, il sera obligé de subir la loi du concours et de se contenter d'un dividende. Cette situation se présente assez fréquemment dans la pratique, car, il n'est pas rare de trouver des banquiers qui consentent à ouvrir des crédits sans avoir d'autre garantie que l'honorabilité et l'aptitude professionnelle de leur client. Mais cette hypothèse ne nous révèle rien qui soit spécial à notre sujet. Aussi, la laisserons-nous de côté pour nous placer uniquement dans le cas où l'ouverture de crédit est garantie par l'une des sûretés dont nous nous sommes occupés dans notre première partie. La créance du créditeur n'est alors presque jamais compromise, car, ne pouvant obtenir paiement de son débiteur, il a le droit de poursuivre le coobligé de celui-ci, ou de prélever ce qui lui est dû sur la valeur des biens grevés de gage ou d'hypothèque à son profit. Etudions donc le droit du créditeur sur chacune de ces garanties lorsque le crédité est déclaré en faillite.

En ce qui concerne la cession de créance, nous n'avons rien à ajouter à ce que nous avons dit dans notre première partie. Nous aborderons donc immédiatement le cautionnement.

CAUTIONNEMENT.

Le créditeur non payé par suite de la faillite du crédité a le droit de demander le paiement de sa créance à la caution, et, si cette dernière est aussi tombée en faillite il peut se porter créancier dans chacune des deux masses pour la valeur nominale de son titre, c'est-à-dire pour le montant intégral de sa créance. En outre, si la faillite de la caution est liquidée la première, il devra restituer à la masse de celle-ci l'excédent que lui aura procuré le dividende obtenu dans la faillite du crédité. Tout cela n'est

que l'application du droit commun contenu dans
l'art. 542, C. comm. Mais, en notre matière, il n'est
pas toujours facile de déterminer le droit du créditeur non payé contre la caution qui s'est obligée
envers lui. Quand l'ouverture de crédit est simple,
les choses se passent, il est vrai, comme en matière
de prêt et, dans ce cas, il n'y a pas de difficulté : la
caution doit ce que doit le débiteur principal. Mais
il n'en est pas nécessairement de même lorsque l'ouverture de crédit étant accompagnée d'un compte
courant ; la caution intervient après un arrêté de
compte pour garantir un nouveau crédit. Dans ce
cas, le banquier créditeur a-t-il le droit de réclamer
à la caution non seulement les avances réalisées en
vertu du nouveau crédit mais encore celles dont il
était créancier en raison de l'ancien ? La question
nous paraît devoir être résolue par une distinction.
Si la caution a déclaré dans l'acte d'ouverture de
crédit qu'elle n'entendait garantir que les avances
futures, nul doute que le créditeur ne pourra pas,
invoquant les règles propres au compte courant,
exiger d'elle le remboursement des avances tant antérieures que postérieures au nouveau crédit. Mais si
la caution n'a fait aucune réserve ; si elle s'est engagée purement et simplement à garantir le nouveau
crédit, elle devra rembourser toutes les sommes portées au débit du nouveau compte et ce débit com-

prendra, assurément, le montant des anciennes créances non acquittées. Il y a là une application des règles relatives de l'indivisibilité du compte courant. La caution ne garantit pas, en effet, lorsqu'elle ne délimite pas elle-même l'étendue de son obligation, telles avances préalablement détermi-minées, mais le solde futur du compte qui court au moment où elle intervient.

Cette distinction ressort clairement de la comparaison de deux arrêts : l'un de la Cour de cassation (1), l'autre de la Cour de Dijon (2) qui sont, en apparence, contradictoires mais qui, en réalité, sont bien fondés, étant données les circonstances de la cause.

Dans l'affaire soumise à l'examen de la Cour suprème, la contestation portait sur les faits suivants: Le comptoir d'escompte d'Issoudun, géré par les sieurs Lemor et Cⁱᵉ, avait ouvert un crédit au sieur Berthaut et se trouvait à découvert pour une somme de 220.000 frans au moment où il consentait audit sieur Bertaut un nouveau crédit de 260,000 fr. garanti par la dame Berthaut son épouse. Quelque temps après, le crédité ayant été déclaré en faillite, la dame demanda et obtint la séparation de biens et se porta créancière dans la faillite de son mari. Mais les sieurs

1. Cass. 16 juillet 1872. Sir., 73, 1, 80.
2. Dijon, 7 novembre 1872. Sir., 73, 2, 84.

Lemor et Cie étant aussi tombés en faillite, leurs syndics firent pratiquer une saisie arrêt entre les mains des syndics du sieur Bertaut à l'effet d'empêcher la dame Berthaut de faire valoir ses créances contre la faillite de son mari par la raison qu'elle l'avait cautionnée, et qu'en conséquence elle était débitrice envers la faillite Lemor et Cie d'une somme s'élévant à 102.054 fr. 53. La dame Berthaut demanda la nullité de cette saisie, attendu qu'elle n'avait garanti que le nouveau crédit et qu'aucune avance n'avait été réalisée en vertu de ce dernier. Il y avait donc, d'un côté, la dame Berthaut qui prétendait n'avoir cautionné et par conséquent n'être tenue de payer que les avances réellement consenties postérieurement à son engagement, et, de l'autre, les syndics de la faillite Lemor et Cie qui, considérant le compte courant dans son ensemble, réclamaient le solde du compte arrêté lors de la déclaration de faillite du sieur Berthaut.

La Cour de Bourges (1) a ainsi statué : « En ce qui concerne d'abord les versements opérés par Lemor depuis le 8 janvier 1863 (2). Considérant qu'aux termes de l'acte d'ouverture de crédit et de l'arrêt du 19 août 1868, ces versements, soit en espèces, soit

1. Cour de Bourges, 7 juillet 1869. Sir., 73, 1, 80.
2. Cette date est celle de l'ouverture du nouveau crédit et de l'engagement de la dame Berthaut.

en valeurs quelconques dont aurait profité Berthaut
doivent entrer dans le compte à établir à partir de
cette date du 8 janvier 1863, et sont indubitablement
garantis par l'engagement de la femme Berthaut.
Que l'on doit comprendre comme versement tout
décaissement quelle qu'en soit la cause pourvu qu'il
ait eu lieu postérieurement à la susdite date, quand
bien même ces décaissements auraient une relation
avec des billets créés par Berthaut avant le 8 janvier
1863. Qu'il suffit que l'échéance des dits billets ait
été postérieure, la dette qu'ils engendrent n'étant
définitivement établie et certaine que par le non-
payement à l'échéance.

... Déclare que les versements faits postérieurement au 8 janvier 1863 par Lemor, soit en espèces,
soit en mandats ou valeurs quelconques acquittés
à leur échéance, seront portés au débit de la dame
Berthault... »

Cette décision est évidemment conforme au principe de l'indivisibilité du compte courant. Mais aucun texte ne nous dit qu'on ne puisse y déroger. Or,
c'est précisément ce qu'avaient fait les parties contractantes. Il était, en effet, expressément stipulé
dans l'acte de crédit du 8 janvier 1863 que la dame
Berthault ne garantissait que les dettes futures, c'est-
à-dire celles nées postérieurement au 8 janvier 1863
et non pas celles créées antérieurement à cette date.

C'est parce que la Cour de Bourges n'a pas tenu compte de cette clause de l'acte de crédit que la Cour suprême a cassé son arrêt et a ainsi rendu à la dame Berthault le moyen de faire valoir ses créances contre la faillite de son mari.

A défaut d'une clause formelle limitant son obligation, la caution d'un crédit ouvert par compte courant s'engage à garantir les avances antérieures à son intervention. Ce qui a été décidé par le tribunal civil de Dijon (1) dont le jugement a été confirmé par la cour de cette même ville. Bien qu'il s'agit, dans l'espèce, d'une garantie hypothécaire, le raisonnement était le même car l'hypothèque était consentie par la femme du crédité.

DÉPOT.

Nous avons vu que le crédité qui a des titres déposés chez le banquier créditeur, peut affecter ce dépôt à la sûreté de l'ouverture de crédit à lui consentie. Nous devons rechercher maintenant si, en cas de faillite du déposant, le banquier dépositaire a le droit, non seulement de retenir les titres jusqu'à ce qu'il soit intégralement remboursé, mais encore de se faire autoriser par justice à les vendre à la

1. Trib. civ. de Dijon, 2 avril 1872. Sir., 73, 2, 84.

bourse pour se payer par préférence sur le prix. La cour de cassation (1) reconnaît au créditeur les deux droits que nous venons d'énumérer. Elle donne au banquier dépositaire tout à la fois un droit de rétention et un privilège sur le prix des titres vendus. Cette solution est certainement conforme à l'équité ; car, si le banquier n'avait pas de privilège, il paralyserait le droit des autres créanciers en retenant les titres, de sorte que, ni les uns ni les autres ne seraient payés. Mais nous pensons que la décision de la Cour suprême est contraire au texte de la loi. En effet, le législateur accorde bien un privilège au dépositaire qui a fait des frais pour la conservation de la chose déposée (art. 2102-3), mais non pas à celui qui subit une perte en raison d'une autre cause. Ici, le préjudice causé au créditeur résulte de la faillite du crédité et aucun texte ne dit qu'en cas de faillite du déposant, le dépositaire sera payé par préférence aux autres créanciers. Comme en matière de privilège tout est de droit étroit, nous en concluons que, dans l'arrêt que nous venons de citer, la Cour de cassation a fait la loi mais ne l'a pas interprétée.

GAGE.

Les règles du gage n'étant pas en matière commerciale les mêmes qu'en matière civile, il importe

1. Cass., 10 déc. 1850. Sir. 51, 1, 243.

de distinguer ici, comme nous l'avons fait dans notre première partie, entre le crédit ouvert à l'occasion d'une opération de commerce et le crédit ouvert à propos d'une opération civile.

I. — *Crédit ouvert à l'occasion d'une opération commerciale.* — La faillite du crédité donne au banquier créditeur le droit de faire vendre le gage sans autorisation de justice, huit jours après signification adressée au crédité (art. 93 *C. comm.*). Les formalités de la vente varient selon que le gage porte sur des marchandises, sur des titres de bourse, sur des effets de commerce ou sur une créance ordinaire.

Lorsque le créditeur s'est fait donner des marchandises en garantie du crédit qu'il a ouvert, la vente de ces marchandises doit être faite conformément aux dispositions contenues dans le décret du 30 mai 1863, c'est-à-dire en gros, aux enchères publiques et par l'intermédiaire d'un courtier. Si le gage porte sur des titres de bourse, le créditeur ne peut faire vendre ces derniers que par ministère d'agent de change. Enfin quand le gage consiste en effets de commerce ou en une créance ordinaire le créditeur peut, à l'échéance, toucher le montant des effets ou de la créance.

II. — *Crédit ouvert à propos d'une opération civile.* — En cas de déconfiture du crédité, le créditeur doit, pour vendre le gage, obtenir une autorisation de justice, art. 2078 C. civ.

Que le crédit soit ouvert à l'occasion d'une affaire civile ou commerciale, le créditeur a le droit de se faire payer, sur le prix de vente du gage, par préférence aux autres créanciers du crédité. La loi lui confère, en effet, un privilège (art. 2073 C. civ. et art. 92 C. comm.). Recherchons quelle est l'étendue de ce privilège. Il va de soi que le créditeur ne peut pas l'exercer pour le montant intégral du crédit si les avances par lui faites n'atteignent pas ce chiffre. Mais ne peut-il pas l'invoquer pour les avances réalisées en sus de la somme stipulée dans l'acte d'ouverture de crédit? Ainsi, le banquier qui a ouvert un crédit de 75000 francs et qui a reçu des titres en garantie pour une valeur de 100.000 francs n'a-t-il pas le droit d'exercer son privilège pour une somme supérieure à 75.000 francs si en réalité les avances dépassent cette somme? Nous distinguons d'abord deux hypothèses : ou bien l'éventualité d'un crédit supérieur à celui indiqué par l'acte, a été prévue par les parties contractantes, ou bien elle ne l'a pas été. Si l'acte d'ouverture de crédit ne contient pas de clause spéciale au point qui nous occupe, le créditeur ne pourra exercer son droit de préférence sur les autres créanciers du crédit que jusqu'à concurrence du montant du crédit énoncé dans l'acte. Si, au contraire, il résulte d'une disposition de l'acte, que les parties ont prévu la possibilité d'une augmentation d'avances, nous devons faire une distinction entre l'ouverture de crédit civile et l'ouverture de crédit commerciale.

Le crédit ouvert est-il commercial ? Le créditeur sera créancier privilégié dans la faillite du crédité pour le montant intégral de toutes ses avances, alors même que la somme stipulée dans l'acte de crédit serait dépassée ; car, en matière de commerce, la constitution du gage n'est pas entourée de formalités destinées à délimiter l'étendue du privilège (art. 91, C. comm.). Au contraire, le crédit ouvert est-il civil, le créditeur ne sera pas payé par préférence aux autres créanciers du crédité tombé en déconfiture pour les sommes avancées en sus de celles convenues lors de la confection de l'acte. L'art. 2074, C. civ., étant, en effet, dans ce cas, pleinement applicable, la clause prévoyant l'éventualité d'une créance supérieure au montant du crédit n'est pas suffisamment précise pour que le privilège puisse être exercé sans que l'art. 2074 C. civ. soit violé. Il faudrait, pour que le créditeur eût un droit de préférence sur les sommes avancées en sus du crédit primitif que ces sommes eussent été déterminées à l'avance lors de la rédaction de l'acte de crédit. Ainsi, dans l'hypothèse que nous avons indiquée plus haut, le créditeur sera privilégié pour le montant de ses avances supplémentaires s'il en a déter-

miné le quantum lors de la formation du contrat,
s'il a dit, par exemple, au crédité : « Je vous ouvre
un crédit de 75,000 francs, que je porterai à 100,000
francs si cela est nécessaire. » A l'inverse, il ne sera
pas privilégié pour une somme supérieure à 75,000
francs s'il a dit simplement : « Je consens à ouvrir
à votre profit un crédit de 75,000 francs que je porterai à une somme plus élevée si votre entreprise
l'exige. »

HYPOTHÈQUE

Bien que le jugement déclaratif de faillite ait pour
effet de suspendre les voies d'exécution contre le
débiteur, le créancier hypothécaire conserve cependant le droit de saisir l'immeuble affecté à la garantie de sa créance (art. 571, C. comm.). En matière d'ouverture de crédit, le créditeur a donc le
droit, malgré la faillite du crédité, de saisir l'immeuble hypothéqué à son profit, que cet immeuble
appartienne au crédité lui-même ou à un tiers. Mais
la validité de la saisie ne sera-t-elle pas subordonnée à la réunion de certaines conditions? Suffira-t-
il que le créditeur, après avoir fait commandement
au syndic de payer le montant du crédit, soit muni
du bordereau d'inscription et de l'acte d'ouverture
de crédit qui est ici un acte notarié et, par consé-

quent, un titre exécutoire; ou bien faudra-t-il, en outre, qu'il présente soit un arrêté définitif du compte courant existant entre lui et le crédité, soit des effets de commerce protestés à l'échéance? Telle est la question à l'étude de laquelle nous arrivons. Nous pensons que pour la résoudre, il est nécessaire d'appliquer les art. 2213, C. civ., et 551, C. proc., ainsi conçus : art. 2213, C. civ.: « La vente forcée des immeubles ne peut être poursuivie qu'en vertu d'un titre authentique et exécutoire pour une dette certaine et liquide. Si la dette est en espèces non liquidées, la poursuite est valable, mais l'adjudication ne pourra être faite qu'après la liquidation. » — Art. 551, C. proc. : « Il ne sera procédé à aucune saisie mobilière ou immobilière qu'en vertu d'un titre exécutoire et pour choses liquides et certaines; si la dette exigible n'est pas d'une somme en argent, il sera sursis après la saisie à toutes poursuites ultérieures jusqu'à ce que l'appréciation en ait été faite. » Il résulte de la disposition contenue dans chacun de ces deux textes que le créditeur qui veut pratiquer la saisie de l'immeuble hypothéqué à son profit, est tenu d'être muni non seulement d'un titre exécutoire, mais encore de pièces constatant que sa créance est certaine et liquide. Ces pièces peuvent être un arrêté de compte courant dont copie entière doit être notifiée en tête du commandement ou bien des effets de commerce protestés à l'échéance.

Le tribunal de la Seine a, cependant, rendu un jugement qui n'est pas conforme à cette solution. Laissant de côté l'art. 551, C. proc., et interprétant faussement la seconde disposition de l'art. 2213, C. civ., le tribunal de la Seine a décidé que le défaut de certitude et de liquidation de la créance n'est pas un obstacle à la validité de la saisie pratiquée, étant donné qu'aux termes de l'art. 2213, C. civ., quand la dette est en espèces non liquidées, l'adjudication de l'immeuble est ajournée jusqu'à la liquidation. Voici, du reste, comment il s'exprime: «S'il est vrai que le compte d'entre les parties ne soit pas encore liquidé aujourd'hui, cette circonstance n'est pas de nature à invalider lesdites poursuites de saisie, qu'elle doit seulement s'opposer à ce que la vente soit effectuée avant le jour de la liquidation. Qu'en effet, l'art. 2213, C. Nap., porte que si la dette est en espèces non liquidées la poursuite est valable, mais que l'adjudication ne peut être faite avant la liquidation. »

Il est manifeste que le tribunal de la Seine a méconnu le sens de l'art. 2213 *in fine* C. civ. L'historique de cette disposition va le prouver de la manière la plus nette. L'art. 106 de la coutume de Paris portait : « On n'est recevable à procéder par voie d'arrêt, saisie, exécution ou emprisonnement en vertu d'obligation ou sentence si la chose ou

somme pour laquelle on veut faire le dit exploit
n'est certaine et liquide en somme ou espèce. Et,
néanmoins, si la somme est sujette à appréciation
on peut exécuter et ajourner afin d'apprécier. » Fer-
rière (1) commente ainsi cet article : « Une dette
est réputée liquide et certaine lorsqu'elle consiste
en espèce sujette à appréciation, comme en grains,
et en ce cas on peut saisir et ajourner afin d'apprécier, c'est-à-dire que, quoique l'espèce due par l'o-
bligation ou jugement exécutoire ne soit pas réduite
à certaine somme de deniers, toutefois le créancier
peut saisir les biens du débiteur parce que la dette en
grains ou autres espèces est certaine et liquide et le
le paiement s'en peut faire ». L'art. 2 tit. 33 de
l'ordonnance civile de 1667 était rédigé dans le
même sens. « Les saisies et exécutions, dit cet article, ne se feront que pour chose certaine et liquide
en deniers ou en espèces, et si c'est en espèces,
sera sursis à la vente jusqu'à ce que l'appréciation
en ait été faite ». Jousse (2), explique ainsi ce texte :
« Cette dette doit être d'une somme d'argent fixe ou
déterminée ou bien d'une espèce qui consiste en
nombre, poids et mesure comme le bled, orge, vin,
etc., et qui soit déterminée en quantité v. g. de
quatre muids de bled, de deux tonneaux de vin, etc.,

1. Comm., Cour de Paris, t. 2, p. 363.
2. Comm. sur l'ordon. de 1667, t. 2, p. 571 et suiv.

et autres denrées ». Plus loin, Jousse nous dit :
Jusqu'à ce que l'appréciation en ait été faite, on ne
peut pas dire précisément la somme qui est due au
saisissant. Il faut pour faire cette appréciation que
le saississant ajourne le saisi ».

Le législateur de 1804 n'a fait que reproduire dans
l'art. 2213 C. civ. le sens de ces anciennes disposition. Cela ressort clairement du discours prononcé
au Corps législatif par le tribun Lahary dans la
séance du 28 ventôse an XII (19 mars 1804) (1).
« C'e n'est qu'en vertu d'un titre exécutoire, dit-il,
ce n'est que pour une dette certaine et liquide que
la vente forcée des immeubles peut être provoquée.
Si la dette est en espèces non liquidées comme en
blé, en vin ou autres denrées, la poursuite sera
valable, mais l'expropriation ne pourra avoir lieu
qu'après que la liquidation en aura été faite ».

On le voit, le tribunal de la Seine, en validant la
saisie pratiquée pour une dette de somme d'argent
non liquidée, a méconnu le sens et la portée de
l'art. 2213 C. civ. Aussi la cour de Paris (2) a-t-elle
infirmé son jugement en déclarant nulle la saisie
pratiquée par le créditeur.

La cour de Poitiers (3) a, comme la cour de Paris,

1. Fenel, *Trav. prép.*, C. civ., t. 15, p. 545.
2. Cour de Paris, 30 mars 1867. Sir., 67, 2, 193.
3. Poitiers, 28 janvier 1878. Sir., 78, 2, 301.

été appelée à se prononcer sur la validité d'une saisie immobilière en matière d'ouverture de crédit.
Seulement l'espèce n'était pas identique à celle qui
avait été soumise à la cour de Paris. Dans l'affaire
portée devant cette dernière, le créditeur n'avait
pas arrêté le compte-courant. Dans celle-ci, au contraire, il avait rempli toutes les conditions requises
par les art. 2213 C. civ. et 551 C. proc. Sa créance
était certaine et liquide. De sorte que la cour de
Poitiers a dû, par cela même qu'elle admettait la
solution de la cour de Paris, valider la saisie au lieu
de l'annuler. Voyons quelle était l'espèce soumise à
son examen.

Par acte notarié en date du 8 décembre 1864 la
Crédit agricole ouvrait au sieur Gros un crédit de
80,000 francs en garantie duquel il se faisait consentir une hypothèque sur le domaine de l'Espérance
appartenant au crédité. Lors de l'arrêté trimestriel
du 30 mars 1877 le sieur Gros était débiteur d'une
somme de 8310 fr. 48, et au 30 juin de la même
année, le solde du compte le constituait débiteur
d'une somme s'élevant à 12,984 francs. Quelques
jours après, le crédité fut déclaré en état de faillite
et les effets par lui endossés à l'ordre du créditeur
revinrent impayés, ce qui, par application de la
cause sauf encaissement, augmentait son délit d'une
somme de 119,781 francs. La créance de la société

agricole s'élevait donc à 141,075 fr. 48 c. pour laquelle elle fit commandement au syndic de payer la
somme de 80,000 francs, chiffre du crédit ouvert et
mentionné dans l'inscription hypothécaire. La société agricole pratiqua ensuite, après l'expiration
des délais requis par la loi, la saisie de l'immeuble
hypothéqué. Mais le syndic Gros fit opposition au
commandement et par suite à la saisie qui en était
la conséquence par la raison que la créance du créditeur n'était ni certaine, ni liquide. Il allégua que
celui-ci avait porté à tort au débit du compte-courant des effets qui n'avaient pas été régulièrement
protestés à l'échéance et que, d'ailleurs, la créance
n'avait été ni vérifiée ni affirmée.

Le tribunal de St-Jean-d'Angely admit la prétention du syndic qu'il justifia par cette considération
que le solde du compte n'avait pas été accepté par
le crédité et qu'il était contesté par le syndic. Mais
la cour de Poitiers infirma ce jugement. S'appuyant
sur le texte même de la loi, elle décida qu'en présentant un arrêté définitif du compte-courant le crédité avait rendu sa créance certaine et liquide et,
par suite, satisfait aux conditions requises par l'art.
2213 C. civ. et par l'art. 551 C. proc. Elle établit, en
outre, que les créanciers hypothécaires n'étaient tenus
de faire vérifier leur créance que quand ils se portaient créanciers chirographaires à raison de l'in-

suffisance de leur hypothèque (art. 1552 C. comm.)
et qu'enfin s'il s'élevait une contestation relativement à l'exactitude du solde du compte courant
elle serait tranchée lors du règlement de l'ordre. Cet
arrêt de la cour de Poitiers répond bien au texte et
à l'esprit de la loi. Le législateur a voulu, d'une
part, ne pas mettre d'entrave à l'exercice du droit
de poursuite des créanciers, et, d'autre part, protéger le débiteur en le mettant à l'abri des saisies
pratiquées à la légère. Il a atteint ce double but, en
insérant dans notre code les deux dispositions dont
nous venons de parler. C'est surtout en matière
d'ouverture de crédit qu'elles ont leur importance,
car l'acte d'ouverture de crédit n'indique pas que le
créditeur est créancier; il énonce simplement l'existence d'une créance éventuelle qui deviendra véritable si le crédité fait usage du crédit. Dès lors, si
le créditeur pouvait, ainsi que l'a décidé le tribunal
de la Seine, saisir l'immeuble du crédité sans prouver que sa créance d'éventuelle qu'elle était est devenue réelle, rien ne l'empêcherait de saisir les
biens du crédité alors même que le crédit ne serait
pas réalisé. C'est pour cela que nous ne pouvons re-
connaitre comme bien fondé un arrêt de la cour de
cassation (1) qui statuant sur l'effet du commande-

1. Cass. 25 juillet 1859. Sir., 60, 1, 31.

ment en matière d'ouverture de crédit a décidé que la copie de l'acte de crédit en tête du commandement était suffisante pour que la saisie de l'immeuble hypothéqué fût valable.

Après la saisie de l'immeuble hypothéqué viennent l'adjudication de cet immeuble et la collocation des créanciers dans l'ordre ouvert. Plusieurs situations peuvent alors se présenter. Nous ne ferons pas allusion à celle dans laquelle le créditeur est seul créancier hypothécaire ; car, dans ce cas, tout se passe conformément aux règles du droit commun, le créditeur est payé sur le prix de l'immeuble par préférence aux créanciers chirographaires. Nous envisagerons seulement les deux hypothèses suivantes : 1° le créditeur vient en concours avec d'autres créanciers hypothécaires : 2° il vient en concours avec des tiers porteurs auxquels il a cédé des billets à lui souscrits par le crédité.

PREMIÈRE HYPOTHÈSE

Le créditeur vient en concours avec d'autres créanciers hypothécaires.

A vrai dire, cette hypothèse ne présente rien de spécial à l'ouverture de crédit. Nous en dirons cependant quelques mots, parce qu'elle donne lieu à l'étude d'une question dont la solution diffère suivant que le créditeur est ou n'est pas en compte courant avec le crédité. Le créditeur pourra-t-il se faire colloquer dans l'ordre ouvert, non seulement pour le capital de sa créance mais encore pour les intérêts de celle-ci ? Telle est cette question.

Si l'ouverture de crédit est simple, l'art. 2151, C. civ. s'appliquera et, en conséquence, le créditeur n'aura droit qu'aux intérêts dus pour l'année courante et, en outre, à ceux dus pour deux années quelconques antérieures à l'année courante. Le législateur a ainsi limité les intérêts à échoir en matière d'hypothèque pour que les tiers pussent mesurer l'étendue du crédit hypothécaire du débiteur et pour que les intérêts n'absorbassent pas une trop forte part du gage hypothécaire, ce qui pourrait causer préjudice aux créanciers qui ne seraient pas colloqués les premiers en ordre utile.

A l'inverse, lorsque l'ouverture de crédit est jointe à un compte courant, l'art. 2151, C. civ., ne sera pas applicable. En effet, pendant la durée du compte, et lors de l'arrêté trimestriel ou semestriel de ce compte, les intérêts échus, nous l'avons vu plus haut, s'ajoutent au solde et sont compris dans le report à nouveau. Cela posé, tant que le compte court, il ne peut être question des intérêts de deux ans et de l'année courante puisque, tout d'abord, le compte

est arrêté tous les trois mois ou tous les six mois et
que, en second lieu, les intérêts s'étant capitalisés,
ce qui est dû au créditeur est une somme représentant non pas du capital et des intérêts, mais du capital seulement. Si donc un ordre est ouvert pendant la durée du compte, le créditeur ne pourra se
faire colloquer que jusqu'à concurrence du montant
du crédit quand bien même sa créance le dépasse-
rait par suite de la capitalisation des intérêts ; car
l'hypothèque garantie bien des intérêts mais non un
supplément de capital. Ainsi, si nous supposons
qu'un crédit de 20.000 francs a été ouvert et que le
créditeur soit au jour de la collocation créancier
d'une somme de 23.000 francs par suite de l'accu-
mulation des intérêts capitalisés, il n'aura pas le
droit de se prévaloir de son hypothèque pour une
somme supérieure à 20.000 francs parce que les
3000 francs excédant le chiffre du crédit ne sont pas
des intérêts mais du capital et que l'hypothèque ne
couvre que des intérêts en sus des avances réalisées.
Pour que l'art. 2151 C. civ., reprenne son empire,
il faut que le compte courant soit arrêté définitivement, c'est-à-dire qu'il soit clos avant l'ouverture de
l'ordre. Alors le créditeur reste créancier du solde définitif et les intérêts courent à son profit comme s'il
s'agissait d'une créance ordinaire.

Mais si le créditeur reste créancier du solde définitif ce n'est pas à dire pour cela qu'il puisse être colloqué pour le montant intégral de celui-ci plus les intérêts. Ainsi, dans l'exemple que nous venons de donner, l'hypothèque ne sera pas attachée aux 3.000 francs dépassant le chiffre du crédit, ni aux intérêts de cette somme, mais seulement aux 20000 francs formant le total des avances et à leurs intérêts pendant deux ans plus l'année courante.

DEUXIÈME HYPOTHÈSE

Le créditeur vient en concours avec des tiers porteurs à l'ordre desquels il a endossé des effets à lui souscrits par le crédité.

Dans cette hypothèse les droits du créditeur varient selon qu'il a subrogé les tiers porteurs dans une partie de sa créance hypothécaire contre le crédité ou qu'il la leur a cédée partiellement par voie d'endossement. Y a-t-il eu subrogation, le créditeur aura un droit de préférence sur les tiers porteurs par application de la règle : *nemo contra se subrogasse censetur*. Si, au contraire, le créditeur a simplement endossé les effets à leur ordre, il devra subir la loi du concours. Quelle est la raison de cette différence ? Elle s'explique par cette considération que les tiers porteurs cessionnaires d'une partie de la créance du créditeur acquièrent une situation identique à la sienne ; le même droit se trouve réparti entre lui et ses cessionnaires. Dès lors, il n'y a pas de raison pour que la partie conservée soit de qualité supérieure à la partie cédée. A l'inverse, quand le créditeur subroge un tiers dans ses droits et actions contre le crédité, il reçoit en paiement un à-compte sur ce qui lui est dû et l'on comprend qu'en ce qui concerne les garanties affectées à la sûreté de sa créance, sa situation reste après la subrogation ce qu'elle était avant jusqu'à ce qu'il soit intégralement payé.

Mais il peut se faire que le créditeur cesse d'être créancier parce qu'il n'a gardé en portefeuille aucun des effets à lui transmis par le crédité. Dans ce cas, les tiers porteurs seront-ils payés au marc le franc sur le prix de l'immeuble hypothéqué, ou bien seront-ils colloqués dans l'ordre indiqué par la date des endossements ? Trois situations peuvent se présenter. Ou bien le créditeur les a tous subrogés dans ses droits et actions contre le crédité, ou bien il leur a simplement cédé sa créance par voie d'endossement, ou bien enfin, les uns sont des subrogés, les autres de simples endossataires. Dans ces trois cas, les tiers porteurs seront payés au marc le franc sur le prix de l'immeuble hypothéqué. Tout d'abord, cela n'est pas douteux pour les deux premiers ; car

ils sont tous dans la même situation et par conséquent doivent avoir les mêmes droits ; et, d'ailleurs,
si la date des cessions devait déterminer leur rang,
on ferait revivre les hypothèques en sous-ordre qui
existaient dans notre ancien droit et que notre code
a, en principe, abolies. Quant au troisième cas, l'hé-
sitation se conçoit. Comme, en apparence, les tiers
n'ont pas tous les mêmes droits, on pourrait croire
que les subrogés devront être préférés aux cessionnaires. Il n'en est rien pourtant : ils viendront tous
en concurrence sur le prix de l'immeuble hypothéqué. En effet, à l'égard des subrogés, la subrogation
est une cession fictive, ce n'est que par rapport au
subrogeant qu'elle constitue un paiement. Il suit de
là que tous les tiers porteurs devront être placés
sur la même ligne et colloqués à la date une et indivisible pour tous de l'inscription, au bureau des
hypothèques de l'acte d'ouverture de crédit.

Nous venons de voir que la subrogation consentie
par le créditeur au profit de quelques-uns des tiers
porteurs, ne leur confère aucun droit de préférence
sur les autres cessionnaires des effets. En sera-t-il
de même si la femme du crédité a subrogé un des
tiers porteurs dans son hypothèque légale ? Cette
question doit, selon nous, être résolue par une distinction. Si, dans l'acte d'ouverture de crédit, la
femme ne s'est pas obligée solidairement avec son

mari envers le créditeur et n'a pas subrogé celui-ci dans son hypothèque légale, elle pourra subroger dans cette hypothèque un ou plusieurs tiers porteurs qui, dans ce cas, exerceront sur le prix de l'immeuble les droits de la femme et seront, par conséquent, payés par préférence aux autres tiers porteurs. Il importe même de remarquer ici que, s'il y a plusieurs subrogés, ils ne seront pas soumis, entre eux, à la loi du concours, mais que leur rang sera déterminé par la date des subrogations. C'est là un vestige des anciennes hypothèqes en sous-ordre que notre législateur a abolies.

Mais, le plus souvent, dans la pratique des affaires, le banquier qui consent à ouvrir un crédit hypothécaire, se fait, en même temps, subroger dans l'hypothèque légale de la femme du crédité, jusqu'à concurrence du montant du crédit. Alors de deux choses l'une, ou bien le droit hypothécaire de la femme est entièrement épuisé par suite de la subrogation, ou bien il ne l'est qu'en partie. Dans le premier cas, la femme ne peut plus consentir de subrogation au profit d'un tiers porteur ; car, elle aurait la faculté potestative de rendre sans effet sa première obligation ce qui causerait un grave préjudice aux autres tiers porteurs qui, étant les ayants-cause du créditeur, ont dû compter, comme lui, sur la subrogation à l'hypothèque légale consentie à son profit. Le second cas implique, évidemment, que le montant du crédit ouvert est inférieur à la créance hypothécaire de la femme. Alors, rien n'empêche celle-ci de subroger un tiers porteur dans la portion disponible de son hypothèque légale. Quels seront, dans ce cas, les droits de ce tiers porteur ainsi subrogé ? Ce tiers porteur sera soumis à la loi du concours en ce qui concerne l'hypothèque du créditeur dont tous les tiers porteurs sont devenus titulaires par le seul fait de l'endossement ; mais il sera colloqué, pour ce qui lui restera dû, par préférence à la femme et aux autres créanciers du crédité sur la partie de l'hypothèque légale qui n'a pas été engagée lors de l'ouverture du crédit.

Supposons maintenant que le créditeur ou les tiers porteurs, au lieu de faire valoir leurs droits sur l'immeuble hypothéqué, restent plus de cinq ans sans poursuivre le crédité, celui-ci pourra-t-il leur opposer la prescription quinquennale applicable, en principe, en matière d'effets de commerce ? Il est certain qu'il n'en aura pas le droit si le crédit a été ouvert par compte courant, par la raison que la dette qui dérive d'un compte courant, nous ne pouvons que l'indiquer ici, se prescrit par trente ans. Mais que décider si l'ouverture de crédit est simple ? Écartons tout d'abord, l'hypothèse dans laquelle, l'ouverture de crédit étant civile, le crédité

22

a souscrit des billets à ordre. Il est bien évident que, dans ce cas, il ne pourra opposer aux tiers porteurs ou au créditeur que la prescription de trente ans. La question ne se pose qu'en matière de lettre de change ou, d'une manière générale, lorsque l'ouverture de crédit est commerciale.

Le tribunal de commerce de Limoges (1) a décidé que le crédité ne pouvait opposer aux porteurs des effets de commerce que la prescription de trente ans, par ce motif que l'acte d'ouverture de crédit constituait une reconnaissance de la dette par acte séparé. Les considérants qu'il a adoptés sont les suivants : « Attendu que les lettres de change n'étaient pas prescrites parce que la dette qu'elles consacraient avait été reconnue par acte séparé: le crédit ouvert au profit du sieur Désanie ; que cet acte était le seul et véritable titre des prêteurs Thomas et que les lettres de change n'avaient été souscrites que pour faciliter à ceux-ci la rentrée des sommes qu'ils avaient fournies à Désanie aîné.... »

La Cour de cassation (1), après un arrêt confirmatif de la Cour de Limoges, a rendu en chambre du conseil un arrêt dans le même sens que les deux juridictions précédentes. A-t-elle bien jugé ? Nous le pensons ; mais elle aurait dû, selon nous, criti-

1. Limoges, 20 mars 1847. Sir., 50, 1. 597.
1. Cass. 8 mai 1850. Sir., 50, 1, 597.

quer la solution du tribunal de Limoges en ce qu'il voyait dans l'acte d'ouverture de crédit une reconnaissance de la dette du crédité par acte séparé. La Cour suprème n'a pas cru devoir faire allusion à cet argument. Bien que certains arrêts admettent que la reconnaissance de la dette par acte séparé peut être aussi bien antérieure que postérieure à la création de la lettre de change, nous croyons que le législateur n'a, dans l'art. 189, C. comm., entendu parler que de la reconnaissance de la dette par acte séparé postérieure à l'émission de ja lettre de change. Il est vrai que notre article ne distingue pas, mais la distinction s'impose, à notre avis, si l'on va au fond des choses. En effet, la reconnaissance de la dette par acte séparé opère novation ; or, pour qu'il y ait novation, c'est-à-dire nouvelle obligation, il faut bien que celle résultant de la lettre de change la précède. Si, dans notre hypothèse, la dette du crédité s'est prescrite par trente ans, ce n'est pas parce que l'acte d'ouverture de crédit constituait une reconnaissance de la dette du crédité par acte séparé mais parce que, comme l'a fort bien dit, d'ailleurs, le tribunal de Limoges dont la Cour de cassation s'est approprié les termes ; « l'acte de crédit était le seul et véritable titre des prêteurs Thomas et que les lettres de change n'avaient été souscrites que pour faciliter à ceux-ci

la rentrée des sommes qu'ils avaient fournies à Désanie ainé ». Nous pouvons même nous servir à l'appui de notre opinion d'un des considérants du tribunal de Limoges ; si l'acte d'ouverture de crédit
était le seul et véritable titre des prêteurs, il ne pouvait pas être la reconnaissance par acte séparé d'un
autre titre. En matière d'ouverture de crédit, l'acte
de crédit ne constitue donc pas une reconnaissance
par acte séparé de la dette du crédité, il est au contraire le titre de créance du créditeur et les effets de
commerce souscrits par le crédité ne sont que des
moyens de remboursement, des instruments propres à faire argent du crédit ouvert.

A propos de la collocation du créditeur sur le prix
de l'immeuble hypothéqué, nous devons rechercher,
pour terminer notre chapitre, si, lorsque le crédité
a obtenu son concordat, le créditeur peut invoquer
l'hypothèque constituée à son profit lors de l'ouverture de crédit pour sûreté des avances réalisées après
l'homologation du concordat. Nous supposons que
le crédit n'était pas encore épuisé lors de la déclaration de faillite, que la confiance n'existant plus,
le créditeur l'a fermé puis l'a ouvert de nouveau
après l'homologation du concordat. Cela posé, il
s'agit de savoir si le créditeur pourra se prévaloir
de son hypothèque pour les avances réalisées après
la réouverture du crédit. La solution de cette ques-

tion dépend du point de savoir si la déclaration de faillite met définitivement fin à l'ouverture de crédit. Si l'on admet que la faillite clot le crédit ouvert l'hypothèque tombe avec lui, car le droit accessoire ne survit pas au droit principal. Si, au contraire, on soutient que la déclaration de faillite suspend seulement les opérations du crédit, l'hypothèque subsiste.

Cette seconde manière de voir a été adoptée avec raison, selon nous, par la Cour de cassation (1). En effet, la faillite ne résout pas les contrats, elle en empêche seulement l'exécution tant qu'elle n'a pas reçu de solution. Si l'on comprend que le créditeur cesse de procurer au crédité les avances promises par la raison que l'ouverture de crédit implique la confiance et que la faillite la fait disparaître, on conçoit aussi qu'après l'obtention du concordat et après l'homologation de celui-ci, le créditeur continue avec le crédité, s'il croit à sa solvabilité future, les opérations que la faillite avait interrompues. Alors, le contrat restant après le concordat ce qu'il était avant la déclaration de faillite, puisque le crédité est remis à la tête de ses affaires et réintégré dans la libre administration de ses biens, il va de soi que le créditeur peut se prévaloir de l'hypothèque cons-

____

1. Cass. 14 novembre 1859. Sir., 60, 1, 863.

tituée pour sûreté du crédit ouvert, même pour les avances réalisées après l'homologation du concordat.

Cette solution ne cause aucun préjudice aux tiers. Ils ont dû se baser sur la réalisation intégrale du crédit dont l'inscription hypothécaire leur révélait le montant. Par conséquent, il leur importe peu que le crédit soit continué après le concordat, du moment qu'il n'était pas épuisé lors de la déclaration de faillite

Mais, si la faillite ne résout pas les contrats, le crédité n'a-t-il pas le droit, une fois remis à la tête de ses affaires, d'exiger du créditeur la continuation du crédit ? Nous le croyons. Seulement, nous pensons que étant donnée l'existence de la faillite passée, le créditeur a, de son côté, le droit de demander la résolution du contrat s'il croit bon de le faire. Car le créditeur a consenti le crédit à une personne solvable et il peut craindre que le crédité concordataire n'ait plus cette qualité pour l'avenir.

QUATRIÈME PARTIE.

De l'ouverture de crédit considérée au point de vue de l'enregistrement.

Les règles du droit fiscal qui régissent actuellement l'ouverture de crédit visent : les unes, l'acte d'ouverture de crédit, les autres, l'inscription hypothécaire. Elles sont posées par l'art. 5 de la loi du 23 août 1871, qui établit des augmentations d'impôts et des impôts nouveaux relatifs à l'enregistrement et au timbre. Cet article est ainsi conçu : « Les actes d'ouverture de crédit sont soumis à un droit proportionnel d'enregistrement de cinquante centimes par cent francs. La réalisation ultérieure du crédit sera assujettie aux droits fixés par les lois en vigueur ; mais il sera tenu compte dans la liquidation, du montant du droit payé en exécution du paragraphe 1er du présent article. Le droit d'hypothèque fixé à un pour mille par l'art. 60 de la loi du 28 avril 1816, sera perçu lors de l'inscription des hypothèques garantissant les ouvertures de crédit ».

Nous étudierons d'abord les règles qui concernent l'acte d'ouverture de crédit, puis celles qui ont trait à l'inscription hypothécaire, en ayant soin d'indiquer préalablement l'état de la législation fiscale en notre matière avant la loi du 23 août 1871, et les raisons qui ont donné naissance à cette loi.

I. Acte d'ouverture de crédit.

Avant la loi du 23 août 1871, l'acte d'ouverture de crédit était régi par les règles ordinaires du droit fiscal. Pour les déterminer, il importe de rappeler que l'ouverture de crédit est une promesse de prêt qui se transforme en prêt véritable au moment de la réalisation, c'est-à-dire, lorsqu'il plait au crédité de faire usage du crédit. L'obligation du créditeur étant subordonnée à la volonté du crédité, il en résulte qu'elle est conditionnelle et que ; en conséquence, le droit proportionnel n'était pas encouru. L'acte d'ouverture de crédit n'était soumis qu'à un droit fixe de trois francs comme acte innommé non compris dans l'énumération de l'art. 68 de la loi du 22 frimaire an VII. C'était seulement quand le crédit était réalisé par le versement des derniers que, l'obligation du crédité prenant naissance, le droit proportionnel était dû. On pourrait croire que si la condition accomplie donnait lieu à la perception du proportionnel sur l'obligation du crédité il devait en être de même en ce qui concerne l'obligation du créditeur puisque la condition produit un effet rétroactif au jour de l'acte. Il n'en était cependant pas ainsi ; car l'obligation du créditeur n'a jamais existé qu'à l'état conditionnel. La réalisation des derniers l'éteignait en même temps qu'elle lui donnait naissance. On pourrait croire également que la libération du créditeur donnait ouverture au droit proportionnel. Ce serait encore une erreur, attendu que cette libération est la cause de l'obligation du crédité et fait partie intégrante de l'opération frappée du droit.

Ainsi, avant la promulgation de la loi du 23 août 1871, l'ouverture de crédit ne donnait lieu qu'à la perception d'un droit fixe de trois francs. Quant au droit proportionnel, il n'était dû qu'à partir de la réalisation du crédit et ne frappait que l'obligation du crédité.

La loi du 23 août 1871, a maintenu le droit fixe de trois francs; puis elle a décidé qu'un droit proportionnel de cinquante centimes par cent francs serait dû au moment de la confection de l'acte, que la réalisation ultérieure du crédit donnerait lieu à la perception des droits fixés par les lois en vigueur et que, de cette dernière, serait déduit le montant du droit proportionnel payé lors de la rédaction de l'acte d'ouverture de crédit.

Quel est le *quantum* du droit proportionnel perçu

au moment de la réalisation du crédit ? Le projet du
gouvernement portait : « La réalisation ultérieure
du crédit sera assujettie conformément aux lois en
vigueur, au droit de un pour cent « La commission
chargée d'étudier le projet a fait justement remarquer que le droit de un pour cent s'appliquait bien
aux ouvertures de crédit de sommes d'argent, mais
non aux ouvertures de crédit de meubles corporels,
notamment de marchandises qui donnent lieu à un
droit proportionnel de deux pour cent. Elle a alors
substitué à la rédaction du gouvernement le membre
de phrase un peu vague que nous lisons dans notre
article 5 et qui vise à la fois les deux cas que nous
venons de citer. Le droit proportionnel est donc de
un ou de deux pour cent selon que l'objet du crédit
ouvert consiste ou ne consiste pas en une somme
d'argent.

En frappant d'un droit proportionnel une obligation conditionnelle, la loi de 1871 a gravement dérogé aux principes du droit fiscal. On comprend, en
effet, que, *pendente conditione*, l'obligation n'existant
encore qu'en germe et ne produisant aucun effet, le
droit proportionnel ne soit pas dû et que l'accomplissement de la condition donne lieu à son ouverture. Recherchons donc quels motifs ont déterminé
le législateur à enfreindre les règles du droit commun.

Avant la loi de 1871 il arrivait fréquemment que le Trésor se trouvait lésé par la raison que la réalisation du crédit restait inconnue. Un procès sur l'exécution du contrat ou la faillite du débiteur étaient les seuls événements qui révélassent la numération des deniers. On contractait même, pour éviter l'impôt, de simples prêts hypothécaires auxquels on donnait la forme d'une ouverture de crédit. Le crédité et l'emprunteur avaient intérêt à agir de la sorte puisqu'ils se dispensaient, par cela même, de payer un ou deux pour cent. De leur côté, le créditeur et le prêteur n'y perdaient pas, puisque l'hypothèque garantissant leur créance prenait rang à dater de l'inscription. C'est pour éviter ces fraudes, pour assurer autant que possible au trésor la perception intégrale de l'impôt, que le législateur de 1871 a dérogé aux principes du droit fiscal. Toutefois, pour pallier l'exorbitant de son innovation, il y a apporté deux tempéraments. Il a d'abord fixé à cinquante centimes pour cent au lieu de un franc le droit perçu au moment de la confection de l'acte d'ouverture de crédit. Il a ensuite décidé que cette perception serait imputée sur celle faite à l'époque de la réalisation, de telle sorte que la première n'est, en réalité, qu'un acompte de la seconde.

Le but du législateur a-t-il été atteint ? Il ne l'a été qu'imparfaitement. On avait proposé de soumettre la réalisation du crédit à une déclaration obligatoire faite dans un délai déterminé. Cette mesure à dû être abandonnée faute de sanction. Quel eût été, en effet, le point de départ de ce délai ? c'eût été la réalisation. Mais comment la prouver? Le fardeau de la preuve incombant à l'administration, il est fort probable que le droit proportionnel n'eût pas souvent été perçu. On a alors adopté la solution contenue dans notre article 5. Cette solution est évidemment meilleure que la précédente puisque le Trésor perçoit immédiatement une partie du droit qui lui est dû. Mais elle laisse toujours subsister les difficultés nombreuses auxquelles donnent lieu les recherches ultérieures de la réalisation. Actuellement, le Trésor n'est pas sûr de percevoir le complément du droit proportionnel puisque la perception de ce complément est subordonnée à la preuve de la réalisation et que cette preuve est à la charge de l'administration. Aussi, nous pensons que le législateur de 1871 eût peut-être été mieux inspiré s'il eût exigé, au moment de la confection de l'acte d'ouverture de crédit, la perception intégrale du droit proportionnel sauf à en restituer le montant dans le cas où la réalisation n'eût pas eu lieu, ce que les parties contractantes eussent dû prouver.

Mais puisque la preuve de la réalisation du crédit est à la charge de l'Administration, voyons de quels faits elle peut résulter. La jurisprudence nous donne, à cet égard, les exemples les plus variés.

Le tribunal de la Seine (1) a jugé qu'étant donnée une ouverture de crédit réalisable en matériaux destinés à construire une maison, la preuve de la réalisation résultait de la construction de cette maison.

Il a été également décidé par la cour de cassation (2) que l'ouverture d'un second crédit donnait lieu à la perception du droit proportionnel par la raison que ce nouveau crédit impliquait le remboursement du premier et la réalisation du second.

Cette même cour (3) a aussi considéré comme une preuve de la réalisation du crédit ouvert la relation dans un rappport d'arbitre des versements opérés par le créditeur.

Enfin la cour suprême (4) a donné gain de cause à l'Administration et autorisé la perception du droit proportionnel dans l'espèce suivante: le crédité est un entrepreneur de travaux publics et il cède au créditeur, en garantie du crédit, sa créance contre l'Etat. La cour a vu une preuve de la réalisation dans le fait par le créditeur de toucher des mandats délivrés par l'Etat.

1. Trib. de la Seine, 11 février 1865.
2. Cass. 31 décembre 1862.
3. Cass. 28 décembre 1864.
4. Cass. 16 janvier 1872.

Ces divers exemples prouvent, assurément, que le crédit ouvert a été réalisé. En effet, si la maison a été construite, ce n'a pu être que grâce à l'emploi des fonds procurés par le créditeur. Ensuite, en ouvrant le second crédit, le créditeur a été censé recevoir le montant du premier et le reverser à nouveau dans la caisse du crédité. Nous avons eu, d'ailleurs, l'occasion de voir qu'il y a là un mode de réalisation de l'ouverture de crédit. En outre, on comprend que le rapport d'un arbitre soit un titre faisant preuve aux yeux des juges. Enfin, la preuve de la réalisation s'induit aussi logiquement du dernier exemple. Si l'Etat consent à délivrer des mandats, c'est qu'il est débiteur, et s'il est débiteur, c'est que le crédité est créancier en raison de travaux par lui faits. Or comme le crédit a été spécialement ouvert pour exécuter des travaux déterminés, il suit de là que l'exécution de ces travaux prouve que le crédit a été réalisé, c'est-à-dire que les travaux ont été faits au moyen des fonds avancés par le créditeur, ce qui justifie la perception du droit proportionnel.

Examinons maintenant le point de savoir contre qui l'administration peut agir pour percevoir le montant des taxes fiscales, après combien de temps son action est prescrite et, enfin, qui doit supporter définitivement les droits encourus.

Lorsque l'acte d'ouverture de crédit est authentique, c'est le notaire qui fait à l'administration l'avance des droits. Il est, à cet égard, le mandataire tacite des parties, ou tout au moins leur gérant d'affaires. Celles-ci sont donc tenues envers lui d'une obligation de mandat ou de gestion d'affaires.

L'Administration (ou le notaire) peut poursuivre à son choix l'une ou l'autre des parties contractantes, toutes les deux étant également obligées au paiement des droits fiscaux. Cela a lieu quand bien même l'une d'elles aurait pris les frais à sa charge. Une telle convention est, en effet, pour l'Administration (ou le notaire) *res inter alios acta* et, par suite, ne lui est pas opposable.

On pourrait croire que le créditeur et le crédité étant tous les deux tenus de payer les droits, leur créancier doit, de son côté, diviser son action. Ce serait là une erreur, chacune des deux parties est obligée au paiement du tout, *in solidum* (1). Il ne suit pas de là que nous nous trouvions en présence d'une solidarité parfaite et proprement dite ; les parties ne sont pas ici obligées comme mandataire l'une de l'autre ; et, d'ailleurs la solidarité ne se présume pas, il faut qu'elle soit expressément stipulée (art. 1202 c. civ). Il s'agit, en notre matière, d'une obligation pure-

1. Civ. rej. 26 juillet 1853.

ment *in solidum* ou, si l'on veut, d'une solidarité imparfaite. En conséquence, les poursuites exercées contre l'une des parties n'interrompraient pas la prescription à l'égard de l'autre (1).

Cette dernière conséquence nous procure l'occasion de nous demander quelle est la durée de l'action de l'administration (ou du notaire) en d'autres termes, après combien de temps les parties peuvent-elles opposer la prescription? La durée de l'action est de trente ans à partir du moment où l'Administration a eu juridiquement connaissance de la réalisation du crédit.

On a cependant soutenu devant le tribunal de la Seine (3) que la prescription n'est pas trentenaire mais biennale par application de l'art. 61 1° de la loi du 22 frimaire an VII qui vise les suppléments de perception insuffisamment faite. Le droit proportionnel perçu lors de la réalisation du crédit, a-t-on dit, n'est que le complément du droit proportionnel de cinquante centimes prélevé au moment de la confection de l'acte de crédit. La perception a donc été, tout d'abord, insuffisante et il résulte de là que la prescription de deux ans est seule applicable.

Le tribunal de la Seine a jugé, avec raison, qu'il

1. Lyon, 8 mars 1861.

ne s'agit pas, en notre matière, d'un supplément de perception insuffisamment faite, attendu qu'en prélevant le droit proportionnel de cinquante centimes au moment de la rédaction de l'acte d'ouverture de crédit, l'administration perçoit tout ce à quoi elle a droit. Puisqu'en notre matière, le droit proportionnel est payable en deux fois, on ne peut pas reprocher à l'administration de ne pas avoir reçu la première fois ce qui lui était dû. La prescription de deux ans n'est applicable que quand il y a négligence ou erreur de la part de la régie. Ici ce n'est pas le cas.

Nous venons de voir que chacune des deux parties est obligée au paiement intégral des droits fiscaux. Recherchons pour terminer, qui doit la supporter définitivement. Les taxes fiscales doivent, suivant nous, être supportées, en définitive, par le crédité. Le créditeur qui a payé sur les poursuites de l'administration (ou du notaire) a donc un recours contre le crédité (art. 29, 30, 31. Loi du 22 frimaire an VII). C'est là une solution conforme au passage suivant de l'exposé des motifs : « L'expérience démontre qu'il y a très peu d'ouvertures de crédit qui ne soient pas suivies de réalisation et qu'en général ces actes ne servent qu'à dissimuler de véritables prêts et à fournir le moyen d'échapper au paiement des taxes fiscales. » C'est donc le prêt que le législateur a voulu atteindre, c'est-à-dire l'obligation qui en découle.

23

Cependant l'exposé des motifs paraît contenir une contradiction lorsqu'il dit : « que ce contrat (l'ouverture de crédit) constituant entre les parties une promesse de prêter obligatoire, ne pouvait être confondu dans la classe des conventions qui, subordonnées à une condition suspensive, sont dénuées de tout effet légal jusqu'à l'accomplissement de cette condition » (etc).

L'instruction n° 2413 énonce une contradiction encore plus prononcée : « Malgré leur effet suspensif, dit-elle, les actes d'ouverture de crédit n'en contiennent pas moins une promesse de prêter obligatoire et s'ils sont garantis par une hypothèque, l'ypothèque est utile à compter de sa date ».

Ces contradictions ne sont qu'apparentes, car si la promesse de prêter est obligatoire, ce n'est pas cette obligation que l'hypothèque garantit. L'hypothèque garantit l'obligation future du crédité, non l'obligation actuelle du créditeur. L'impôt affecte la promesse de rembourser les sommes avancées en exécution de l'ouverture de crédit (1).

II. Inscription hypothécaire.

La loi du 23 août 1871 a non seulement dérogé

1. Trib. de la Seine, 7 juillet 1868.

aux règles du droit fiscal en ce qui concerne les taxes perçues à propos de l'acte d'ouverture de crédit, elle a aussi introduit dans la législation une innovation analogue à la précédente en déclarant immédiatement exigible le droit d'hypothèque de un pour mille (1) qui, avant cette époque, n'était perçu qu'au moment de la réalisation du crédit.

En effet, aux termes de la loi du 6 messidor an VII, art 1er, « l'inscription indéfinie qui a pour objet la conservation d'un simple droit d'hypothèque éventuel sans créance existante, n'est point sujette au droit proportionnel ». On appliquait, avant 1871, cette disposition à l'ouverture de crédit. Tant que la créance n'existait pas, le droit proportionnel de un pour mille n'était pas exigible, il ne le devenait qu'au moment de la réalisation.

L'innovation introduite dans notre article 5 a fait cesser la controverse relative au rang de l'hypothèque. Nous avons vu, en effet, que, d'après certains auteurs, l'hypothèque constituée pour sûreté d'une ouverture de crédit ne prenait rang qu'à partir de la réalisation. Nous avons dit également que la jurisprudence et la majorité des auteurs faisaient dater l'hypothèque du jour de l'inscription. Notre loi ratifie cette dernière opinion. Si le législateur exige la perception du droit d'hypothèque au mo-

1. Loi du 28 avril 1816 (art. 60).

ment de l'inscription, c'est qu'il reconnait que l'hypothèque produit des effets civils à partir de ce moment.

III. Dernière question.

Nous avons envisagé, jusqu'à présent, l'hypothèse d'un crédit ouvert réalisé. Mais il peut arriver que le crédité ne fasse pas usage du crédit et que, par suite, celui-ci soit annulé. Quel sera, dans ce cas, le sort des taxes fiscales perçues ou à percevoir? Nous distinguerons, ainsi que nous venons de le faire, entre l'acte d'ouverture de crédit et l'inscription hypothécaire.

I. — *Acte d'ouverture de crédit.* — On pourrait croire qu'en cas de non-réalisation du crédit ouvert, le droit proportionnel de cinquante centimes perçu lors de l'enregistrement de l'acte d'ouverture de crédit doit être restitué au crédité puisqu'il constitue un acompte de celui prélevé au moment de la réalisation et que nous supposons que celle-ci n'a pas lieu. Ce serait là une erreur. La non-réalisation du crédit n'est pas une cause de restitution des droits qui ont été légitimement prélevés, par cela seul qu'il existait une promesse de prêt constatée par un acte d'ouverture de crédit soumis à l'enregistrement.

Ce principe est également applicable dans le cas où l'ouverture de crédit n'est réalisée qu'en partie. La taxe proportionnelle de 50 cent., perçue au moment de l'enregistrement de l'acte sur la fraction du crédit non réalisée ultérieurement est définitivement acquise au Trésor et ne peut être imputée sur le droit proportionnel de un pour cent affectant la partie réalisée. Ainsi, supposons une ouverture de crédit de 100,000 francs. Il sera perçu, sur cette somme, un droit proportionnel de cinquante centimes pour cent au moment de l'enregistrement de l'acte. Si, plus tard, ce crédit n'est réalisé que jusqu'à concurrence de 50,000 francs, il sera prélevé, sur cette somme, un droit proportionnel de un pour cent, duquel devra être déduit, non pas le montant total du droit pris à l'époque de l'enregistrement de l'acte, mais seulement la taxe qui eût été due, à ce moment, si le crédit ne s'était jamais élevé qu'à la somme de 50,000 francs.

Mais cette solution a été contestée. Il a été soutenu devant le tribunal de la Seine (1) que, du montant du droit perçu lors de la réalisation du crédit, devait être déduite la totalité du droit proportionnel de cinquante centimes payé à l'époque de l'enregistrement de l'acte par la raison que l'art. 5 de notre

1. Tribunal de la Seine, 24 octobre 1890.

loi dit expressément que ce droit de cinquante centimes doit être imputé sur le droit de un pour cent perçu lors de la réalisation.

Le tribunal de la Seine n'a pas admis cette prétention. S'appuyant sur le texte même de la loi précitée, il a décidé avec raison que le droit de cinquante centimes prélevé sur la somme mentionnée dans l'acte d'ouverture de crédit était dû, abstraction faite de toute réalisation ultérieure, par le seul fait de l'enregistrement de l'acte et que l'imputation ne pouvait comprendre que le droit proportionnel de cinquante centimes acquitté d'avance sur la fraction du crédit réalisé.

Cette solution est éminemment rationnelle. D'après l'exemple que nous avons donné plus haut, le crédité pourrait en effet, si l'imputation devait être faite pour la totalité du droit de cinquante centimes, alléguer qu'il ne doit aucun complément de droit au moment de la réalisation, ce qui serait évidemment contraire tant au texte qu'à l'esprit de la loi.

II. *Inscription hypothécaire.* — Nous avons vu que l'inscription de l'hypothèque constituée pour sûreté d'un crédit ouvert est soumise à un droit proportionnel de un pour mille. Ce droit ne doit-il pas être restitué au crédité quand le crédit n'est pas réalisé? Nous ne le croyons pas : car son exigibilité ne dépend pas de l'existence réelle et effective de la créance hypothécaire, mais du fait seul qu'une inscription a été prise sur un immeuble déterminé.

Mais la non réalisation du crédit amène nécessairement la mainlevée de l'inscription. Car du moment que la créance éventuelle disparaît au lieu de se convertir en une créance réelle et effective, il n'y a pas de raison pour laisser subsister la garantie qui y était attachée. Or, aux termes de la loi du 28 février 1872 art. 1 n° 7, les mainlevées d'inscriptions hypothécaires sont frappées d'un droit fixe gradué. Cette taxe devra-t-elle être prélevée même dans le cas où la mainlevée est demandée pour cause de non réalisation du crédit?

On a soutenu que le droit hypothécaire étant anéanti par suite du défaut de réalisation du crédit, il y avait lieu de ne percevoir qu'un droit gradué de cinq francs qui depuis l'art. 2 de la loi du 28 février 1872 atteint les actes ne contenant aucune énumération de sommes et valeurs ni disposition susceptible d'évaluation.

Le tribunal de Charleville (1) n'a pas cru devoir adopter cette solution et nous croyons qu'en la repoussant, il a bien jugé. En effet, la loi de 1872 ne fait pas de distinction entre le consentement à mainlevée qui a pour objet une créance existante et celui

1. Tribunal de Charleville, 10 juillet 1874.

qui se rapporte à une créance qui n'a pu prendre
véritablement naissance. Elle ne vise que le dégrè-
vement de l'immeuble; c'est à raison de ce dégrè-
vement que le droit fixe gradué est dû. Du reste, si
l'absence de réalisation du crédit pouvait affranchir
le crédité du paiement de ce droit, il aurait la facilité d'alléguer que le crédit n'a pas été réalisé; ce
qui forcerait l'administration à faire la preuve contraire.

APPENDICE

DE LA LETTRE DE CRÉDIT.

On appelle lettre de crédit celle par laquelle une personne, généralement un banquier, donne mandat à un autre de procurer à un tiers une certaine somme d'argent au fur et à mesure de ses besoins. La lettre de crédit implique donc l'existence de deux contrats : un contrat d'ouverture de crédit entre le signataire de la lettre et le bénéficiaire de cette lettre, puis un contrat de mandat entre le créditeur et son correspondant.

Il ne faut pas confondre la lettre de crédit avec l'écrit que délivre un banquier qui reçoit des fonds en dépôt et qui donne mandat à un tiers de les rembourser au porteur de l'écrit. Ce n'est pas là la véritable lettre de crédit, bien qu'on lui donne ce nom dans l'usage, car le banquier dépositaire n'est pas un créditeur, il n'ouvre pas de crédit au déposant, il lui procure seulement l'avantage de reprendre chez un tiers les fonds déposés.

La lettre de crédit exige donc, en principe, l'intervention de trois personnes : le signataire de la lettre, le bénéficiaire de cette lettre et le correspondant chargé de répondre aux demandes d'argent.

L'utilité de la lettre de crédit n'est pas contestable. Elle rend d'immenses services aux personnes qui voyagent et qui veulent éviter l'embarras d'emporter des espèces avec elles. Ces personnes peuvent, en effet, s'en procurer facilement en présentant la lettre au correspondant mandataire.

Très souvent, il y a plusieurs mandataires dont chacun habite une localité différente. Dans ce cas, les avantages de la lettre de crédit sont encore plus appréciables. Le porteur de la lettre peut s'adresser successivement à chaque correspondant à l'effet d'obtenir la somme qui lui est nécessaire jusqu'à ce qu'il ait complètement épuisé le crédit à lui consenti.

Les correspondants sont tenus d'inscrire sur la lettre les sommes qu'ils versent entre les mains du porteur. Cette indication leur fait connaître exactement le quantum de la somme que celui-ci peut leur réclamer ultérieurement et les met en garde contre les demandes pouvant dépasser les limites du crédit.

La mention doit être faite d'abord sur le premier feuillet de la lettre et non pas sur le second. Car, autrement, le porteur aurait la facilité de séparer frauduleusement les deux feuillets, de dissimuler celui sur lequel serait relaté le paiement déjà fait et de présenter ensuite aux autres mandataires le premier feuillet seulement qui, ne contenant aucune trace d'avances réalisées, le mettrait à même de recevoir le montant intégral du crédit comme s'il n'avait jamais reçu aucun acompte.

Le correspondant qui aurait, par erreur, inscrit le paiement par lui fait sur le second feuillet, subirait les conséquences de sa négligence. Il n'aurait aucun recours contre son mandant si le porteur recevait plus que le montant du crédit au moyen de l'acte frauduleux que nous venons d'indiquer. La Cour de Rouen, confirmant un jugement du tribunal de commerce du Hâvre, l'a ainsi décidé dans un arrêt en date du 7 mars 1882 (1).

En échange des fonds par lui versés, le correspondant mandataire exige une quittance du crédité. Cette quittance reste entre ses mains, mais il en envoie un duplicata au créditeur afin de le mettre au courant des paiements effectués sur présentation de la lettre.

Le crédit une fois épuisé, le créditeur est obligé d'en rembourser le montant à son mandataire. Celui-ci a, en effet, un recours contre lui par l'action de mandat. Le plus souvent, il existe un compte

1. Rouen, 7 mars 1882, Jurisp. du Hâvre, 82, 2, 114.

courant entre ces deux parties. Deux articles de crédit et de débit remplacent alors un remboursement en numéraire.

Le recours du correspondant contre le créditeur implique la preuve de la réalisation des avances, cette preuve est ordinairement faite à l'aide des quittances revêtues de la signature du porteur de la lettre. Mais elle pourrait être procurée de toute autre manière, notamment par les lettres de change tirées sur le mandataire par le crédité. La clause d'après laquelle le correspondant est tenu de prouver ses avances au moyen de quittances n'empêcherait pas ce dernier de recourir à un autre mode de preuve. Le créditeur ne pourrait pas se refuser à le désintéresser sous prétexte que la clause n'a pas été observée. La Cour de Bordeaux s'est prononcée en ce sens dans son arrêt du 30 novembre 1830 (1). Dans l'espèce, le correspondant présentait comme preuve des prêts par lui faits non pas des quittances ainsi que cela avait été stipulé dans le contrat, mais des traites sur lui tirées par le crédité et par lui acquittées. La cour décida que les reçus n'avaient été exigés que pour justifier les prêts et que cette justification résultait aussi clairement des lettres de change.

1. Bordeaux, 30 novembre 1830, J. P., 1830, p. 896.

L'action du correspondant mandataire peut être inefficace par suite de la faillite du créditeur. Dans ce cas, le correspondant ne peut-il pas poursuivre le crédité auquel il a avancé les fonds? Nous ne le croyons pas, car entre ces deux personnes il n'y a pas de lien juridique. Le crédité ne pourrait pas contraindre le correspondant à exécuter son mandat. Il n'aurait, en cas de refus de ce dernier, qu'une action en dommages et intérêts contre le créditeur.

La situation est la même lorsqu'il s'agit de l'exercice des droits du correspondant. Celui-ci n'a pas non plus d'action contre le crédité quand le créditeur est devenu insolvable.

Il y a cependant deux cas dans lesquels il en est autrement. Le premier est relatif à l'hypothèse dans laquelle le crédité tire des lettres de change sur le créditeur et endosse ces lettres au profit du correspondant. Les règles de la lettre de change étant applicables, le crédité se trouve par cela même obligé en qualité d'endosseur.

Le second cas se présente lorsque le signataire de la lettre a entendu jouer le rôle de caution. Ce n'est plus alors le signataire de la lettre mais le correspondant qui est créditeur. Conséquemment, celui-ci a deux débiteurs au lieu d'un et le signataire de la lettre n'est obligé que subsidiairement au remboursement des avances.

Il appartient aux juges de déterminer si le signataire de la lettre s'est obligé comme caution ou débiteur principal.

POSITIONS

Thèse romaine

1° Les Romains connaissaient le compte courant ainsi que la lettre de change, moins la clause à ordre.

2° La novation faite par un des *argentarii socii* était opposable aux autres.

3° En cas de faillite d'un *argentarius fraudator* les déposants étaient remboursés avant les autres créanciers privilégiés.

Thèse française

1° La cession de créance faite par le crédité au profit du créditeur pendant la période suspecte et au moment de l'ouverture de crédit, n'est pas nulle de droit.

2° L'hypothèque constituée pour sûreté d'un crédit ouvert prend rang du jour de son inscription.

3° La prorogation d'un crédit ouvert par compte courant est opposable aux tiers quand ils n'ont pas d'intérêt à la repousser.

POSITIONS PRISES EN DEHORS DE LA THÈSE

Droit civil français

1° L'art. 502 C. civ. n'est applicable qu'aux actes pécuniaires passés par l'interdit.

2° Le droit de séparation des patrimoines n'est pas un privilège.

3° La constitution de dot doit être considérée comme un acte à titre onéreux, à l'égard de l'époux doté, au point de vue de l'action paulienne et des nullités des art. 446 et 447 du Code de commerce.

Droit romain

1° *L'unciarum fœnus* était le douzième par mois de la *centesima usura*.

2° Dans le dernier état du droit romain, l'obligation contractée par un mineur de 25 ans, sans le consentement de son curateur, était nulle.

3° En cas de dation en paiement, le créancier évincé conservait l'action de sa créance contre le débiteur et avait, en outre, une action en indemnité contre lui.

4° La perte de la chose due après la mise en demeure de l'un des codébiteurs solidaires ne nuisait pas aux autres.

Droit commercial

1° L'art. 1790 C. civil n'est pas d'ordre public.

2° L'art. 7 de loi du 23 mars 1855 n'est pas applicable en cas de faillite de l'acheteur.

3° Les porteurs d'obligations d'une société déclarée en faillite n'ont pas le droit de se porter créanciers pour la valeur nominale de leurs titres.

Economie politique

La liberté d'émission du billet de banque ne doit pas exister en France.

vu :
Le président de la Thèse,
M. LYON-CAEN.

vu :
Le Doyen,
COLMET DE SANTERRE.

VU ET PERMIS D'IMPRIMER
Le vice-recteur de l'Académie de Paris,
GRÉARD

TABLE DES MATIÈRES

DROIT ROMAIN

Des Argentarii

CHAPITRE III.

Comment le créditeur s'assure la restitution de son capital.

DEUXIÈME PARTIE

CHAPITRE PREMIER

CHAPITRE II

Première obligation

Deuxième obligation

Troisième obligation

CHAPITRE III

TROISIÈME PARTIE

CHAPITRE PREMIER

CHAPITRE II

CHAPITRE III

QUATRIÈME PARTIE

Appendice